本书获国家社科基金社科学术社团主题学术活动资助（项目批准号21STB050）

光明社科文库
GUANGMING DAILY PRESS:
A SOCIAL SCIENCE SERIES

·法律与社会书系·

数字经济的法治保障研究

主　编　甘培忠

副主编　彭　冰　侯东德

光明日报出版社

图书在版编目（CIP）数据

数字经济的法治保障研究 / 甘培忠主编 . -- 北京：
光明日报出版社，2022. 11
ISBN 978 - 7 - 5194 - 6939 - 9

Ⅰ . ①数… Ⅱ . ①甘… Ⅲ . ①信息经济—经济法—研
究—中国 Ⅳ . ①D922. 290. 4

中国版本图书馆 CIP 数据核字（2022）第 229867 号

数字经济的法治保障研究
SHUZI JINGJI DE FAZHI BAOZHANG YANJIU

主　　编：甘培忠

责任编辑：史　宁　陈永娟　　　　责任校对：许　怡　乔宇佳
封面设计：中联华文　　　　　　　责任印制：曹　净

出版发行：光明日报出版社

地　　址：北京市西城区永安路 106 号，100050

电　　话：010 - 63169890（咨询），010 - 63131930（邮购）

传　　真：010 - 63131930

网　　址：http：// book. gmw. cn

E - mail：gmrbcbs@ gmw. cn

法律顾问：北京市兰台律师事务所龚柳方律师

印　　刷：三河市华东印刷有限公司

装　　订：三河市华东印刷有限公司

本书如有破损、缺页、装订错误，请与本社联系调换，电话：010-63131930

开　　本：170mm×240mm

字　　数：205 千字　　　　　　　印　　张：16

版　　次：2024 年 1 月第 1 版　　　印　　次：2024 年 1 月第 1 次印刷

书　　号：ISBN 978 - 7 - 5194 - 6939 - 9

定　　价：95.00 元

前　言

2021 年 12 月 18 日，中国商业法研究会 2021 年年会暨"加快完善数字经济法律制度，推进成渝地区双城经济圈建设"研讨会在重庆召开，会议由中国商业法研究会主办，西南政法大学承办。来自国内外高校、司法机关、律师事务所等的专家学者及法律实务工作者 200 多人出席了会议。

《中华人民共和国国民经济和社会发展第十四个五年规划和 2035 年远景目标纲要》（以下简称"十四五"规划）指出打造数字经济新优势，充分发挥海量数据和丰富应用场景优势，促进数字技术与实体经济深度融合，赋能传统产业转型升级，催生新产业新业态新模式，壮大经济发展新引擎，为我国未来经济发展指明了方向。本次会议将立足新发展阶段、贯彻新发展理念，以贯彻落实"十四五"规划为中心任务，针对数字经济发展中的前瞻性、针对性的理论及实务问题展开学术交流、思想探讨，以期为推进数字经济法治建设提供理论支撑。推进成渝地区双城经济圈建设，是习近平总书记亲自谋划、亲自部署、亲自推动的重大国家战略。"十四五"规划指出推进成渝地区双城经济圈建设，打造具有全国影响力的重要经济中心、科技创新中心、改革开放新高地、高品质生活宜居地。全面推进依法治国要求将国家各项重大事项纳入法治轨道，推进成渝地区双城经济圈建设亦需法治的力量为其保驾护航。

数字化技术嵌入经济领域引发了经济发展模式的变革，大量新产业、新业态、新模式不断涌现，在重构着经济社会发展的同时推动着法律制度的革新。一方面，推动数字经济的健康发展需要将其纳入法治轨道，运用法治思维、法治方法解决数字经济发展中的问题。但数字经济发展模式不同于传统经济发展模式，需要转变立法、执法、司法理念，采取包容审慎的态度，创新法律制度，以实现数字经济创新与安全的平衡。另一方面，数字化技术与经济的融合引发了新的问题，如数据泄露、数据垄断等，亟须加强数字经济法制理论的研究，明确各方主体的权责，为数字经济的健康发展提供坚实的法治保障。

为此，本次学术会议以"加快完善数字经济法律制度，推进成渝地区双城经济圈建设"为主题，将针对成渝地区前期数字经济立法、执法、司法工作进行系统总结，以需求为导向、坚持新发展理念、运用法治思维对成渝两地数字经济发展中存在的问题进行深入研讨，以期为成渝地区双城经济圈建设的法治保障提供智力支持。

本次会议就成渝地区数字经济发展中存在的法律问题展开研究，不仅形成一系列具有创新性、可操作性的理论成果，而且对推进数字经济发展，加强关键数字技术创新应用，加快推动数字产业化，推进产业数字化转型起到积极作用。

为了更好地展现本次研讨会的学术成果，中国商业法研究会决定将收集的部分论文编辑出版。我们相信本文集将有助于促进我国数字经济法治领域的学术交流，也有助于学术界深化对完善数字经济法律制度、推进城市经济圈建设的研究，更有助于落实"十四五"规划中的"加快数字化发展，建设数字中国"。

我们真诚感谢国家社科基金及中国法学会为本文集的出版提供了精神和物质支持。由于时间紧迫，本文集可能存在疏漏之处，还望各位读者理解并不吝指正！

中国法学会、全国哲学社会科学工作办公室、民政部社会组织管理局长期支持本会工作，特此感谢！

甘培忠

2022 年 4 月

目 录

数据权利

▼

▼

区块链、隐私计算与大数据确权与交易

邢会强[*]

摘　要：以区块链技术助力数据确权与交易，加强个人对其信息的控制，有助于个人在大数据时代增强"获得感"。区块链可较好解决目前突出的信息保护和授权访问问题。利用区块链技术，可以对数据的使用和流通进行精确的定价和快速、便捷的交付，有助于让数据真正实现资产化。区块链的最新发展趋势是，与隐私计算结合，共同加强个人信息保护。我们要解放思想，完善法律，加强投入，促进我国区块链和隐私计算技术的发展和在大数据交易中的运用。

关键词：区块链；隐私计算；大数据确权；大数据交易

区块链被公认为是继蒸汽机、电气、互联网之后的第四大改变世界格局的技术。随着技术的进步、成本的降低，区块链的应用将越来越广泛。将区块链技术用于数据确权和数据交易，能赋能数据交易，发挥数据价值。

大数据、人工智能、区块链等新一代信息技术的发展，加速了人的数字化。数字企业利用其收集的用户数据对用户进行画像和精准信息推送，人们在不知不觉中，数据被收集，特征被识别，行为被操控，偏见被强化。人们日益成为数字企业的数据资源，人与数字的融合使得人本

---

* 邢会强，中央财经大学法学院教授。

身成了未来最珍贵的"新矿产"。如果人本身已经成了一种数字化的资源，那么个人的隐私权就不再仅仅是"人身权"了。各大数据企业竞相争夺个人数据，将个人隐私转化为可持续挖掘的数字财富，这已是公开的事实。在这样的情况下，我们不能继续采取"鸵鸟政策"，固守（信息）隐私是人身权而不是财产权的传统原理。如果个人隐私的财产权属性得不到保护，那么其价值只能被动地被各大数字企业零成本掠夺。如果能以区块链技术助力数据确权与交易，加强个人对其信息的控制，无疑有助于个人在大数据时代增强"获得感"。

一、区块链能加强个人信息权的控制和数据资产化

区块链可较好解决目前突出的信息保护和授权访问问题。区块链具有密码学的强依赖性和强应用性，链上数据能够通过加密处理后快速高效地存储在分布式的账本中，没有授权则任何机构、任何身份权限都无法获取用户数据且任何访问和授权都会有可审计的记录。

用户可以借助区块链技术加强对个人信息的控制。区块链所有的交易信息对用户可以是公开透明的，让用户有办法跟踪自己个人信息的使用情况。区块链对数据进行注册、认证，确认了大数据资产的来源、所有权、使用权和流通路径，让交易记录透明、可追溯和被全网认可。

利用区块链技术，可以对数据的使用和流通进行精确的定价和快速、便捷的交付，有助于让数据真正实现资产化。区块链的可追溯性和不可篡改性能够明确数据的使用历史和交易历史，有助于衡量各方的贡献，从而设计出更灵活的数据定价模型。由于区块链本身带有价值传输也就是支付的功能，基于区块链的交易系统可以很方便地实现数据的交换和支付。

二、区块链的最新发展趋势：与隐私计算结合，共同加强个人信息保护

隐私计算（privacy computing）是一种由两个或多个参与方联合计

算的技术和系统，参与方在不泄露各自数据的前提下通过协作对他们的数据进行联合机器学习和联合分析。隐私计算虽然实现了在多方协作计算过程中对输入数据的隐私保护，但是原始数据、计算过程和结果均面临着可验证性问题。而区块链因其共享账本、智能合约、共识机制等技术特性，可以实现原始数据的上链存证核验、计算过程关键数据和环节的上链存证回溯，确保计算过程的可验证性。因此将区块链技术对计算的可信证明应用到隐私计算中，可以在保护数据隐私的同时增强隐私计算过程的可验证性。

隐私计算的参与方既可以是同一机构的不同部门，也可以是不同的机构。隐私计算在无须转移数据物理存储服务器的情况下实现数据建模分析，从而减少数据协作过程中的风险。联邦学习、安全多方计算等隐私计算技术秉承"数据可用不可见，数据不动模型动"的理念，不流通原始数据，只回传数据的计算模型，并以此实现数据价值出库。在隐私计算框架下，参与方的数据明文不出本地，在保护数据安全的同时实现多源数据跨域合作，可以破解数据保护与融合应用难题。

总之，区块链与隐私计算结合，使原始数据在无须归集与共享的情况下，可实现多节点间的协同计算和数据隐私保护。区块链确保计算过程和数据可信，隐私计算实现数据可用而不可见，两者相互结合，相辅相成，实现更广泛的数据协同。

三、我国大数据交易中对区块链和隐私计算技术的运用情况及存在问题

2017 年，贵阳大数据交易所推出 3.0 版交易系统，采用区块链技术推进数据确权、数据溯源，公正透明地记录、追溯数据资产的来源、所有权、使用权和流通路径，通过共识算法建立可信任的数据资产交易环境，破除数据被任意复制的威胁，保障数据拥有者的合法权益，解决数据要素流通不足的难题。

2021 年 1 月，东湖大数据交易中心申请了"一种面向数据隐私保

护的联盟区块链系统"发明专利。目前，东湖大数据交易中心正在开发基于隐私计算与区块链技术的"医疗健康数据要素交换与交易流通系统"。

2021年3月，北京国际大数据交易所（简称"北数所"）成立，这是国内首家基于"数据可用不可见，用途可控可计量"新型交易范式的数据交易所。北数所将依托北京在隐私计算、区块链等领域的技术先发优势，将数据要素解构为可见的"具体信息"和可用的"计算价值"，对其中的"计算价值"进行确权、存证、交易，实现数据流通的"可用不可见、可控可计量"，为数据供需双方提供可信的数据融合计算环境，但北数所的业务还未正式开展。

实际上，由于我国缺乏区块链的自主技术，区块链（特别是公有链）在我国发展缓慢，交易速度很慢，不能满足集中交易在时间上的快捷要求。而隐私计算技术目前不够成熟，成本还比较高昂。这些因素制约了区块链和隐私计算技术在大数据交易中的运用，从而使得区块链和隐私计算技术在大数据交易中理论上可行，但在实践中难以被广泛运用。

造成这种现象的原因主要有：第一，任何新型的技术都是一开始比较昂贵，此后，随着技术的发展，成本会越来越低。第二，隐私计算技术的提出距今已有几十年，但为什么近年来突然加快发展了呢？这主要是源于法律的变化。我国法律近年来对隐私的保护大大增强，法律责任意识得以大幅度提升。以前人们不重视隐私保护，因此，此项技术发展缓慢。现在，人们重视隐私保护了，投资加强了，此项技术也就能得到发展了。

四、解放思想，完善法律，加强投入，促进我国区块链和隐私计算技术的发展和在大数据交易中的运用

第一，完善法律，加强个人信息和隐私保护。《中华人民共和国数据安全法》自2021年9月起施行，表决通过的《中华人民共和国个人信息保护法》也于 2021 年 11 月 1 日起施行。这些法律齐备后，还要制定更多的规章和标准来落实这些法律。通过科学立法、严格执法、公正司法、全民守法，倒逼隐私计算技术的发展。

第二，加强投入，扶持新技术的发展。无论是区块链，还是隐私计算，抑或是大数据交易，都是新生事物，都还处于投入阶段，远未达到盈亏平衡点，需要政府大力扶持、更好地发挥"辅助之手"的作用，加强投入，早日成熟，早日实现盈亏平衡。

个人信息保护与数据安全法律制度初探

李志强[*]

摘　要：大数据时代的海量信息不同于个人隐私，它不仅包括私密性部分，而且包括具有社会性的内容，拥有社会价值和商业价值。将个人信息上升为一种民事权利，不仅能够澄清个人信息的相关基础性问题，而且能为个人信息的侵权救济提供请求权基础，进一步实现私法对个人信息的确权和救济。完善对个人信息的保护法制，不仅是对公民人格尊严的维护，更有利于推动构建一个合理平衡的法律框架。在加快个人信息保护法出台的同时，要注重培育信息控制者的内部激励机制，建立完善的信息处理和监管制度，致力于探索激励兼容的个人信息治理体系，还应加快构筑全面有效的救济机制，促进信息控制者积极履行法律责任。

关键词：个人信息保护；数据安全；行业自律；法律救济

一、个人信息与数据安全法律保护的基础理论

大数据时代的到来和互联网与人工智能的快速发展，促使我们迫切意识到个人信息的重要性。如何更好地从法律层面上保护个人信息和数据安全成为人们关注的重点。《中华人民共和国民法典》（以下简称《民法典》）制定过程中的争议焦点之一就是是否要将个人信息明确为

---

* 李志强，男，法学博士，河南财经政法大学民商经济法学院副教授。

一种具体人格权。最终，《民法典》规定对个人信息予以一定程度的保护，而对个人信息是否为具体人格权这方面没有明确。

（一）个人信息的界定

在信息社会里，我们的生活中每时每刻都产生各种各样的信息，然而并不是所有的信息都属于个人信息，能够直接或间接识别出自然人的属性、人格特征等这些内容的信息才属于个人信息的范畴。《民法典》接受了这一看法，第一千零三十四条规定：个人信息是以电子或者其他方式记录的能够单独或者与其他信息结合识别特定自然人的各种信息。从这一界定看，个人信息有以下特征：

首先，自然人的信息就是个人信息。从这一点上看，个人信息属于特定的信息主体是毋庸置疑的。综观世界上的各个国家和国际组织对个人信息的保护立法看法，即便是绝大多数国家认为自然人应该是个人信息的主体，但仍有少数国家有不同的观点，他们认为个人信息的主体不应仅局限在自然人这一种类型上，也应包含法人与其他组织。奥地利、卢森堡和阿根廷就在他们本国的有关个人信息保护法中作出了相关规定，如奥地利的《数据保护法》中就规定个人数据是指可识别的自然人、法人和其他商事组织有关的信息。虽然如此，但从整体趋势上讲，个人信息的主体还是应仅限定为自然人。而法人的主体性质与自然人有很大差别，一般多表现在经济价值方面。

其次，与自然人有关的信息也是个人信息。要想判断出某一信息是否能成为个人信息，就要先衡量这一信息和自然人的关联程度，二者的相关性大不大，这才是基础所在。简单来讲，相关性就要求自然人和信息具有唯一匹配性，也就是说特定的自然人就是特定信息的主体。通常情况下，判断是否具有相关性可以从信息的内容、利用信息的目的和记录信息的结果等方面来评判。

最后，自然人是否能够被个人信息所识别。要想识别出具体的个人就要从个人信息的特征方面来分析。"可识别性"成为个人信息的最明显特征，无论是通过直接识别还是间接识别的方式，只要能准确识别出特定个人的信息，均为个人信息。①

何为识别？识别是通过对个人信息进行分类和定性，从而确认出个人信息主体的逆向认识过程。在识别中，要注意科学细化公民个人信息认定时的身份识别标准。同时，要动态调整公民个人信息的类型与范围。而公民个人信息的具体表现形式则是随着现代社会的不断变化而发展，进而形成新的内涵。

（二）个人信息与个人隐私、个人数据的区别

目前在世界各国和地区，对"个人信息"这一法律名称所采取的称谓各不相同。日本、韩国等国家通常将其表述为个人信息，美国、加拿大等国家将其表述为个人隐私，而欧盟成员国等习惯将其表述为个人数据。我国香港地区将其称为个人资料，我国台湾地区则称之为个人资料、个人数据。而周汉华教授则认为，概念的差异主要是由法律传统和概念习惯的不同所致，对法律的内容基本没有影响。② 对此我的观点不太一样，法律概念使用的名称不一，自然是跟国情不同有关，同时影响着说明对象的不同，而约翰·洛克（John Locke）曾经说过，只有划定法律之间的边界才能真正消弭自由之间的纷争。③ 有必要对这些关联的概念进行澄清。

个人数据是指利用大数据技术和数字符号对个人信息进行处理之后且一般储存在云空间和各种电子介质中的资料信息。个人数据是经过剪辑和处理之后的信息，内容与个人信息相比并不完整，因此不能完全将其等同于个人信息。倘若只保护数据化的个人信息，则不能完全有效地保护个人信息，这样既不利于保护公民的个人利益，也会导致法律保护出现空白区。因此我们要准确区别开个人数据与个人信息，做到法律保

---

① 高富平. 论个人信息保护的目的——以个人信息保护法益区分为核心 [J]. 法商研究，2019，36（01）：93-104.

② 周汉华. 中华人民共和国个人信息保护法（专家建议稿）及立法研究报告 [M]. 北京：法律出版社，2006：29-30.

③ 张文显. 法理学 [M]. 北京：高等教育出版社，2005：405.

护不错位、不缺位。

个人隐私在《民法典》中被表述为"自然人的私人生活安宁和不愿为他人知晓的私密空间、私密活动、私密信息"。基于此，可以看出个人隐私侧重强调私密性，而个人信息不仅具有私密性的特点，而且具有社会性的特点。个人信息不仅包括那些高度敏感的个人私密信息，还包括一些用于社会正常交往活动的公开信息。从性质来看，个人信息的社会性更强，个人隐私则注重私密性。个人信息在权利内容上不仅包括主动控制支配的积极权利，还包括抵御侵害的消极权利，而个人隐私仅有消极抵御的权利内容。王利明教授就认为个人信息权与隐私权有很大区别，并且主要表现在权利内容、权利客体、权利属性等方面，并建议把个人信息权作为独立的具体人格权来看待。① 《民法典》里也将个人隐私与个人信息区别开来。

（三）个人信息的权利属性探究

只有明确个人信息的法律属性，才能找到真正合适的保护路径。一般来说，利益保护的手段在私法上包括行为规制和权利化。权利通常和利益相提并论，而权利化又是保护利益的一种手段。权利化较行为规制来说，其保护利益的程度更高。若把个人信息单独看成一种法益进行保护，那所能采取的保护措施其实是很有限的。因此需要准确定位个人信息的权利属性，才能找到合适圆满的保护方式。

个人信息不仅能识别出信息主体，还能推断出信息主体的其他特征。例如，通过信息主体在网络上的浏览记录、生活中的出行轨迹等，都能推断出信息主体的日常生活节奏、面对舆论事件的主观倾向等，这些都表现为权利人的人格利益。公众对个人信息产生关注，是因为个人信息的滥用扰乱了社会正常秩序与安宁。而个人信息之所以与信息主体的人格利益不可分割，主要是因为个人信息对信息主体具有很强的人身

---

① 王利明. 论个人信息权的法律保护——以个人信息权与隐私权的界分为中心 ［J］. 现代法学，2013，35（04）：65.

依附性。这也表现为个人信息毫无疑问体现着人格利益的内容。同时在现代经济社会不断发展的状况下，个人信息更多地承载着经济价值，尤其是名人的个人信息，财产价值。权利人可以授权他人使用自己的肖像、姓名等个人信息，从而在经济社会里谋取高额的经济利益。现代社会信息化进程的日益加快，也催生了各种大数据公司对广大公民个人信息的需求。在这个追求效率第一的交易社会里，如果能掌握原始资料，那势必有利于分析不同客户的消费习惯与消费情况，从而推出不同层次的消费产品和消费方式来精准吸引各个阶层的客户，达到成功交易的目的。因此，个人信息极多地体现出财产权益的内容。

正是由于个人信息具有精神利益与物质利益的双重属性，所以能够赋予信息主体积极的支配控制的权能与消极的排除妨害的权能。通过创设个人信息权这一民事权利，不仅可以界定其权利属性，而且能够合理构建个人信息保护体系，因此应将其归入人格权的范畴内。个人信息权的精神利益地位是高的，信息主体可以通过享有控制支配其信息以及排除他人非法妨害的权利，以维护人格尊严。而个人信息权所具有的物质利益，并不与人格权的属性矛盾冲突。个人信息的财产价值是随着经济社会的逐渐发展而凸显出来的，正如具体人格权的肖像权一样，其财产价值不可忽视，也不能忽视。而将个人信息权看作具体人格权，则更能充分发挥其效用，以更好实现对个人信息的全面保护。①

二、个人信息保护的重要性

个人信息作为一项越来越重要的社会资源，在这个瞬息万变的大数据时代自然会面临着被盗用等诸多风险，在此之际个人信息的法律保护也应运而生。②

---

① 杨立新. 个人信息：法益抑或民事权利——对《民法总则》第 111 条规定的"个人信息"之解读 [J]. 法学论坛, 2018, 33 (01)：34.

② 项定宜, 申建平. 个人信息商业利用同意要件研究——以个人信息类型化为视角 [J]. 北方法学, 2017, 11 (05)：31.

首先，保护个人信息有利于维护人格尊严。在信息社会里，个人信息无疑就是我们的一张名片，不管是个人还是公司都可能通过个人信息和数据掌握他人的喜好、生活轨迹和社交状况等。个人信息和数据的泄露会给人们的生活带来无尽的困扰甚至是严重伤害。典型例子就是各种骚扰短信、诈骗电话的泛滥，而这更让我们体会到保护个人信息的重要性。保护每个公民的人格尊严，让每个人都能更有尊严地活着，这不仅是法律的宗旨所在，也是全人类实现人格自由的殷切期待。加强对个人信息的保护，有利于维护每个人的基本人权和人格尊严，真正实现公民的全方位自由。

其次，保护个人信息是对其私益本质的认可。个人信息的本质是一种私益，它是与特定当事人紧密相连的生活事实与内容。我们的个人信息被一些不法之徒非法滥用、泄露，自然会影响我们在他人眼中的样子，也会影响我们的社会信用，将给我们带来经济损失和精神折磨。而司法关注和保护的核心正包含了这些法益，因此将个人信息划归个人利益的范畴，创设个人信息权这一民事权利，不仅有利于界定其权利属性，而且能够合理保护个人信息。毕竟，能真正感受到权利的存续与缺失的只有公民个人，他们始终是自身利益的最真实感应者。而构建个人信息权这一举措，不仅实现了民事权利的救济，也昭示了个人信息的私益属性，有助于推动我国个人信息保护体系的完善。

最后，保护个人信息有利于推动公民人权事业的发展。而在已实施的《民法典》中，尽管对个人信息的全面保护仍有不足，但值得肯定的是在个人信息保护方面已经出现相对完整的直接规定。《民法典》对人格赋权，但对个人信息并未赋权。[1] 而诸多法律制度对民事主体享有具体人格权这一问题达成了共识，这是保护个人权利的关键环节。而个人信息兼具公共性和私人性的特征，它不仅包括经济利益，还体现信息主体的人格尊严，故《民法典》应当确立个人信息权，使其更加凸显

---

[1] 乔榛，蔡荣.《民法典》视域下的个人信息保护 [J]. 北方法学，2021，15（01）：42.

公民的人权价值。而个人信息权的设定不仅是为了个人，更是为了构建一个平衡信息主体、信息使用者和社会利益的法律框架。① 因此，个人信息的保护是对公法保护公民个人尊严的辅助与补充。

三、我国个人信息保护的现状

一直以来，个人信息与数据保护都是诸多法律的规范对象，不论是全国人大、国务院，还是银保监会、工信部等多个部门，其规章都涉及个人信息保护。如2013年修订的《中华人民共和国消费者权益保护法》中就增加了相关条款用以保护消费者个人信息，并通过规定经营者的赔偿责任以降低侵害消费者个人信息的行为发生的概率。2017年《中华人民共和国网络安全法》全面规定了对个人信息的收集、存储、保管和使用，并指出若违反此法规定给他人造成损害的须承担民事责任。该法虽未正面提及对个人信息与数据的保护，但已然承认了个人信息保护的私法意义。

《民法典》在总则中就个人信息的有关方面有着明确规定：以电子或者其他方式记录的能够单独或者与其他信息结合识别特定自然人的各种信息，包括自然人的姓名、出生日期、身份证件号码、生物识别信息、住址、电话号码、电子邮箱、健康信息、行踪信息等。总体而言，《民法典》不仅扩大了个人信息的保护范围，还在信息主体对个人信息的控制权上有所规定，但仍有不足，亟待完善。例如，《民法典》以私密性为标准将个人信息与隐私权区别开，隐私权突出了尊严性，而个人信息更侧重突出资源性的特征。② 这说明个人信息中的私密信息判定问题将会在司法实践中成为重大且困难的问题，同时在实务中要求司法裁判者需要对提出保护的个人信息进行私密性检验，这可能消耗宝贵的司法资源，也不能完全解决个人信息保护的遗留问题。

---

① 孔令杰. 个人资料隐私的法律保护 [M]. 武汉：武汉大学出版社，2009：63.
② 张建文. 在尊严性和资源性之间：《民法典》时代个人信息私密性检验难题 [J]. 苏州大学学报（哲学社会科学版），2021，42（01）：63.

　　除《民法典》外，《中华人民共和国个人信息保护法（草案）》也对个人信息进行了规制。在全国人大常委会审议过程中，在个人敏感信息上设定了更加严格的处理规则。不仅如此，还对《民法典》里有关个人信息处理者的义务和相关部门的保护职责问题进行了更清晰的回答。与之前的法律法规相对比，此次立法更多的是将重点放在对个人信息的处理规则上。不足之处是，该草案可能忽视了行业内部的治理机制。

数据信托机制的经纬探究

马丽艳[*]

摘　要：数字经济时代，数据价值的勘探开发和创新利用离不开数据治理措施的保驾护航。以欧盟《通用数据保护条例》（General Data Protection Regulation，简称 GDPR）为代表的赋权路径致力于为数据主体描绘权利图谱，但疏于关注数据维权道路上的障碍，数据共享和数据权利保护的目标双双落空。数据信托则是传统赋权路径之上衍生的一种新型数据治理模式，它借助信托制度框架重塑数据主体和数据控制者间的紧张关系，并将遵循委托人意愿、受托人独立管理信托财产的制度逻辑贯彻到数据资产运营中。此外，数据信托还以严密的信义义务体系为抓手，利用举证责任倒置消解数据主体维权过程的艰辛，寓算法治理于受托人的信义义务履行中，并以信义义务为中心构建数据交易规则，实现数据共享与数据权利保护理念对数据开发利用全过程的统辖。

关键字：数据信托；数据权利；数据共享；信义义务

一、问题的提出

伴随着新一轮科技革命与技术变革的持续推进，大数据、云计算、物联网、区块链、人工智能以及 5G 通信等新兴技术塑造了一种全新的经济形态——数字经济。据《中国数字经济发展白皮书（2021）》，在

---

* 马丽艳，兰州大学法学院博士研究生。

叠加新冠肺炎疫情因素下，2020年中国的数字经济规模已达39.2万亿元，占GDP比重为38.6%；数字经济俨然已经成为最具活力与创新力、辐射范围最为广泛的经济形态，是我国国民经济的核心增长极之一。①

从微观层面来看，数据企业在数字信息技术的驱动下以高度社会化的资源配置重塑了整个社会的生产率②，突破了传统经济发展的时空限制，并基于庞大的用户网络打造了全新的平台商业圈，进而创造巨额经济效益。然而在数字经济如此蓬勃发展的态势下，新的社会问题纷纷显露，其中尤为突出的"数据孤岛"现象更是悖谬，扼住了数字经济长远发展的咽喉。所谓"数据孤岛"，包括数据剥削和数据垄断两方面。前者是指数据企业以提供免费服务为对价诱使用户或自愿或被迫让渡包含个人隐私的个人数据，架空用户谋取数据利益的权利并限制数据操作自由③，同时埋下个人数据曝光在大众视野下的隐患；后者则是指数据企业基于"赢者通吃"的商业逻辑引发恶性竞争和流量寻租，行业巨头利用地位和资本优势掌控用户数据并跃升为"数据君主"④，数据被矫饰为强势企业的独占资源。总之，大数据时代的"数据孤岛"现象形成了犹如"大鱼吃小鱼，小鱼吃虾米"的生态链，处于末端的用户被流放在与海量数据隔绝的信息茧房中，处于弱势地位的小微企业则据守浮木苟延残喘，数据共享和个人信息保护的美好夙愿统统淹没在行业巨头攫取"数据金矿"的惊涛骇浪中。

数字经济带来的发展机遇与挫折挑战是全球化的，中国的数字经济规模构成世界数字经济产业的半壁江山，因此我们遭遇的困难和应对的策略与域外理论、实践具有共通性。目前主流观点秉持"赋权—维权"

① 中国数字经济发展白皮书（2021）[EB/OL]. 中国信息通信研究院，2021-04-26.

② 阳镇，陈劲. 数智化时代下的算法治理——基于企业社会责任治理的重新审视 [J]. 经济社会体制比较，2021（02）：12.

③ 丁凤玲. 个人数据治理模式的选择：个人、国家还是集体 [J]. 华中科技大学学报（社会科学版），2021，35（01）：64.

④ MOZILLA L S. Mozilla and Element AI Want to Build "Data Trusts" in the Artificial Intelligence Age [EB/OL]. Newsworthy，2019-10-29.

的思路，希冀通过专门的数据立法赋予数据主体特定权利，奠定其维护自身权益的请求权基础，并以诉讼等传统的维权渠道保障数据主体权益的最终落实。奈何"赋权"与"维权"的一字之差在实践中却是沟壑纵深。尽管数据主体的权利多元化趋势渐次增强，但维权之路仍旧难行，尤其是在繁重举证责任压力下用户与平台企业、小微企业与行业巨头间的天然不对等局势未得到有效扭转，数据主体权利保护与数据共享的设计初衷收效甚微。有鉴于此，理论和实践转向开拓其他数据治理思路，摸索创设更优制度。2016 年杰克·巴金（Jack Balkin）教授提出以信托制度解释数据主体与数据控制者关系的主张①，数据信托遂成为兼顾数据共享和个人信息保护的新兴数据治理方式。本文以剖析数据信托的经脉网络为主题，循着数据共享与数据权利保护的理念，深入分析数据信托的理论渊源、比较优势和实例经验，并立足我国数据立法环境构思数据信托机制优化革新的新出路。

二、数据权利保护的主流论调解读与省思

（一）数据权利保护的理论铺垫：数据属性与数据产权

2020 年 3 月 30 日，印发的《中共中央 国务院关于构建更加完善的要素市场化配置体制机制的意见》（以下简称《意见》）不仅厘清了数据的新型生产要素禀赋，而且划定"研究根据数据性质完善产权性质"的基本思路，因此关于数据属性和数据产权的讨论成为探索数据权利保护路径的基础。

1. 数据属性的多维考察

数字经济依托海量数据的汇集，并通过数字技术与实体经济深度融合创造价值，可见数据虽然根源于社会成员的个人创造，但个人数据的

---

① BALKIN J M. Information Fiduciaries and the First Amendment ［J］. UC Davis Law Review，2016，49（04）：1183-1234.

经济价值可忽略不计①，只有经过特定技术处理后的大数据才是蕴含着经济利益和社会效益的宝贵资源。然而关于数据属性的认知尚无定论，言人人殊。从数据不能脱离载体而单独存在，数据交易必须依附平台、代码②等外在表征来看，数据的确不符合民法关于物（动产和不动产）的一般规定，亦不能归入智力成果范畴③，是故若以数据与信息有严格壁垒为由，将数据排除在私法权利保护体系之外有一定的合理性④。但问题在于，数据和信息的二元论断刻意割裂了数据与信息间的紧密依存关系，毕竟在互联网环境下数据和信息具有共通性，二者可以自由转换、集成一体⑤，无论是从技术操作层面抑或是从立法保护层面均无强行区分二者的必要。从数据和信息同一性的角度来看，公共产品属性的解读是相对经过脱敏处理的大数据而言的，尚未处理的个人数据则因含有个人隐私或身份信息而关乎人格尊严与人格利益，继而衍生数据的人格属性与财产属性。因此，关于数据属性的讨论切忌陷入单线思考的误区，数据兼具公共产品属性与人身、财产属性⑥的基本认知应当是构建数据产权制度与数据流通机制的出发点。

2. 数据产权的多元剖析

基于上述数据人格、财产属性的理论证明，数据作为民事权利客体被纳入私法保护体系再无可辩驳。紧随而来的任务便是构建科学的数据产权制度，在为数据主体赋权的同时兼顾数据流通，最终实现数据共享和数据权利保护的目的。20 世纪 70 年代以劳伦斯·莱斯格（Lawrence Lessing）教授为代表的美国学者就提出了数据财产化的理论，主张在隐私权利框架之外构建独立的数据财产权保护制度，重塑数据主体对数据

---

① 胡凌. 商业模式视角下的"信息/数据"产权［J］. 上海大学学报（社会科学版），2017，34（06）：1-14.
② 梅夏英. 数据的法律属性及其民法定位［J］. 中国社会科学，2016（09）：167.
③ 程啸. 论大数据时代的个人数据权利［J］. 中国社会科学，2018（03）：104.
④ 梅夏英. 在分享与控制之间——数据保护的私法局限和公共秩序构建［J］. 中外法学，2019，31（04）：859.
⑤ 梅夏英. 信息和数据概念区分的法律意义［J］. 比较法研究，2020（06）：154.
⑥ 李爱君. 数据权利属性与法律特征［J］. 东方法学，2018（03）：69.

的控制权①。由于数据主体的不同，数据产权制度也呈现多元分化的现象。首先，基数最大的数据主体是受到数字信息技术影响的所有社会成员，"数智化"时代个人身份信息与一连串的互联网代码建立链接，个人在互联网上的轨迹被记录、爬取并构成大数据的沧海一粟，因此作为数据的初始源，用户应享有获得数据财产利益及排除个人隐私与信息受到妨害的权利。其次，数据企业以"知情同意"原则实现数据萃取、实际掌握海量数据，并在此基础上投入技术和劳动成本催生新的数据形态，根据劳动赋权理论，数据企业享有在个人信息保护的框架内开发、利用、处分数据的权利，并且以促进数据流通、维护数据市场的交易秩序为己任。最后，政府及其他社会组织在参与社会管理过程中收集个人数据，并投入成本对数据予以整合，提升数据的经济价值，所以政府及其他社会组织也是适格的数据主体，在推动数据开放共享之余享有部分数据权利②。

（二）数据权利保护的主流论调：以 GDPR 为代表的赋权路径

数字经济时代，数据治理成为数据主动权和话语权角逐的主战场，欧洲虽然没能孕育出大型的跨国互联网企业，但仍凭借 GDPR 在世界数字经济秩序构建中占据一席之地。欧盟国家历来就有尊重个人隐私的优良传统，在数据驱动年代，立法者更是基于对数字信息技术的前瞻性思考，为满足数据应用的场景化需求和平衡多方利益，制定出综合完备的数据主体权利保护体系，为全球数据治理描绘出一整套成熟的规则蓝本。与美国所推崇的、以隐私权为中心的数据权益保护模式不同，GDPR 承认数据的权利客体属性并搭建起旨在保护数据财产权益的法律框架。一方面，GDPR 以"知情同意"原则为基础建构用户访问、查

---

① ［美］劳伦斯·莱斯格. 代码 2.0：网络空间中的法律［M］. 李旭，沈伟伟，译. 北京：清华大学出版社，2009：197.

② 李家杭，邵滨. 论政府开放数据流动的法律秩序［J］. 人工智能法学研究，2021（01）：85.

询、更正、删除、撤回、限制、拒绝个人信息的自决权体系①并创设被遗忘权和数据携带权概念，保证个人数据处理始终符合最小化、目的限定和透明度的原则。然而，如此"家长式"的立法并不意味着 GDPR 奉行数据权绝对保护主义，保护个人数据的权利不是一项绝对权利，应考虑其在社会的作用并应当根据比例性原则与其他基本权利保持平衡，即个人数据权利保护应兼顾公民的知情权和言论自由，并和数字经济产业发展与社会公共利益保持平衡，必要时个人数据收集可突破"知情同意"的限制而为合同履行或公共利益维护之必要而放宽数据流通管控，为技术创新和产业发展留足空间。另一方面，GDPR 为数据控制者在数据处理的各个环节设定法定义务，并以相当严厉的罚则——最高 2000 万欧元或全球营业额的 4%（以较高者为准）保障责任承担规则掷地有声。数据控制者涵盖了数据企业、公权力机构在内的所有掌控数据处理决策权的主体，其义务包括：在遵守数据处理基本原则②的基础上建立数据保护管理体系，从制度设计入手落实数据保护并保存数据处理活动的记录、遵守行为准则和认证机制；从风险规制角度出发构建数据风险评估和数据风险管理机制。

2021 年，欧盟颁布 GDPR 已逾三年，但实际效果不尽如人意，数字经济产业扶持与数据主体权利保护的目标双双落空。原因在于：其一，虽然 GDPR 宣称注重发挥数据企业在个人信息保护方面的自主能动性，但各国采取的严格监管措施及配套产业政策总是携带着对创新文化的敌视基因，崇尚稳定性而非颠覆性的技术变革导致欧洲在培育本土科技巨头的尝试中屡屡失利。不仅如此，GDPR 倡导的事前监管措施意味着高昂的监管成本投入，当成本压力被转嫁给数据企业时，欧洲本土科

---

① 杨芳. 个人信息自决权理论及其检讨——兼论个人信息保护法之保护客体 [J]. 比较法研究，2015（06）：24.

② 《通用数据保护条例》第 5 条规定的"个人数据处理的原则"包括：（1）合法、公平、透明原则；（2）目的限制原则；（3）最小范围原则；（4）准确性原则；（5）存储限制原则；（6）完整性和保密性原则。

技公司显然不能与掌握海量数据的美国互联网巨头相抗衡，如此一来GDPR 非但没能扶持规模较小的本土企业在数字经济竞争中占据优势，反而切断了数据自由流通的渠道，使根基稳固的大型在线平台成为唯一的赢家。其二，一份人工智能初创公司的研究报告显示，GDPR 以用户同意为基础的数据治理模式无法让用户免于遭受隐私侵害①。"知情同意"原则因限制数据流通而饱受诟病，实践中在个人数据权利保护方面也一再失效甚至沦为摆设，数据企业或通过在服务条款中默认勾选同意框使用户放弃合法权利，或利用用户的决策厌恶心理（decision averse）以复杂冗长的条文模糊视线，换取用户的"一键同意"授权。②随着"知情同意"基石的坍塌，个人隐私泄露与滥用的危机愈演愈烈，用户个人与数据企业间的力量对比悬殊，繁重的举证责任压力下个人维权无异于蚍蜉撼树。以 GDPR 为代表的赋权路径在对抗强势的数据控制者时力有不逮，数据主体与数据控制者间的不对等局势持续恶化，数据共享与数据权利保护的努力事倍功半。理论与实践应当参酌其他制度，探寻新的数据治理出路。

三、数据信托："行为控制"逻辑下的数据权利保护模式

（一）数据信托的理论证成

1. 数据信托的理论溯源

数据信托的理论基础可追溯至 20 世纪 90 年代肯尼思·劳东（Kenneth Laudon）教授创设的"信息受托人"（information fiduciaries）概念③，即在一个监管健全的信息自由交易市场中，信息受托人可作为信息出卖一方参与其中并以寻求信息利益最大化为旨归。后来出现的

---

① AI E. Data Trusts, A New Tool for Data Governance [M]. New York：Element AI, 2019：14.

② SOLOVE D. Privacy Self-Management and the Consent Dilemma [J]. Harvard Law Review, 2013 (26)：1880.

③ CLAUDON K. Markets and Privacy [D]. Orlando：International Conference on Information Systems (ICIS), 1993.

"数据银行账户"概念也试图打破数据被大型互联网企业垄断而丧失流动性的困窘，提出要"将个人数据置于一个账户中，并在此账户中进行数据控制、管理、交易与核算"①。令人欣慰的是，信息交易市场和数据银行账户的构想正在被逐一落实，近年来各国涌现的数据交易平台作为连通数据供需双方的媒介，在数据交易中承担着类似信息受托人的角色。自 2016 年起，巴金教授通过一系列研究对数据信托做了全面系统的论述，他指出在大数据时代，受数字技术洗礼的个人与数据企业之间形成紧密的依赖关系，但由于双方实力对比悬殊，用户无法撼动数据企业对个人数据的绝对控制，双方关系日趋紧张甚至陷入敌对境地，因此可以考虑将个人与数据企业的关系重新阐释为信托关系②，借助严密的信义义务体系重塑数据控制者的责任规则。值得注意的是，数据信托理论尚在起步阶段就呈现分化趋态，究其根源在于对数据属性认知的偏差。其一，从否认数据客体性的角度出发，以数据与所有权概念不相容为由将数据信托从传统信托法中剥离，声称所谓的数据信托只不过是以信托框架为基础构建的数据共享机制③，其核心在于确立一个稳定的数据管理者，达成数据交易安全与互惠互利的目的。其二，随着承认数据民事权利客体属性认知的蔓延，数据信托合法化的阻遏因子被消除，用户与数据企业可通过信托协议规划数据权利流转，融贯从信托目的到信义义务的个人数据权利事前预防与事后救济体系，化解用户个人与数据企业在数据使用上的龃龉。其实，抛开数据属性的窠臼，数据信托的外在表征无外乎：作为受托人的数据控制者按照特定信托目的与信托规则

---

① Fuel of the Future：Data is Giving rise to A New Economy［EB/OL］. The Economist，2017-05-06.

② BALKIN J M. Free Speech in the Algorithmic Society：Big Data，Private Governance，and New School Speech Regulation［J］. UC Davis Law Review，2018，51（03）：1149-1210.

③ HALL D W，PESENT J. Growing the Artificial Intelligence Industry in the UK［R/OL］. Gov UK，2017-10-15.

为受益人之利益独立经营管理数据池①。

2. 数据信托的关系架构

数据治理与信托制度耦合的前提在于，"数智化"时代数据生产者与数据控制者、数据受益者相分离的客观事实契合信托制度的复合权属结构②，而且信托遵循委托人意愿和受托人独立管理的制度逻辑有利于实现对海量数据的科学化管理经营，因而可以借助信托架构厘清数据主体与数据控制者、数据受益者间的法律关系，并置备具体规则探寻数据共享与数据权利保护的进路。一般来讲，个人、企业、政府等享有数据权利的主体均可作为数据信托的委托人，以数据为信托财产与信托机构订立协议，转移数据控制权；数据信托的受托人不仅要有经营信托业务的资质，而且应配备数据处理的专业技能，尤其是要发挥维持数据供需双方利益平衡与算法规制的功能；数据信托的受益人则仰赖委托人的指定。在具体适用情境中，信托目的对信托关系架构的影响甚巨。譬如英国开放数据研究所（Open Data Institute）2020 年的研究成果规划设计了如下数据信托模式：以数据共享为目的设立数据信托的，数据企业、政府等组织可作为委托人与专业信托机构商讨数据共享条件并将其固定在信托目的中，受托人取得数据控制权后应遵从数据共享条件调控数据使用与访问③，并按照信托协议之约定向特定主体回馈信托收益。当数据信托以维护用户数据权利为向度展开时，用户可按集体协作方式与信托机构磋商④，定制个人数据收集、利用规则，甚至在不损害数据自由流转的前提下为数据后续开发划定边界；信托机构通过集体谈判方式取得个人数据控制权并经脱敏、匿名化处理等技术操作后将数据投入数据

---

① 丁凤玲. 个人数据治理模式的选择：个人、国家还是集体 [J]. 华中科技大学学报（社会科学版），2021，35（01）：70.

② 《中国科学基金》编辑部. MIT Technology Review 2021 年十大"突破性技术"解读 [J/OL]. 中国科学基金，2021，35（03）：406-407.

③ HARDINGES J. Data Trusts in 2020 [EB/OL]. The ODI，2020-03-17.

④ DELACROIX S，LAWRENCE N. Bottom-up Data Trusts：Disturbing the "One Size Fits All" approach to Data Governance [J]. International Data Privacy Law，2019，9（04）：236-252.

池中，嗣后以信托目的统辖数据和进行深度开发利用，并向特定受益人（多为用户个人）分配收益。

（二）数据信托的比较优势

诚然，数据信托机制是建立在数据治理"赋权"基础上的。首先，为保障受托人所控制的数据池满足海量、充盈的要求，数据信托不能设定过高门槛而应允许所有数据主体加入委托人序列中，以集体化的数据治理方式保障信托目的实现；其次，数据信托的启动机制是比"知情同意"原则要求更高的信托协议，即数据信托不仅要求委托人"知情同意"，而且以书面化形式将数据收集、管理的细则及受托人的信义义务固定下来；最后，数据信托模式下数据控制权从委托人向受托人流转，其默认前提为数据可在不同系统中移植且能够从特定系统中擦除①，即数据主体的权利应涵盖数据携带权与被遗忘权。相比之下，数据信托还具有以下优势，恰好能攻克传统赋权路径的致命缺陷。

1. 以信托目的确保数据使用始终符合委托人意愿

在数据企业直接向用户收集个人数据的情境中，"知情同意"原则尚被刻意规避而处于失效状态，在数据共享环节中指望"知情同意"原则发挥作用更是奢望，因此有必要通过其他途径补强"知情同意"的规制功能，强化对数据权利的保护。② 数据信托机制的优势在于，信托设立后受托人作为稳定的数据控制者应以信托目的统辖数据访问、审核与算法规制，监管数据需求方的各种数据开发利用行为。因此，当委托人以个人数据权利保护之目的设立信托时，受托人对数据池的运营管理应当以维护委托人的数据权利为第一要务，尤其是要通过匿名化、区块链等专门技术清除个人数据中携带的个人隐私与身份识别信息，以去中心化的方式聚合数据，保障个人数据安全。此外，由于信托目的与信

---

① DELACROIX S, LAWRENCE N. Bottom-up Data Trusts: Disturbing the "One Size Fits All" approach to Data Governance [J]. International Data Privacy Law, 2019, 9 (04): 236-252.

② 王利明. 数据共享与个人信息保护 [J]. 现代法学, 2019, 41 (01): 50.

托协议关联甚巨，委托人与受托人可以信托目的为导向定制诸如数据分级管理、信托收益分配、信义义务履行等具体细则，实现委托人意愿在数据信托运行全过程中的全方位覆盖。

2. 以信托利益分配回应数据主体的财产权益诉求

数字经济时代，数据不能脱离互联网载体而单独存在，数据价值的发掘更是离不开重复的数据聚合、创新应用与商业经营。① 维克托·迈尔-舍恩伯格（Victor Mayer-Schönberger）预言，数据价值潜力无限，目前可探寻的还只是其冰山一角。② 然而，巨额数据经济红利经数据企业的层层盘剥后，能被用户个人与社会整体所享用的部分十分有限，更何况数据企业仅靠提供免费的互联网服务就能获得个人数据的无限度使用权，彻底买断用户谋求个人数据利益的主动权。数据信托则打破数据企业基于数据控制垄断数据利益的思维定式，疏通数据利益向数据主体回流的渠道。换言之，委托人在设立信托时可指定受益人，受托人遂以其为对象稳定派分信托收益，因此无论信托目的为何，委托人都掌控着数据利益分配的主动权，个人、企业、政府等均有机会分得数据价值变现后的一杯羹。此外，数据信托的受托人因兼具经营信托业务与数据管理的资质，而被寄予能够专业化运营数据池，遏制算法负面效应，最大化数据经济价值的厚望。

3. 以举证责任倒置肃清数据主体的司法维权障碍

正如上文所论，以 GDPR 为代表的数据权利保护"赋权"路径虽然满足了数据主体权利内容多元化的需求，但忽略了横亘在数据主体与数据控制者之间的鸿沟。数据主体既要躲避数据控制者的围追堵截，又要被施以司法维权的举证责任负担，数据赋权险成南柯一梦。数据信托

---

① 冯果，薛亦飒. 从"权利规范模式"走向"行为控制模式"的数据信托——数据主体权利保护机制构建的另一种思路［J］. 法学评论，2020，38（03）：75.

② ［英］维克托·迈尔-舍恩伯格，肯尼迪·库克耶. 大数据时代：生活、工作与思维的大变革［M］. 周涛，译. 杭州：浙江人民出版社，2012：7.

作为信托制度的创新化成果，自可适用信托机制内嵌的举证责任倒置①，纾解数据主体在司法维权进程中的繁重压力。其实从纯粹定分止争的考量出发，由数据控制者承担举证责任也是毋庸置疑的，毕竟作为信息矩阵的中心，数据控制者享有天然的信息优势和技术扶持。数据是互联网用户个人信息与行为轨迹的累积，法律追本溯源肯定了个人的数据权利，但数据始终处于个人可控范围之外，唯有数据控制者才能厘清数据收集与利用背后错综复杂的关系。此外，对审判机构而言，数据信托机制也是大有裨益的，即法院原本承担的查明责任主体并裁量责任边界的重任在数据信托模式下迎刃而解，作为受托人的数据控制者对委托人的数据权利侵害负责，而法官只需因循将争议焦点集中到受托人信义义务履行情况的判断上来。

4. 以信义义务为中心构建数据市场的交易规则

数据信托模式下，受托人不仅是连通数据供需双方的媒介，更是作为数据市场的一方主体直接参与到数据交易中来，具体承担着将数据权利从委托人向数据需求方流转、将数据收益从数据购买方向信托受益人输送的重任；参与数据交易的另一方主体（数据购买方），从进入数据市场、开展数据交易活动、深度开发利用数据到退出数据市场，始终处于数据控制者的严密监管之下，稍有不慎便会被驱逐出境或收回权利，因此构建数据市场交易秩序的主动权系于数据控制者一身，数据控制者的行动逻辑则靠信义义务体系来规范。具体而言，数据信托受托人的信义义务包括：其一，忠实义务。数据控制者虽然实际运营着数据池，但其权利仅限于数据访问的审核与控制，并以符合信托目的的方式推动数据自由流转，切忌利用职务便利牟取私益，损害信托受益人的合法权

---

① 英美信托在制度设计中就考虑到，在信托事务管理中受托人享有绝对的信息优势，遂在相关纠纷中对其施加举证责任，以保持委托人与受托人地位的平衡。我国《中华人民共和国信托法》在移植过程中有所疏漏，及至 2019 年颁布的《全国法院民商事审判工作会议纪要》第 94 条才弥补了遗憾，信托纠纷中的举证责任被转嫁给受托人一方。

益。其二，勤勉义务。数据控制者应当以数据主体权利的守护者自居，通过建立数据风险防控的常态化监管机制，对数据权益损害和数据流通阻塞保持高度警惕并积极施展救济措施，遏制算法负面效应的产生和扩散。

四、数据信托的实践探索与实例剖析

与数据信托理论发展保持同频的数据信托实践收获也颇为可观。首先，部分国家的数据立法中已出现以信托框架解释数据主体与数据控制者间权利义务关系的倾向，如 2018 年美国国会提出的《数据保护法》（*The Data Care Act*）草案指出，互联网服务提供商应对其用户承担类似于受托人的义务，具体包括注意、忠诚、保密的义务①；无独有偶，2019 年印度颁布的《个人数据保护法案》要求所有处理商业数据的公司均注册为数据受托人②。其次，以网络服务提供商为信息受托人的观念已经在司法案件中有所体现。美国特拉华州法院审理的"Everett v. State 案"中，法官在裁量卧底警察对 Everett（埃弗雷特）个人的 Facebook（脸书）账号的监视是否违反美国宪法及特拉华州宪法规定的"个人免遭不合理搜查和扣押"时，指出用户将个人信息共享到社交平台时，后者的地位相当于信息受托人，其应以有利于用户的方式管理个人信息。最后，在数据信托的理论构想驱使下，大型互联网企业也试图将数据信托应用到实体项目经营中来，诸如 Alphabet（谷歌重组后的"伞形公司"名字）下属的 Sidewalk Labs（人行道实验室）承诺在"高科技智慧城市项目"构建中以信托方式管理所收集的个人数据，而不向任何广告商出售或泄露；2019 年 Sidewalk Toronto（多伦多智慧城市项目）也推出了以数据信托模式开展智慧城市发展的计划。③

---

① 参见 Data Care Act of 2018, S. 3744, 115th Cong. § 3 (2018)。

② 嵇绍国，王宏. 印度《个人数据保护法案》浅析 [J]. 保密科学技术，2020（02）：58.

③ DAWSON A H. We Believe Quayside can Set A New Model for Responsible Data Use in Cities-anchored by An Independent Civic Data Trust [EB/OL]. Sidewalk Labs, 2018-10-16.

数据信托作为信托业务拓展的新领域，对受托人在数据运营方面提出了极高的技术性要求。令人欣喜的是，我国商业实践中已经结出了数据信托的硕果。2016年11月，中航信托发行规模为3000万元的数据信托产品，迈出我国信托机构探索数据信托业务的第一步。在该信托产品的设计中，委托人"数据堂"以其所持有的数据库为信托财产与中航信托公司缔结信托协议，并以其自身为信托受益人；信托生效后，受益人通过转让受益权直接取得现金收入，受托人则委托专业的数据服务商具体负责数据资产的运营，并向投资者分配信托收益（图1）。中航信托所开发的数据信托商业模式具有以下特征：其一，委托人涵盖了数据生产主体与数据运营主体，即处在数据供应链供给一侧的网络用户、数据企业等均可将其自身创造的数据或享有合法使用权的数据投入信托中。其二，受托人基于信托协议获得对个人数据的独立控制权，继而委托专业第三方执行数据运营业务，包括在个人数据脱敏化处理与风险常态化监管之上构建数据交易平台，实现数据资产的增值目的等。其三，受益人身份从委托人转变为社会投资者，即委托人设立信托时以自身为受益人，但为满足快速变现数据资产的需要，受益权被转让给其他投资者。

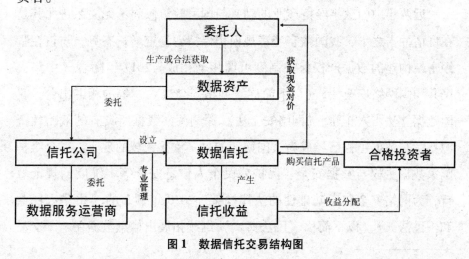

图1 数据信托交易结构图

数据信托亦称得上数字经济对传统金融行业深度赋能的典范。中航信托凭借着在大数据领域的积极进取收获颇丰：与华为、德利迅达等数字技术领域的领军企业展开深入合作，并主导对英国领先数据商的国际并购等。① 可见，应数据治理需求而生的数据信托模式为信托产业转型升级创造机遇，从宏观层面看，大数据、互联网环境下的开放式创新方式颠覆了信托产业原本僵化、封闭的增长方式，为信托产业依托数字信息平台发展创造广泛契机；从微观层面看，信托机构得以参与到数据产业深化发展的进程中，开展并完善数据信托服务融通了信托机构源源不断赚取数据经济利益的渠道。当然，数字技术对信托产业的高度渗透也意味着数字技术的"达摩克利斯之剑"一并被转移，数据信托机制面临着重重阻碍：因数据属性争论尚未达成一致，数据信托仍被质疑有违信托基本原理；数据信托与数据分类分级制度的融合；大数据的持续性爆炸式增长对专业化数据信托机构的需求等。

五、数据信托与我国数据立法的融合与创新

（一）制度环境：数据信托与我国数据立法的兼容

近两年中国数字经济产业的勃兴与国家政策倾斜不无关系，尤其是在疫情冲击之下，我国数字经济规模仍保持着稳定增长态势，与正在紧锣密鼓构建的数据产权保护制度可谓相辅相成。2017 年随着《中华人民共和国网络安全法》（以下简称《网络安全法》）等的相继出台，我国数据立法步入正轨。《网络安全法》深刻洞察数据所具有的战略性资源禀赋与数据主权已经成为大国博弈的另一重要领域的现实，糅合维护国家数据主权与数据安全、保护公民个人信息安全等多维度的规范意旨，为网络安全制定基础性的法律框架。2020 年颁布的《中华人民共和国民法典》（以下简称《民法典》）继续拓展出信息数据在电子交易

---

① 姚江涛，袁田. 大数据时代，"数据资产"与金融应用前景 [J]. 当代金融家，2017（09）：4.

与网络侵权中的适用规则。2021 年 6 月《中华人民共和国数据安全法》应运而生，确定了通过技术与业务创新实现数据安全与数据应用协同发展的大数据战略。2021 年 8 月通过的《中华人民共和国个人信息保护法》（以下简称《信息保护法》）不仅以权利约束方式确认了个人广泛的信息权利，而且为个人信息安全设定"守门人"，将大型在线平台纳入信息保护体系的规制、监管之下。

然而，我国目前以数据和信息为矩阵的立法成果能为新兴的数据治理方式——数据信托的落地生根和优化革新提供适宜的土壤环境还有待考察。第一，由于我国数据立法尚未采纳数据财产化的理论，数据的财产属性证成颇费周折：《民法典》第 127 条虽为数据获得私法保护提供基础性论断，但数据因直接关乎人格尊严而被率先解读为人格权之客体，继而才以数据的经济性证成其财产性。[①] 鉴于信托制度对信托财产有明确的要求——财产特定化，因此我国数据立法应尽快破除围绕数据财产权客体的诸多争议，直接将数据财产化观念根植于法律条文中。第二，如上文所述，数据信托默认个人数据能够在不同系统中自由移植，即数据可携带权应当被法律确认并予以保护。我国《个人信息保护法》响应国际主流趋势规定了数据可携带权，允许个人在具备国家网信部门规定的数据转移条件时，将个人数据转移给指定的信息处理者。虽然《个人信息保护法》补足数据可携带权具有积极意义，但数据转移的具体操作及风险规避措施[②]还有待完善，基于数据的类型划分与场景化应用设置不同程度的数据携带权不失为更妥当的路径。[③] 第三，《数据安全法》响应《数据安全管理办法（征求意见稿）》"推动完善适用于大数据环境下的数据分类分级安全保护制度"的号召，正式提出数据分类分级保护制度，即国家应根据数据在经济社会中的重要程度与数据

---

① 陈兵. 大数据的竞争法属性及规制意义 [J]. 法学, 2018 (08): 110.
② 丁晓东. 论数据携带权的属性、影响与中国应用 [J]. 法商研究, 2020, 37 (01): 81.
③ 汪庆华. 数据可携带权的权利结构、法律效果与中国化 [J]. 中国法律评论, 2021 (03): 189-201.

被滥用或泄露等造成的危害程度对数据实施分类分级保护，并由相关部门制定重要数据目录。至于"重要数据"①的判断标准，该法未进行规定，却在"重要数据"之上又提出"国家核心数据"的概念，将关涉国家安全、国民经济命脉、重要民生、重大公共利益等数据列入其中并要求实施更为严格的管理制度。为践行数据分类分级保护的要求，以数据信托模式实施数据治理时，应当在信托协议中对受托人的信义义务强度有所调控。

（二）前景展望：以数据信托专业化经营为导向

如前所述，数据信托对受托人资质提出更高要求：信托机构须具备经营数据资产的专业技能，擅长以算法规制算法。②然而，由于数字技术的专业化程度较高，信托机构配备相应的算法治理能力并不能一蹴而就，因此在中航信托开创的数据信托商业模式中，为弥补受托人在数字技术方面的羸弱，信托财产被委托给第三方机构经营，受托人只需承担严密的监管职责。如此转圜策略为何会有破坏数据信托理论基础的嫌疑，毕竟数据信托建立在委托人和受托人的信任之上，并以严格的信义义务为保障，受托人独立管理信托财产是信托制度的基本逻辑且数据控制者对数字技术的一知半解意味着数据处理者的猖獗行径难以获得有效的监督和制约。鉴于此，在我国数据立法环境中推广数据信托模式唯有通过正本清源，强化对受托人数字处理技能的培育，将数据信托引到专业化经营的正轨上实现。未来我国构建的数据信托模式，应当是集数据确权、数据管理、数据交易等多重功能于一体的综合运营系统，信托机构如同银行一般集中管理信托财产，实现数据资产的增值和有序流通，

---

① "重要数据"的界定可以参酌其他规范性文件。如2019年5月28日国家互联网信息办公室颁布的《数据安全管理办法（征求意见稿）》第38条指出："重要数据，是指一旦泄露可能直接影响国家安全、经济安全、社会稳定、公共健康和安全的数据，如未公开的政府信息，大面积人口、基因健康、地理、矿产资源等。重要数据一般不包括企业生产经营和内部管理信息、个人信息等。"

② 冯果，薛亦飒. 从"权利规范模式"走向"行为控制模式"的数据信托——数据主体权利保护机制构建的另一种思路 [J]. 法学评论，2020，38（03）：71，75.

形成良好的数据信托机制和社会影响，成为消除数字霸权、数字鸿沟等数据生态失衡问题的有力武器。

数字信托的专业化经营最终取决于信义义务的规范效果，作为数据池的运营主体，受托人自是应当承担算法治理的重任，因此算法治理与其信义义务履行高度重合。算法治理是当前数据治理领域最热门的话题，与大数据有关的一切风波最终都能归咎于人工智能技术下的算法决策失误，算法滥用是"数智化"时代社会风险的源头。算法是数字技术的精妙所在，但在设计人员及人工智能企业的机会主义倾向和利润最大化的驱动下，算法难免被注入偏私的基因，使所有数字技术的攸关方陷于算法歧视和算法偏见的泥淖。以数据信托模式实施数据治理时，一方面，信托制度的灵活性恰好能抑制算法的各种负面效应，受托人的信义义务随着算法决策失误的具体情形发生场景化的调整；另一方面，算法披露、算法透明度管理及算法影响评估等算法规制措施借受托人的信义义务履行得以贯彻落实。算法治理与信义义务的融合从以下情景中可见一斑：其一，当委托人筛选和接收信息的主动权被算法定制化下的信息精准推送吞噬时，受托人应向委托人明示可停止接收定向推送的信息，并且当委托人选择停止推送时即刻删除已收集的能够识别个人身份的数据；其二，当委托人受困于"大数据杀熟"时，受托人的义务应包括禁止向委托人提供不针对其个人特征的推荐选项；其三，当委托人对搜索引擎的竞价排名感到不堪其扰时，受托人应当履行对搜索类算法和竞价排名商品或服务予以明示的义务，揭开笼罩在算法上的神秘面纱。此外，由于数据信托的受托人主导着数据交易市场，其自可根据信义义务内容制定数据交易市场的基本规则，将算法治理镶嵌在数字交易秩序中，使所有的数据购买方能承担起与信义义务同等量级的注意义务，确保委托人的数据权利始终处于同等程度的保护中。当然，数据购买方也能从受托人的算法治理中获益而无须承担合规和声誉方面的风险①。总之，算法治理本涉及对多种高精尖数字处理技术的综合运用②，数据信托的受托人只有深耕数字技术开发与技能培育，才能持续巩固其控制和运营数据的主体地位，并为数据信托最大限度践诺——数据共享与数据权利保护积蓄力量。当且仅当具备过硬数字技能的加持时，数据信托的受托人才能考虑数据运营方面的分工协作。

六、结语

数字经济正在逐步成为驱动我国国民经济增长的"引擎"，数字信息技术对社会运转效率的提升、对国家治理体系和治理能力现代化的助推有目共睹。在中国新冠肺炎疫情防控攻坚战中，数字信息技术的作用发挥得淋漓尽致，各大数据平台积极贡献自身的信息优势和数字技能，主动与政府、社会组织等协同共治，实现了从公共产品供给到公共信息披露的全方位覆盖。数字经济的稳健发展离不开数据治理措施的持续优化，随着传统赋权路径在保护数据主体权利方面的失利，数据信托模式被寄予厚望。数据信托是信托制度开辟出的新领域，数据主体与数据控制者间的紧张关系被重塑为遵循委托人意愿和受托人独立管理信托财产的、建立在信任基础之上并以严密信义义务为保障的信托关系。与此同时，数据信托的受托人作为数据交易市场的一方主体，以信义义务为中心构建数据交易规则，将数据权利保护和数据共享融贯在数据收集、开发和利用的各个环节。虽然数据信托已经从理论走向实践，我国亦率先结出数据信托商业化的硕果，但数据法律制度与规则的滞后明显成为数据信托模式在我国发展的阻碍，数据可携带权的完善、数据分类分级保护制度的兼容以及算法治理与信义义务的融合兼顾都成为亟待解决的问题，数据信托的理论研究和实践探索尚需深入。

---

① ZARKADAKIS G. "Data Trust" Could Be the Key to Better AI ［EB/OL］. Harvard Business Review, 2020-11-10.

② 秦顺. 循证政策视角下我国数据确权的法理解析与规范路径 ［J］. 图书馆建设, 2022（02）：58-69, 79.

个人数据的分析和权利保护

佟思翰[*]

摘 要：数字经济时代下个人数据应用规模和范围的增加，一方面加快了经济发展的速率，但也因个人数据的快速兴起，现行法律规范对其的规定和保护并不完善。由于个人数据带有强烈的人格权属性，从立法层面上对其进行有效的保护才是对自然人格权最大的尊重和保障。本文将从个人数据权保护的角度出发，首先分析传统隐私权下的个人隐私、网络信息时代下的个人信息和数字经济时代下的个人数据这三者的不同之处，明确个人数据的定义的核心要素。其次通过分析现行法律规范中涉及个人数据权利保护的相关法律条文，判断数字经济时代下现行法律规范对个人数据权保护的不足之处。最后通过借鉴发达国家关于个人数据权利保护的相关立法及方式，有针对性地对我国在数字经济时代下建设个人数据保护制度提出建议。

关键词：数字经济；个人数据；个人信息；人格权

随着数字经济时代的到来及其在全球范围内影响力的不断增加，网络数据及通信数据已经日益成为各个国家经济建设及社会发展的主要竞争力量，是各国在数字经济的浪潮下都尤为关注的重要战略资源。在此背景下，个人数据以其链接大数据、人工智能等前沿科学技术，同时是

---

* 佟思翰，中国政法大学博士研究生。研究方向：民商法学。

社交媒体和物联网等新兴社交平台重要组成部分的独特优势，成为各国着重利用和保护的重要资源。

然而，随着个人数据作用的日益凸显，个人数据侵权现象也层出不穷且方式和手段都更为难以预料。虽然个人数据能在很大程度上便利个人生活及促进经济循环，但由个人数据被违法收集、使用、交易等产生的个人数据侵权现象，不仅对权利人自身的人格尊严和人格自由造成了严重的影响，而且给市场经济的稳定和快速发展造成了巨大的阻碍。因此，无论是从保护个人的人格尊严和合法权利还是从维护社会稳定和促进经济发展的角度出发，对个人数据的保护都要非常严格，避免产生个人数据侵权现象。

要想从立法角度保护个人数据，首先要明确个人数据的定义及内涵。一般来说，人们对个人数据的具体定义及范围并不是很了解，都将个人数据等同于个人信息，并简单地将其归入个人隐私当中，认为其当然地要受到隐私权的保护，无论是姓名、出生日期、身份证件号码还是更具单独个体识别度的家庭住址、自然人基因信息、健康检查资料等都属于个人隐私，都处于隐私权的保护之下。然而，由于数字经济时代的影响，基于个人信息而产生的个人数据就不可避免地与传统隐私权拥有内容上的不同，现行法律规范对隐私权及个人信息的保护也无法实现对个人数据的全面保护。

一、个人数据的定义

想要明确个人数据的定义，就要对比个人隐私、个人信息和个人数据的区别，明确其在法律框架下应当受到保护的核心要素所在。

（一）个人信息和个人数据

自"第三次科技革命"（第三次工业革命）以来，电子计算机和互联网开始大规模地发展和被应用，在网络信息时代，信息（information）和数据（data）成为使用频率高、应用范围广，同时受关注度颇高的两个词。在网络信息与人类社会尤其是单独个体私人领域逐步交织在一起之后，各国也关注起个人信息保护的立法，但并未对个人信息和个人数据进行区分，而是将二者看作同一概念进行立法保护，所体现出的个人数据权利保护和个人信息权利保护也只是存在立法文件名称上的不同。如欧洲议会在 2016 年 4 月 14 日投票通过，并于 2018 年 5 月 25 日起在所有欧盟成员国正式生效的 General Data Protection Regulation（以下简称 GDPR）就多被译为"通用数据保护条例"，其名称也是使用了通用数据（general data）来命名，其中第四条便直接阐明了个人数据（personal data）的定义。另外还有阿根廷于 2000 年开始实行的《个人数据保护法》（Personal Data Protection Act，以下简称 PDPA）同样是用个人数据进行命名①。而日本在 2005 年通过，2017 年进行修改的《个人信息保护修正法案》（Amended Act on the Protection of Personal Information，以下简称 APPI）则是使用了个人信息（personal information）这一名词。我国于 2021 年 1 月 1 日开始施行的《中华人民共和国民法典》（以下简称《民法典》）也在第六章中规定了对个人信息的保护，同时《中华人民共和国个人信息保护法（草案）》已经颁布，表明我国使用了个人信息而非个人数据来对个人信息权进行保护。

各国虽然在对个人信息的保护上有不同的命名，但其实并未对个人信息和个人数据进行区分。如欧盟的 GDPR 第四条对个人数据所下的定义是"任何指向一个已识别的或可辨识的自然人（数据主体）的信息"，而日本的 APPI 第二条对个人信息所下的定义则是"与生存着的个人有关的信息中因包含有姓名、出生年月以及其他内容而可以识别出特定个人的部分"②，二者关注的重点均是"可识别性"（identifiable），即如果能够通过一则信息而识别出特定的自然人，则该信息应当受到保护。我国民法典对个人信息的规定也聚焦"能够单独或者与其他信息结合识别特定自然人的各种信息"，关键点同样在于可识别性。

---

① 方芳，张蕾. 欧盟个人数据治理进展、困境及启示［J］. 德国研究，2021，36（04）：49-66，157-158.

② 张红. 大数据时代日本个人信息保护法探究［J］. 财经法学，2020（03）：150-160.

因此，可以看出世界各国在保护个人信息隐私权方面都将个人数据与个人信息的概念等同，并未做区分。诚然，二者在内涵和应用方面都有着较大的一致性，区别似乎只是网络时代和数字经济时代下的侧重点不同。然而从法律角度来看，尤其是从权利保护的方面对二者进行观察，就会发现个人信息和个人数据存在着两方面的不同。

第一，正如GDPR对个人数据的定义，只有某一信息能够准确指向一个可以识别或辨识出的自然人，该信息才能成为法律意义上值得保护的个人信息，即信息是经过加工处理后，能够保证某一自然人在日常人际交往中能够被识别和认知的数据，也就是说法律保护的不是数据本身，而是对数据进行加工后形成的具有个人意义和社会经济意义的信息。① 然而当法律如此规定之时，就会产生一个问题，即法律保护的数据是其中一部分能够转化为具有个人意义的信息的数据，而其他不具有此种效果的数据则不在法律保护的范围之内。然而，由于数字时代下大数据的广泛传播与应用，存储于网络服务器之内的个人数据极其容易被非法传播：某一数据被非法传播后又被二次处理加工成拥有个人意义和经济价值的个人信息，而后再次被非法传播。根据现有法律规定，仅能对后半段也即对个人信息的非法传播的违法行为进行处罚，那这是否会产生行为整体性的割裂？同时对于非法传播个人数据的行为，个人数据还能够对某一自然人进行客观评价这一行为，也无法律规定应该如何进行处罚。

第二，由于个人数据仅仅用于评价其主体，而这些数据经过加工处理后不仅是对主体人格的评价，还具有一定的经济价值。基于此，我们可以认为，对个人数据的保护是对自然人人格权的保护，而对个人信息的保护则是对自然人人格权和财产权的双重保护。个人信息所具有的经济价值对自然人自身有影响，对个人信息合法的收集、处理、流通能提升国家的经济发展水平，因此国家通过法律保护个人信息权，也是防止

①　LUND J. Property Rights to Information［J］. NJTIP，2011，10（01）：1.

伪造的、无意义的信息对自然人和社会经济造成影响，在大力发展数字经济的同时，保证个人信息的传播对经济起着促进作用。① 然而，包括我国在内的大部分国家将个人信息的保护置于人格权保护体系之内，但在数字化越来越发达的情况下，个人信息的财产权属性变得更加突出，仅仅将其置于人格权保护体系中似乎也有些不妥。同时，将完全属于人格权的个人数据与同时拥有人格权和财产权属性的个人信息混同，对保护自然人个人权利的法律规定造成了困扰。

因此，随着数字经济影响范围的拓展，尤其是在自然人存储于网络之上的数据转化为具有经济价值的信息之后，个人信息的经济价值逐渐提高。然而世界各国的立法精神均表现出，对某一自然人而言，其人格权属性要超过其财产性权利。基于此，通过立法有效区分个人数据和个人信息以便更好地对人格权和财产权进行保护则显得尤为重要。

（二）隐私和个人数据

隐私及隐私权概念的产生要远远早于依托于网络信息时代而产生的个人数据及个人信息，隐私权这一概念要追溯到 1890 年 *The Right to Privacy*（《隐私权》）一书中提到的个人独处（to be alone）这一权利，该权利在当时是用以应对记者及摄影师等其他人员对自然人个体私生活的侵扰，自诞生起就是独属于自然人个体的人格权。② 如前所述，不同于同时包含人格权和财产权的个人信息权，与仅包含自然人单独个体的人格权的个人数据类似，隐私权主要是一种精神性的人格权，其虽然也具有利用价值，但所拥有的财产价值与其本身欲保护的人格价值相比并不突出。在此情况下，有些国家便将对个人数据的保护置于隐私权保护的条款之内，适用隐私权保护的法律规定。如在 2018 年 6 月 28 日通过生效的《加州消费者隐私法案》（*California Consumer Privacy Act*，以下简称 CCPA），其宗旨在于保护消费者隐私权，但其条款不乏对个人数

---

① 郭明龙. 论个人信息之商品化 [J]. 法学论坛，2012，27（06）：108-114.

② WAREN S, BRANDEIS L. The Right to Privacy [J]. Harvard Law Review, 1890 (04)：193-206.

据的保护，如 CCPA 中规定的知情权和拒绝权，给予自然人查看哪些数据公司收集并保存了他们的个人数据，同时可以要求这些公司删除他们的个人数据，并且对该公司将其个人数据出售给第三方的行为表示拒绝的权利。① 然而，大部分国家对个人数据和个人信息的保护还是与传统隐私权的保护方式有所不同，如我国《民法典》在人格权编第六章就将隐私权和个人信息分开作为不同的权益类型进行了规定。

不能简单地将个人数据权利的保护置于隐私权保护之下的原因在于以下两点。

首先，隐私权是一种初始性权利保护，保护隐私权的重点在于个体的隐私和秘密不被披露、个体的私生活不被打扰等，其关键在于从起点处便保护个体的隐私安全，防止隐私泄露。② 而对个人数据的保护则是一种过程性权利保护，其重点不在于防止其他人知晓单独个体的个人数据，因为在数字经济时代下每个自然人均拥有其单独的个人数据且与物联网、人工智能等产生交互行为，其个人数据不可避免地会被存储到网络空间之中。③ 因此，对个人数据保护的重点不在于防止个人数据被存储，而是防止其被存储在网络空间之后，再以数字化形式表现出来或附有财产价值之后被非法加工、处理和流通，其所保护的是数据流通的这一过程。④ 因此，权利人只有在其隐私权受到侵害时才能够主张对其隐私权进行更有效的保护，而对于个人数据，权利人则可以更为主动积极地查看、决定或拒绝其个人数据的存储和流动。

其次，世界各国对隐私权的保护均是以一种绝对保护的姿态来保护个人远离他人的侵扰，任何非法窥探、窃听、披露他人个人隐私的行为

---

① 蔡培如. 欧盟法上的个人数据受保护权研究——兼议对我国个人信息权利构建的启示 [J]. 法学家, 2021 (05): 16-30, 191-192.

② 王利明. 和而不同: 隐私权与个人信息的规则界分和适用 [J]. 法学评论, 2021, 39 (02): 15-24.

③ COPPEL P. Information Rights [M]. London: Sweet Maxwel, 2004: 257.

④ 程啸. 论大数据时代的个人数据权利 [J]. 中国社会科学, 2018 (03): 102-122, 207-208.

都不被法律所容忍，其存在的基础是个人人格的尊严，是不容他人侵犯的独属于权利人个人的绝对性权利。尽管对个人数据的保护也属于人格权保护的范围，但数字经济时代下的数据已经不仅仅是单纯的符号和计算机文字，而是个体与科技产物之间的一条纽带，个人数据经过加工处理后，更附上了社会经济价值，此时对于个人数据的保护不仅要考虑自然人个体人格利益的保护，更要考虑到社会经济利益，在两者之间作出合理取舍、达到平衡。这与上述对隐私权的绝对保护是不同的。①

通过上述分析可以看出，由于数字经济的影响，个人数据的波及范围和重要性也日益扩大，而无论是传统隐私权下的个人隐私，还是当今世界各国均立法进行保护的个人信息都与其有不同之处，将个人数据置于隐私权保护之下还是等同于个人信息来进行保护都有所不妥。因此，想要从法律上有效地对个人数据进行保护，就要明确个人数据和个人隐私与个人信息的不同，对其进行单独且有针对性的法律保护。

二、我国现有的立法保护

我国并未对个人数据和个人信息进行区分，而是将个人数据等同于个人信息进行了规定，同时虽然将个人信息与隐私权进行了区分规定，但二者在外延上仍然存在着一定的重合，尤其是隐私中的私密信息，严格意义上应该属于个人信息的范畴。在没有区分个人数据和个人信息的情况下，我国现有的对个人信息权进行保护的法律层面的措施有以《民法典》为基本法对隐私权和个人信息进行保护，同时进行相应的综合性专门立法，如《中华人民共和国个人信息保护法（草案）》和《中华人民共和国数据安全法（草案）》和《中华人民共和国数据安全法（草案）》，还有《中华人民共和国网络安全法》（以下简称《网络安全法》）《信息安全技术个人信息规范》等其他法律和规范也对个人信息进行了保障。

---

① 安柯颖. 个人数据安全的法律保护模式——从数据确权的视角切入 [J]. 法学论坛，2021，36（02）：58-65.

（一）《民法典》的规定

我国《民法典》在人格权编第六章专章规定了隐私权和个人信息保护，用第一千零三十二条和第一千零三十三条这两条规定了隐私权，第一千零三十四条到第一千零三十九条这六条规定了个人信息保护。这一规定方式代表我国认为隐私权区别于个人信息保护权，但二者仍同属于人格性权利。然而，我国对个人信息保护的规定，无论是个人信息与隐私权的区分，还是所保护的究竟应该是个人信息还是个人数据这两方面都有一定程度上的模糊和不确切，仍需进一步的探讨和修订。

首先，《民法典》在第一千零三十四条第一款中对个人信息的概念进行了定义，所参照的则是 GDPR 对个人数据的规定，其核心在于"可识别性"，即只要该信息能够单独或者在与其他信息结合后识别出并指向特定的自然人，该信息则为个人信息，其后又列举了一些个人信息的具体形式，如自然人的姓名、身份证件号码、生物识别信息等。然而，这些个人信息在一定程度上同样属于《民法典》对隐私规定中所提及的不愿为他人所知晓的私密信息的范畴之内。《民法典》第一千零三十四条第三款规定，个人信息中的私密信息适用有关隐私权的规定，这就会在实践中产生一个适用上的问题。我国对隐私权的保护可以适用《民法典》第九百九十五条的关于人格权请求权的规定，要求侵害人停止侵害的行为，然而适用该条规定建立在"人格权"的范畴之上。如前所述，虽然我国将个人信息同样规定在了《民法典》的人格权编，但在数字经济时代下的个人信息所呈现的更多的是其财产权属性，其人格权属性在个人数据加工处理的过程中已经逐渐被财产属性所取代，那么当如身份证件号码、生物识别信息等有一定私密性的个人信息受到侵害时，就不应该认为其是人格权受到侵害而适用人格权请求权。[①] 那么在未区分清楚隐私中的私密信息和个人信息中的私密信息的情况下，对于特定的私密信息就无法判定其能否适用人格权请求权。

---

① 郭明龙. 论个人信息之商品化 [J]. 法学论坛，2012，27（06）：108-114.

其次，《民法典》第一千零三十五条第二款指出了处理个人信息的条件，同时在本条第一款规定了处理个人信息的原则，在第一千零三十六条规定了处理个人信息不承担民事责任的情形，以及在第一千零三十九条规定了国家机关工作人员的保密义务。然而，其所列举的个人信息的处理包括的七种常见情形，即收集、存储、使用、加工、传输、提供和公开，由于数字经济时代下数据应用程度和应用范围的扩大所形成的个人数据与个人信息的划分，应当被分割为两个阶段。第一个阶段是个人信息的收集和存储阶段，严格意义上讲应当称其为个人数据的收集存储阶段，因为在数字经济时代，互联网和人工智能等智能科技与人类个体的接触和交互变得更加密切，二者之间进行交互的桥梁即个人数据，个人数据被存储于网络上时，其只是独属于不同个体的一段数据，所承担的作用更多的是帮助大数据与自然人个体建立联系。此时的个人数据更多的还是个体人格权属性，而未附带财产权属性。第二个阶段，个人数据在经过使用和加工之后，由于数据对经济的影响作用附加了财产权属性而成为个人信息，其后的传输、提供、公开等都是对已然包含自然人个体财产权属性的个人信息进行的处理。由此可见，不对个人信息和个人数据进行区分，不但导致法条规定上的不准确，也极易对实践中的个案处理造成影响。

（二）其他法律规范的规定

在综合性的专门立法方面，我国于 2020 年 10 月 13 日提交审议的《个人信息保护法（草案）》也延续了《民法典》中对个人信息的定义及规定，此外增加了关于敏感个人信息的规定，规定敏感个人信息是一旦泄露或者被非法使用，可能导致个人受到歧视或者人身、财产安全受到严重危害的个人信息。然而，其依旧没有对隐私权保护中的私密信息与个人信息中的私密信息重合的部分应该如何明确进行规定，同样未对个人信息和个人数据进行区分。而于 2021 年 6 月 10 日通过的《中华人民共和国数据安全法》虽然是对数据的使用、处理等方面的安全进行了规定，但更多的是从国家和组织层面对数据使用的原则和安全性进行了限制和调整，没有过多地从个人角度出发考虑个人数据的相关事宜。而其他诸如《网络安全法》《信息安全技术 个人信息安全规范》等法律规范更多的则是对某一单独事项进行了补充规定。

三、对我国建设个人数据保护制度的建议

根据我国现有对个人数据权利的保护立法存在的不完善之处，应当从以下两方面考虑进行修改和完善。

（一）区分隐私和个人信息

虽然隐私和个人信息有着一定程度上的重合，但其内涵仍然有很大的区别，所适用的保护规则也应当准确区分。首先，隐私权是一种被动性的人格权，更重要的是隐私权是一种排他性的绝对权利，自然人的个人隐私天然地就有拒绝他人利用的内涵属性，任何人都不得利用他人隐私来获取经济利益①。而个人信息权则是一种主动性权利，因其在人格性权利以外同时具有财产性权利，故自然人可以自主地、积极地选择行使其个人信息权，自主决定和支配其个人信息，并可以许可网络数据和信息保管者使用其个人信息进行经济活动。如《民法典》第九百九十三条就规定了姓名、名称、肖像等可以在自然人同意的前提下由他人使用，而隐私显然不在此列。其次，隐私的关键点在于其隐秘性，即不愿为他人知晓、不愿向他人公开的信息。而个人信息的关键点在于其可识别性，即能通过该信息或与其他信息组合后指向并识别出特定个体。隐私和个人信息二者在核心要素上有着本质性的区别，只有具备可识别度的信息才是个人信息，在具备可识别度，可以通过该信息或结合其他信息识别出特定自然人的情况下，即使该信息具备一定的私密性，也应当认为其是个人信息。

因此，个人信息中的私密信息就是个人信息与个人隐私的重合部

---

① WHITMAN J Q. The Two Western Cultures of Privacy: Dignity Versus Liberty [J]. Yale Law Journal, 2004, 113（06）: 1151-1221.

分。对于私密信息，即使其体现得更多的是可识别性这一特性，其私密性也决定了对私密信息的保护具有保护人格尊严这一目标，而个人信息的权利保护则指向自然人对自身信息的支配权和自决权。根据民法上的人格尊严高于私法自治的保护原则，既属于个人信息又属于隐私的私密信息则应当适用代表人格尊严的隐私权的保护规定。这与上述判定的个人信息的核心"可识别性"就产生了冲突，将对私密信息的利用全部交由隐私权来进行保护，也会限制个人信息中所带有的经济属性，限制自然人自主获取经济利益与社会经济、数字经济的进一步发展。对此，我认为应当将私密信息这一概念归入个人信息之中，将隐私权中的个人隐私更多地划定为自然人的私密空间和私密活动，这样既不影响隐私权核心的私密属性，又满足了自然人对个人信息的自决权，而关于其他人非法侵犯自然人私密信息也可以通过个人信息的相关法律规定来对自然人私密信息进行保护。

（二）区分个人数据和个人信息

首先要区分个人数据和个人信息两个概念，如前所述，我国现有法律针对得更多的是对个人信息的保护，即能够体现自然人个体利益和财产利益，已经进入传输、公开等能够产生经济效益的环节之内的个人信息。然而对于更广泛存储于网络服务器之内的个人数据，其所代表的仅仅是单个自然人个体的人格性权利，只是代表数据主体的一系列由计算机文字组成的数据，所处的状态也是静止状态下的存储状态。在明确上述个人数据的概念之后，才能更好地通过立法对个人数据权利进行保护。对此，可以参照 GDPR 中赋予数据主体的"访问权"（right of access）。GDPR 第十五条规定了关于数据主体访问的权利，其中包括数据主体有权向数据的控制者询问并得知关于其个人数据的存储及是否正在被处理的情况，有权得知其个人数据将被储存的预期期限或确认预期期限的准则，有权要求数据控制者改正或删除其个人数据。虽然我国《个人信息保护法（草案）》中也规定了权利主体享有知情权、删除权、更正权等，但这些权利更多针对的是网络运营者收集、使用个人信息的行为，此时的权利客体已经由个人数据转化为更具经济利益的个人信息，而非个人数据本身。

反观 GDPR 规定的"访问权"，其所针对的则是未经过加工处理，仍处于存储状态下的个人数据，此时的个人数据还未附加经济效益，不具备财产权属性，仅仅是独立个体的人格权属性，对其进行保护也可以适用人格权保护体系下的人格权请求权。对权利人而言，也无须证明其个人数据被加工处理成个人信息后对其造成了损害，只要证明数据管理者在未经权利人同意的情况下对收集存储的其个人数据进行了加工处理，就可以请求权利保护，这大大降低了权利人举证的条件要求，更好地保护了其个人数据权利。当然，个人数据被加工处理成个人信息的具体情形和状态，仍需技术层面上的进一步解释和法律层面上的进一步规定。

数据所有权的理论构建与制度设计

蔡尚轩　蒋　慧[*]

蔡尚轩　蒋　慧[*]

摘　要： 数据所有权在保障数据权益、确保交易安全等方面具有重要意义。现有的数据所有权理论与其他理论在数据所有权的归属、内容、限制方面均有不同程度的分歧，存在内容尚不完善的缺点。本文通过分析数据的属性，结合所有权的性质，确定数据所有权的归属主体和权能范围，为数据的交易和利用提供法律理论支持。

关键词： 数据确权；数据所有权；归属主体

一、问题的提出

随着电子科技的快速发展，数据在经济运行中的重要地位开始彰显。电子商务、现代物流业等新兴产业的发展与进步已经离不开数据，数据也在推动传统产业产生新的经营方式、改进生产技术。可以说，数据在很多时候已经是新兴产业的前提和基础。在这种背景下，数据对产业升级的驱动作用已经受到国家的重视。

2019 年 10 月 31 日，党的十九届四中全会通过决议，首次提出将数

---

* 蔡尚轩，广西民族大学硕士研究生。研究方向：民商法；蒋慧，法学博士，广西民族大学法学院教授，博士生导师，民族法与区域治理研究协同创新中心研究员。研究方向：民商法。

据作为独立的生产要素参与分配。① 这标志着数据已经从知识、技术等传统生产要素的从属地位中脱离，正式成为新型的生产要素。随后，在 2020 年 3 月，《中共中央　国务院关于构建更加完善的要素市场化配置体制机制的意见》中，国家提出"加快培育数据要素市场"②，进一步加快了数据资本化的进程，并在之后的司法实践中产生了巨大的作用。

然而，由于数据权利在归属、内容、边界等方面缺乏适用的法律规范，面对数据经济活动时对产生的权利冲突以及纠纷应对乏力。

在数据确权的众多问题中，数据所有权的保护是关键之一。数据所有权作为数据经济价值的集中体现，在数据经济活动中具有不可替代的作用，是数据确权理论发展中亟待解决的问题。然而，目前我国学界在数据所有权的地位、归属、权能等方面的探讨上仍然有较大争议。本文试图通过对数据性质、数据交易形式的梳理，确定数据所有权的地位，明确数据所有权的归属与权能，寻找保护数据所有权的路径。

二、数据的性质

虽然我国对数据经济活动尚无专门立法，但在司法实践中，已经有法院从既有的法律规范出发，对保护数据权利做出了尝试。在"弘历通诉鑫三汛案"③ 一案中，法院认为数据分析结果为汇编作品，宜适用著作权进行保护，而在"新浪微博诉脉脉案"④ 一案中，法院将数据视为商业秘密，宜适用《中华人民共和国反不正当竞争法》（以下简称《反不正当竞争法》）进行保护。观察这些实践上的尝试，我们可以发现，法院在适用法律上的不同，本质上是对数据性质的理解不同。数据

---

① 《中共中央关于坚持和完善中国特色社会主义制度、推进国家治理体系和治理能力现代化若干重大问题的决定》，2019 年 10 月 31 日中国共产党第十九届中央委员会第四次全体会议通过。

② （受权发布）中共中央 国务院关于构建更加完善的要素市场化配置体制机制的意见 [EB/OL]. 新华网，2020-04-09.

③ 参见北京市第二中级人民法院（2009）二中民终字第 00013 号民事判决书。

④ 参见北京知识产权法院（2016）京 73 民终 588 号民事判决书。

对现有法律规范构成挑战的根源，在于其不同于传统事物的性质。从物理存在方式上看，数据存储于储存介质上，人无法直接感受，近似于电能等无体物。但与此同时，数据拥有可以无限复制、复制成本极低的特性，这使得数据和电能等无体物在经济活动中有了巨大的差别。如果仅仅采用传统工商业时代形成的制度框架来回应数字时代产生的诸多问题，则对数据所有权的理论构建只能落入传统物权所有权的窠臼之中。因此，有必要对数据的性质进行全面的梳理。

（一）数据与信息的区别

数据的价值根源于内含的信息，因此在一些理论以及实践中，两者常常混用，这些对明确数据的真正性质有害无益。信息是一个跨学科的概念，不同的学科在不同角度上有多种定义，这也导致信息的外延极大，而我们所要明确的数据权利指向应当只限于具有法律意义的部分，排除不相关的因素，因此必须做好区分。

一种划分数据和信息的方式是根据德国法学者赫伯特·蔡希（Herbert Zech）的理论，将数据按照内在层次进行划分，分为内容层、符号层、物理层。① 内容层是数据包含的信息，符号层是可读写的数据文件，物理层是数据的存储介质。这种理论很好地区分了数据内部的层次结构，对了解数据性质，明确数据权利指向对象有很大的意义。

还有学者认为数据是工具，信息才是真正的主体。② 这种理论不认为数据有独立的经济价值，而认为其价值依附于信息。这一点在实务中也得到了一定的支持。比如"淘宝诉美景案"③ 的一审法院提到"原始数据所具有的实用价值在于其所包含的网络用户信息内容，而不在于其形式"。这种观点轻视了数据的重要性，忽视了数据作为一种新的生产

---

① 纪海龙. 数据的私法定位与保护［J］. 法学研究，2018，40（06）：72-91；ZECH H. Information as Property［J］. Information Technology and Electronic Commerce，2015，6（03）：194-197.

② 梅夏英. 数据的法律属性及其民法定位［J］. 中国社会科学，2016（09）：164-183，209.

③ 参见杭州铁路运输法院（2017）浙 8601 民初 4034 号民事判决书。

要素，很多时候已经成为生产力的一部分的情况。

（二）数据的非物质性

数据虽然必须依托于一定的存储介质存在，但在符号层上的数据是具有非物质性的。这种非物质性主要体现在使用、处分的形态特殊上。比如在使用方面，不同于动产、不动产等有体物，数据的使用者无论用何种方法处理数据，只要存在备份，数据就不会发生任何有形损耗，因此如果无权使用人擅自利用了他人的数据，那么就无法适用恢复原状的民事责任形式。

这种数据的非物质性导致数据的权利归属以及支配与有形物的占有和支配模式大相径庭，因此传统的物权制度就无法简单地用在数据上。

（三）数据的可复制性

数据的可复制性是数据的非物质性的一种延伸。[①] 因为数据文件具有非物质性，所以数据文件的复制几乎不需要付出任何物质成本。而且复制的数据文件内容和原件完全一样，使得区分原件和复制文件失去意义。这就导致数据在一定程度上具有经济学意义上的非竞争性，即一个使用者消费数据，但不会影响对其他使用者的供应。同时，极低的复制成本使得数据权利受到侵权的威胁。

（四）数据的不可绝对交割性

虽然在数据交易过程中，数据受让方可以在收到数据文件之后，要求数据出让方删除自己占有的数据文件，从而形成一种类似于物权交付的交易形态。但在现实的数据交易中，很多时候出让方并不会删除自己占有的数据文件，而受让方已经获得了想要的数据文件，不会干涉出让方的处理。这就是数据的不可绝对交割性，不同于有形物交割之后绝对确定的占有状态，数据在交割之后可能同时被两个甚至多个主体占有。此时传统的物权所有权变动理论就无法适用。

----

① 雷震文. 民法典视野下的数据财产权续造 [J]. 中国应用法学, 2021 (01): 35-55.

三、数据交易方式

我国数据交易市场正在快速发展，数据交易也呈现多样化的特点。目前市场出现的数据交易可以分成几种类型，数据开放平台交易、数据包转让、API 接口交易、数据区块链交易①，本文将对其进行简要的介绍和分析。

（一）数据开放平台交易

第三方平台的交易形式是当前国家政策大力推进的模式。在政府和企业的带动下，各地相继建立大数据交易所，如贵阳大数据交易所、上海数据交易中心、武汉东湖大数据交易中心等。第三方数据交易平台的加入对数据交易是有利的。没有中间商的交易模式虽然可以免去向第三方支出的成本，但是交易双方同时会陷入信息不对称的危险中。在缺乏足够信息的前提下，数据需求方很难确定数据的质量水平，交易双方也无法确定数据交易的持续性，这些情况对推进数据的交易都是不利的。

因此，建立大数据交易平台有助于安全、多样化的数据交易，通过审核平台用户，监管交易过程的方式，大大降低交易风险。在平台交易的模式下，数据所有权的确定是达成交易的先决条件。因为只有确定了数据所有权的归属，数据的交易才有了可以公示的权利外观，才能保障基本的公信力。除此之外，平台的监督也有了明确的指向，在出现数据质量等问题的情况下，可以通过数据所有权的变动追溯责任人，从而规制不良的交易行为。

数据所有权作为交易前提已经得到了市场习惯的承认。在贵阳大数据交易所的交易流程中，要形成数据商品，必须经过区块链技术或数据水印技术等手段，确定数据商品的所有权归属之后，才能进行数据商品交易。

---

① 杨毅. 数据权属与合规交易研究 [J]. 武汉金融，2021（05）：82-88.

（二）数据包转让

数据包转让是最基础的数据交易方式，数据需求方支付对价，从而获得数据供给方转让的数据包。这一交易方式的优势在于交易形式简单，对技术水平的要求较低，方便交易双方。

数据包转让因为快捷便利而受到市场的欢迎，几乎所有的数据供应商提供数据包转让这一交易形式作为选择。虽然数据包转让方便交易，但是这种形式同样有缺点，如数据资产流失、数据二次倒卖等，克服这些缺点要求在交易过程中明确数据所有权的主体，如此可以防止非数据所有权人数据使用方留存、转卖或者盗用数据，从而防止数据资产流失。

（三）API 接口交易

API 接口（Application Programming Interface，简称 API）交易方式是指，数据供应方接口商通过购买、合作、爬取等手段，获取原始数据资源，再进行融合、清洗，最终形成 API 接口提供给数据需求方。[①] 这种模式解决了一些数据流通领域的重要问题，具有独特的优势。在 API 接口交易的模式下，数据供给方可以在融合、清洗数据的过程中，使数据脱敏。同时，接口交易的形式是按照调用量来收费，如此一来可以加强对数据爬取的监管，也使得数据版权可控，能够更好地防止数据被倒卖。

比起买卖合同来说，API 接口交易合同更像是一种服务合同，提供 API 接口服务是交易合同的核心。但这并不代表数据所有权在这种交易模式之下失去意义。数据需求方通过 API 接口得以使用数据，而使用数据的过程有可能损害数据供给方的数据所有权，明确数据所有权的权能以及内容，就可以避免数据需求方的不当使用，从而维护数据所有权的圆满状态。

---

① 杨毅. 数据权属与合规交易研究 [J]. 武汉金融，2021（05）：82-88.

（四）数据区块链交易

区块链交易模式是一种共享的分布式数据库技术，最重要的特征就是去中心化和集体维护，通过具有时间戳的哈希链和工作量证明机制保证了同一笔财产不会同时出现在两个地址。① 这一特点使得中心平台的操作可以受到每个参与者的监督，成为随时可监督、可抛弃、可替换的服务者。

区块链技术为数据的所有权的确定提供了技术支持，通过区块链及时自动生成商品确权编码，将数据商品和确权编码绑定，交易信息存储在区块链上，可以很容易追溯数据交易信息，进一步保护了数据所有权的安全。

（五）小结

从数据交易的总结中，我们可以看到数据交易形式之多样，数据需求方和数据提供方达成的协议有时类似转让合同，有时类似服务合同，无论是物权法还是合同法都不能完全覆盖其灵活的交易内容。即便如此，上述数据交易形式还是不能脱离数据所有权而存在，数据所有权仍然在多种交易形式中扮演重要角色。

四、数据所有权的意义

因为数据的特殊性质，在一些学者看来，构建数据所有权难度颇大，应当选择其他路径构建数据的财产权利体系。然而，在笔者看来，这些将数据所有权排除在外的新型数据权利理论存在一定的缺陷，无法充分满足数据保护与利用的需要。因此，明确数据所有权的意义显得尤为重要。

---

① 杨茂江. 基于密码和区块链技术的数据交易平台设计 [J]. 信息通信技术，2016，10（04）：24-31.

（一）排除数据所有权的缺陷

1. 仅用合同法规制的缺陷

有学者认为，数据的非物质性导致数据与一般的权利客体完全不同，从而不可能建立起类似物权的支配权。数据交易的本质是数据需求方要求数据供给方提供服务，不会脱离服务合同的范畴，因此只需要适用合同法进行规制即可。①

这一种看法忽视了合同法并不能覆盖数据权利保护，同时忽视了在市场经济与现代商业的推动之下，数据可以建立支配权财产利益的观点。举个例子，电子化的肖像本质上就是一种数据，和数据具有完全相同的性质，一样可以建立起排他性的肖像权。②

不仅如此，这一学说忽视了产生纠纷时存在的问题。在实践中，经常出现第三人未经授权利用数据的行为，两者未产生任何的合同关系，只能通过不当得利的救济途径，而这会导致除斥期间（不变期间）的问题，不利于数据权利的保护。

2.《反不正当竞争法》的不足

法院实践中常常使用反不正当竞争的形式，如"新浪微博诉脉脉案""淘宝诉美景案"。但是《反不正当竞争法》存在道德条款，这就为司法的规制带来了不稳定性，损害了交易安全，不利于数据的激励。

3. 算法反向确权理论的不足

算法反向确权理论以"法不禁止即可为"为原则，表现为对权利禁止行使的情形和范围的界定，只要不属于禁止范围，则相应行为都可以被认定是可行使权利的行为。③ 在这一理论下，数据所有权的存在被认为是不必要的，重点应当落于算法的规制中。

---

① 梅夏英. 数据的法律属性及其民法定位 [J]. 中国社会科学, 2016 (09)：164-183, 209.

② 王融. 关于大数据交易核心法律问题——数据所有权的探讨 [J]. 大数据, 2015, 1 (02)：49-55.

③ 王藝, 张妮, 吴志刚. 算法规制与权利生产：政府数据确权的反向路径 [J]. 电子政务, 2021 (02)：75-83.

算法反向确权理论虽然解决了什么是数据交易中的数据，谁占有数据的问题，但忽视了数据利用形式的问题，"法不禁止即可为"的原则本质上是将数据利用方式的探索交给市场。姑且不论这种任由协议决定数据利用形式确权方式是否会使法的安定性减弱，其也只在合同顺利履行时有效，一旦产生合同约定之外的纠纷，则会重新陷入应当适用何种法律规制的困境中。

将数据确权的希望完全交给市场主体，期待在短期内签订的合同可以完善地解决纠纷是不太实际的，我们仍然需要做好正向确权规制的立法准备。

（二）数据所有权的意义

1. 明确数据权属，保护交易安全

交易安全的一个重要前提就是具有明确的数据权属。只有在明确的数据权属下，交易双方权利义务才能得到明确的划分。如此交易的过程才是可预测的，同时可以防止出现在纠纷中的权责不清情形，从而保护交易安全。

2. 促进数据利用形式的多样化

民法上对所有权的行使有一套完善的规则和多样化的利用方式，如果在数据之上构建所有权，则可以让数据以更多方式被加以利用。比如可以在数据所有权的基础之上建立担保物权，可以在企业破产时根据数据所有权行使追回权①等。

根据前文描述，我们可以知道，数据具有非物质性、可复制性、不可绝对交割性三大性质，呈现不同于传统民法权利的状态。数据的交易形式也灵活多样，传统的法律规范难以完全覆盖所有情形。但是数据所有权的设置仍然有其意义，无论是保护数据所有者的权利，还是增加数据的利用形式，激励数据的使用，都离不开数据所有权的设置。

---

① 韩旭至. 数据确权的困境及破解之道［J］. 东方法学，2020（01）：97-107.

五、数据所有权的归属

确立数据所有权，首先需要确定的就是所有权的归属。数据所有权的归属决定了行使所有权的主体，也决定了获得收益的主体。在现代产权理论的模型里，归属对财产利用的结果具有重要意义。① 归属一旦发生了错位，则会伤害对数据利用真正有贡献的一方，使其丧失动力，最终导致数据利用效率的下降。除此之外，归属是权责划分最明显的公示，是保护交易安全的最重要表征，确定的归属有助于减少交易过程中产生的纠纷，从而维护交易的稳定性。同时，数据所有权受到侵权损害时，数据的归属对救济途径与结果产生影响。

由此可知，数据所有权的归属在构建数据所有权的理论中处于基础和前提的地位。其在学界引起的争议颇多，不同学者从不同的角度出发，得出的结论也有所不同。

（一）劳动赋权学说

有的学者基于洛克的劳动赋权理论和马克思的劳动价值论，指出数据的价值来自物化在其中的抽象人类劳动，只有在对数据加入了有目的和有用的劳动之后，数据内涵的潜在价值才能通过劳动对象的使用价值和交换价值转化为价值。②

具体来说，只有付出了体力或者智力方面的劳动，经历了"额头流汗"的过程，数据的产权才得以产生。如此，便可以通过寻找为数据诞生付出劳动的主体，得到数据所有权的原始取得者。然后从这一前提出发，确定继受取得（传来取得）所有权的权利主体，从而明确确定数据所有权的归属。

劳动赋权学说在解释数据价值的来源上是十分有力的，但数据的形

---

① 李刚，张钦坤，朱开鑫. 数据要素确权交易的现代产权理论思路 [J]. 山东大学学报（哲学社会科学版），2021（01）：87-97.

② 何柯，陈悦之，陈家泽. 数据确权的理论逻辑与路径设计 [J]. 财经科学，2021（03）：43-55.

成是一个复杂的过程，包含了多个阶段的劳动，劳动工具也有所不同，这种多主体同时参加劳动的情形导致劳动赋权学说必须面对劳动价值等级划分的问题，而劳动价值等级的划分又不可避免地受到相互冲突的不同社会观念的影响。

原始数据来源于用户，可以说是用户的活动带来了原始数据，但是这种活动是否能被界定为"劳动"，如果可以，数据所有权必将归于一个个用户，从而形成"数据孤岛"，大大降低企业利用数据的积极性。同时，个人生产出的信息更像是在行为中无意识生产出来的，是其他行为的副产品，而不是有目的地去生产的信息。有的学者据此认为，个人无意识的劳动的价值是值得怀疑的①。

如果企业在收集、处理数据的过程中付出了智力劳动支持，则不可避免地使企业获得数据所有权。企业对数据投入了大量的资金、技术，自然在数据生成的过程中付出了最多的劳动。但与此同时，数据依旧无法彻底和人格权相分离，将企业的所有权建立在大量用户的人格权之上，或会加剧侵犯用户隐私的担忧。

(二) 利益理论

利益理论主张通过利益分析，得出需要保护的利益和利益实现的目的，随之得到数据所有权的归属。具体而言，数据中包含三种利益：产生数据信息的个人的利益，收集、处理数据的数据使用者的利益，以及公共利益。② 而在具体分析问题时，就要确定哪一种利益具有相对优先性。

利益论的缺陷是在利益位阶上尚不能达成一致意见，利益之间难以分离。数据使用者对数据的收集和使用，先是为了自身的利益，但不可否认的一点是，个人和社会在这一过程中都获得了不同程度的利益，利

---

① 陈肇新. 要素驱动的数据确权之法理证成 [J]. 上海政法学院学报（法治论丛），2021, 36 (04)：131-145.

② 高富平. 个人信息使用的合法性基础——数据上利益分析视角 [J]. 比较法研究，2019 (02)：72-85.

益之间难以分离的情况就造成了以利益为根基的归属理论难以彻底确定数据所有权归属。

（三）算法投入学说

算法学说是基于算法在数据价值归属的中心地位，以算法来确定数据所有权的归属的。① 这种学说认为算法是数据从原始、分散到密集的关键。因而法律的规制应当以此为标准。数据制造者用算法收集、整理数据，大大提升了数据价值，同时数据制造者也希望获得算法投入的回报——数据价值。所以，制定算法的数据制造者即数据权利的主体。

这种学说把握住了数据提升价值的核心——算法的自动收集、整理，并很好地结合了劳动赋权学说，原始信息的制造者只是进行了简单的劳动，真正让数据价值倍增的复杂劳动才是数据价值的核心，复杂劳动的提供者也因此成为数据权利的拥有者。

但是算法投入学说过度推崇算法的重要性，忽视了数据权利之上不仅存在着财产权，还存在着不可分离的人格权，如果完全忽视这一点，就会得出用户对数据毫无权利的结论，从而维持数据平台垄断的地位，这明显对当今愈演愈烈的平台垄断趋势有助推的作用。不利于社会秩序的稳定发展。

关于数据的归属，各种学说都有不同看法。但是总体上都承认在数据的产生过程中，数据控制者投入颇多，同时学者也承认原始数据的最终来源是个人用户。因此数据所有权归属问题的解答方案应当使两者的利益实现平衡。

笔者认为，基于激励数据利用的需要，经过脱敏、匿名化处理的数据，其所有权应当归属数据利用方，大部分情况归属企业。而个人拥有对可识别性数据的所有权。同时基于公共利益的需要，数据的收集、使用必须具备合法性以及合目的性。

————————

① 韩旭至. 算法维度下非个人数据确权的反向实现 [J]. 探索与争鸣, 2019 (11): 141-150, 160.

六、数据所有权权利内容

数据的性质导致了不能照搬物权所有权的权利内容，要明确数据所有权的权利内容，就必须根据数据的性质，确定数据所有权的权利内容。

（一）占有

占有权能是所有权的重要内容，主要体现在两方面：其一是财产的管领和控制，其二是公示公信的作用。不同于传统物权，因为数据的可复制性，占有权有可能会出现多个主体同时占有数据的情况，同时严重削弱了占有的公信力。因此直接套用传统物权的占有模式不符合数据交易的需求。

但是数据所有权仍然需要占有权能作为一个重要的权利内容，因为数据的性质决定了侵权成本较低，被侵权风险极大。因此采用技术手段，保护数据所有权人对数据的占有，十分必要。法律应当明确数据所有权的占有权能，以绝对权形式加强对数据的保护，从而降低数据性质带来的侵权风险。

（二）使用

使用权是数据所有权人对数据加以利用，发挥数据的使用价值的权利。数据的使用是实现数据经济价值的最重要手段，同时是数据所有权的重要内涵。数据所有权人可以选择两种使用的方式，其一是数据所有权人自己利用数据，即内部使用；其二是授权他人使用数据，即外部使用。这两种使用方式都是所有权人行使使用权的体现。

1. 数据的内部使用

内部使用常见于百度、腾讯等互联网巨头。这些企业同时具有强大的数据采集、数据存储、数据分析能力，可以独立完成从收集数据到利用数据的全过程。内部使用在一定程度上具有隐蔽性，因此需要加以一定的限制，不得超过数据收集时明示的数据收集的范围、目的、使用方式。

2. 数据的外部使用

外部使用较之内部使用更为贴合数据的流动性质，更有利于数据的应用和价值化。在这种情况下，被授权的数据使用者对数据价值的实现贡献最大。基于这一点，有的学者认为，应当采取"两权分离"的数据资产框架，将数据所有权与数据使用权相分离，更加注重保护使用者的权利，从而推动数据的利用。①

"两权分离"的模式确实可以强调数据使用者的分配地位，激励数据的利用行为。但笔者认为，在外部使用形式下，数据使用者的使用权建立在数据所有权之上。这就导致了数据的使用不可能完全脱离数据所有权，数据的使用权必然受到数据所有权的限制。"两权分离"的机制固然可以较好地划分数据所有者和数据使用者的利益分配，然而在与数据使用范围、期限、方式相关的纠纷中，仍然需要明确数据所有权的优先地位，保障数据所有权人对使用的知情权和同意权。

（三）收益权能

收益是通过利用财产取得经济效益，这种利用常常与占有、使用相联系。在数据的利用中，数据所有权经济价值的实现，需要通过收益权能体现。由于数据利用方式的多元化，数据财产的收益有着鲜明的多元化特征，收益权能在不同的数据利用方式中也有着多样化的性质。

1. 收益权能的多主体性

在数据交易中，数据所有权人可以将同一数据出卖给多个数据需求者，数据财产的收益可以同时被多个主体获得。此时，多个主体可以获得收益。

2. 收益权能的长期性

在 API 接口交易的模式中，数据所有权人定期提供、更新需求方所需数据，双方的关系更像是服务合同的双方关系。此时的收益权能具有

---

① 姜奇平. 数据确权的产权原理改变 [J]. 互联网周刊，2021（08）：70-71.

长期性，这是由数据的非物质性决定的。数据的非物质性决定了数据在利用过程中不需要考虑物理损耗的问题，可以重复利用，这就为数据的收益权能带来了长期性的特性。

3. 收益权能受到一定的限制

数据之上还承载着数据的公共利益，永久地将数据为一方主体所占有会损害数据的传播，从而阻碍数据权在科技进步、公共管理等公共领域实现其价值。

实现数据的价值离不开数据的传播利用。数据在公共领域的传播能够给科技进步、公共管理带去价值。这就要求数据所有权人不能永久独占数据收益，需要受到一定限制。

（四）处分

处分一般是指财产所有人在事实上以及法律上处置财产。而数据所有权的处分权能也包括事实和法律上的处分。

1. 事实上的处分权能

在事实上，数据所有权人可以通过加工、转移、删除等方式行使所有权的处分权能。不过需要明确的一点是，由于数据具有非物质性、可复制性的特征，事实上的处分不一定带来法律上的权利变动效果。比如，加工原始数据不代表对原始数据的所有权的消灭，反复处分原始数据也不会影响其权能和价值。

2. 法律上的处分权能

法律上的处分是指数据权利的变动，包括取得、转让、消灭。法律上的处分要求不能建立相互冲突的权利。数据可以被多个主体拥有的特性大大减少了权利相互冲突的可能性。但是在处分过程中，有可能设置排他性的权利，此时就要确定排他权利之间的价值位阶，以便在纠纷发生时明确优先保护何种利益①。

---

① 姬蕾蕾. 数据权的民法保护研究 ［D］. 重庆：西南政法大学，2019.

七、数据所有权的边界

作为和公共利益、公共秩序紧密相关的数据，其所有权必须受到多方面的限制，无限扩张的所有权会带来对公共利益的威胁。

（一）数据权利法益的复杂性

数据权利包含了多种法益，这就隐含了在一定条件下发生冲突的可能。因此数据在一些利用的情况下会出现内在利益冲突，此时就必须明确每种法益对数据利用的限制，从而能够平衡数据内部的多种利益。这些设定的权利边界从表面上看是对内在权利的限制，但本质上还是尽可能地实现数据内在的法益，保护数据所有权。

（二）人格权对数据所有权的限制

1. 限制的前提

个人信息在目前的数据利用中用途最广，也最受社会关注。究其原因，个人信息是社会大众的切身利益，个人产生的信息不可避免地带有个人的鲜明色彩，而个人信息的使用又会凸显人格权的内涵，这就是人格权限制数据所有权的前提。

2. 限制的体现

人格权一般是防御性的权利，主要诉求为人格权不受到侵犯。保护人格权的本质是保护人的尊严与自由，而这两者表现在数据权利上就是对个人数据的自主决定权，以及对数据使用的合理期待。自主决定权要求数据控制方在数据获得的初始阶段，不能越过用户个人擅自收集其数据，必须得到用户的授权，同时在平台将数据转让给第三方进行使用时，必须脱敏或是得到授权。[①]

合理期待就是对数据使用不侵犯个人权益的合理信赖利益。这一信赖利益是基于人格权而非财产权，不因为数据交易中付出了多少对价而

---

① 许可. 数据保护的三重进路——评新浪微博诉脉脉不正当竞争案 ［J］. 上海大学学报（社会科学版），2017，34（06）：15-27.

改变。这就要求数据控制者必须尊重个人对信息的自主决定权，如果数据的使用超出了个人的合理期待，侵害了人格权，则需要补偿。

（三）公共利益对数据所有权的限制

数据在社会治理方面具有重大意义，同时大量数据的收集整理有可能得出涉及公共利益的结果。① 通过对现有公开数据的整理，有可能获得危及国家安全或是公共利益的数据。这是数据的使用、转让甚至是占有都要受到严格的控制，不能因为具有所有权就可以随意行使处分的权利。

公共利益对数据所有权的规制主要从结果出发。数据所有权的获得可能是通过算法收集所得，可能是在交易中获得姑且不论，一切以最终数据的敏感性为主。这是因为数据产生的过程十分复杂，分清其中关系需要花费大量时间。而数据传播速度快，相应的法律保护也必须以效率为优先。因而一旦发现数据具有威胁公共利益的可能性，就要迅速对数据的所有权进行限制。

同时，对数据所有权的限制手段本身也要受到限制。给造成损失的需要给予一定的补偿。对数据所有权的限制要形成一套反应、救济的程序，防止政府滥用这一权限。

（四）信息流动需求对数据所有权的限制

所有权作为一种具有排他性和绝对性的权利，对财产的取得和保护具有激励作用，激励主体取得和保护数据。但与此同时我们要明确的一点是，数据的价值在于流通和使用②。当今传感器、软件的数量大大增加，电子产品的复杂程度大大增加，制造了前所未有的数据量。这也会导致数据的更新迭代速度明显加快。所有权毕竟带有静态权利的属性，如果光占有数据而不使用，则数据的价值便不能得到彰显。因此，在设

---

① 李锦华. 个人数据所有权归属问题的法经济学分析［J］. 重庆文理学院学报（社会科学版），2019，38（06）：114-122.

② 申卫星. 论数据用益权［J］. 中国社会科学，2020（11）：110-131，207.

计数据所有权时，便必须考虑数据流动的需要，在一定程度上限制数据的所有权。

要增强信息的流动性，就要保护数据使用者的利益。只生产数据，不将数据作为生产要素进一步投入，是低价值的。必须赋予使用者在一定情形下得以对抗数据所有权人的权利，从而防止数据所有权人对使用者的单方面剥削，降低数据使用的积极性，从而使整个数据交易的生态系统趋于静止。

同时多种交易方式要求对数据所有权人进行限制。除了数据包交易这一偏向于传统物权的形式之外，其他形式都在弱化所有权的地位。

八、结论

构建数据所有权，对保护数据交易安全、规避数据纠纷、促进数据利用形式的多样化具有至关重要的意义。但在构建数据所有权的同时，必须妥当平衡个人与企业之间的利益关系。企业在数据利用方面承担了主要的资本技术投入，应当保护其权利，从而激励企业的利用行为，使其积极设计和开发新的数据利用方案和技术，从而推动数据经济的进一步发展；但数据本身附带的人格权、公共利益等法益，决定了数据所有权不能无限制地扩张，必然受到更多的规制，这也是维护法律的安定性所应当坚持的原则。

总而言之，虽然数据确权方面有相当多的困难，但构建新型权利体系始终是最为彻底的解决途径。数据所有权作为数据权利体系中的重要支点，应当给予其足够的关注，以构建稳定的数据权利体系。

数据经济时代下对企业数据的私权保护[*]

张宝杰　任中秀[**]

摘　要： 数据经济时代，数据的财产价值日益凸显，然而学界大多从个人信息保护的角度对数据进行研究，对企业数据的关注较少。企业对合法收集的个人数据以特定手段进行加工处理后，形成企业数据，这种具有财产属性的数据，符合法律权利的客体属性，理应受到法律保护。司法实践中，对企业数据保护主要依赖于现有的《中华人民共和国知识产权法》（以下简称《知识产权法》）、《中华人民共和国不正当竞争法》（以下简称《不正当竞争法》）和《中华人民共和国物权法》（以下简称《物权法》）的保护模式，将数据这一新兴财产置于传统法律制度体系内进行保护，存在局限性。在理论上，学界也产生了赋予数据独立权利抑或将数据作为法益保护两种争议。数据的财产属性决定了其更适宜作为民事权利得到保护，进而保障企业权益。因此，可以考虑从司法角度，即确定数据权的主体、客体和内容等方面对数据进行权利化构造。

关键字： 数据；企业数据；数据控制者；数据权

---

[*] 本文是山西省社会经济统计科研课题《新形势下统计法制建设问题研究》（课题号：KY-2021-033）和山西财经大学校级研究生创新项目"数据经济时代下企业数据的法律保护研究"（课题号：21SXCJ151）课题的阶段性研究成果。

[**] 张宝杰，山西财经大学法学院民商法硕士研究生；任中秀，山西财经大学法学院副教授。

网络化、数据化、智能化正在持续改变社会结构和运行方式，使人类社会逐步迈入以数据为基础资源的数据经济时代。① 企业作为主要的市场主体，是推动数据经济发展的中坚力量，而数据作为新时代的"石油"，决定着企业命运。《中华人民共和国国民经济和社会发展第十四个五年规划和 2035 年远景目标纲要》（简称"十四五"规划）提出：一方面要充分发挥海量数据优势，壮大经济发展新引擎；另一方面要加快完善数据经济相关法律制度，为我国数据经济发展保驾护航。《中共中央 国务院关于构建更加完善的要素市场化配置体制机制的意见》也提出要积极探索数据价值实现的商业模式，促进数据资源供给，探索完善数据产权，培育数据市场。② 因此对企业数据进行研究，对推进数据的流通与应用，推进数据经济的发展大有裨益。

近年来，企业对数据红利的角逐致使数据纠纷数量增加，对我国数据经济的发展产生不利影响。当前对企业数据的保护主要依赖既有法律制度，但这些法律制度囿于其自身功能和立法目的，都有各自的局限性。对数据产权的确定，不仅我国法律没有明确说法，在世界各国也没有明确的解决方案，甚至没有真正开始讨论该问题。因此，对企业数据保护的研究须立足于本国的国情，进行不断探索。

一、数据的法律属性分析

法学研究通常以有法律价值的对象为出发点，对研究对象的分析就是法学研究的基础与前提。但是，学界对数据及其属性定性存有争议，有学者认为"作为一种兼具财产权属性与人格权属性的新兴科技产物，大数据不仅模糊了人格权和财产权的固有界限，而且加剧了人格权财产

---

① 高富平. 大数据知识图谱：数据经济的基础概念和制度［M］. 北京：法律出版社，2020：29.
② 中共中央 国务院关于构建更加完善的要素市场化配置体制机制的意见［EB/OL］. 中国政府网，2020-04-09.

化、财产权人格化的过程"①。所以笔者将对本文所研究的数据概念及其属性进行分析，为数据权保护提供理论支撑。

（一）数据的概念界定及分类

《中华人民共和国数据安全法》（以下简称《数据安全法》）规定数据是"任何以电子或者其他方式对信息的记录"。本文只研究以电子形式对信息记录的企业数据。根据数据来源不同，企业数据可分为两类：一类是企业本身的基础数据；另一类是企业合法的运营数据或业务数据②。前者归于企业自身无可厚非；后者与企业利益息息相关，而且缺乏相应的法律调整，故为本文的研究重点。

根据数据所处阶段不同，可将上述第二类细分为原生数据和衍生数据。原生数据指的是在生活中产生的不依赖于现有数据而产生的数据，根据其来源不同，又可以分为基于个人信息的数据和非基于个人信息的数据。前者指与某个人有关的、能够识别该个人（包括已经识别或可能识别）的任何数据（信息），可分为身份数据、属性数据、关系数据和行为数据③。后者主要是与组织相关的数据以及用户使用相关程序或信息服务后产生的无法识别个人特定身份主体的数据④，包括与个人无关的数据（来自物或者自然界的数据）和与个人有关但无法识别的数据。衍生数据是基于原生数据而产生的数据，包括数据集和数据产品。数据集是某方面的原生数据汇聚而成的集合，具有潜在的经济价值⑤；数据产品是对数据集经过算法加工、计算、聚合而成的系统的、可读取

---

① 张玉洁，胡振吉. 我国大数据法律定位的学说论争、司法立场与立法规范 [J]. 政治与法律，2018（10）：144-152.
② 高富平，张英，汤奇峰. 数据保护、利用与安全：大数据产业的制度需求与供给 [M]. 北京：法律出版社，2020：20.
③ 高富平，张英，汤奇峰. 数据保护、利用与安全：大数据产业的制度需求与供给 [M]. 北京：法律出版社，2020：40.
④ 程啸. 论大数据时代的个人数据权利 [J]. 中国社会科学，2018（03）：102-122, 207-208.
⑤ 李爱君. 数据权利属性与法律特征 [J]. 东方法学，2018（03）：64-74.

的、有使用价值的数据①。原生数据转化成衍生数据的过程，也是数据实现价值化的过程。本文主要针对企业的衍生数据进行研究。

（二）数据的属性分析

企业数据经历了从数字到数据再到数据集合的演进，既有一般数据的自然属性，如无形性、共享性、可复制性等，也有区别于自然属性的财产属性。第一，企业数据具有价值性。洛克的劳动财产权理论表明，当个人通过劳动所得而获取了某项物品，那么此时个人便享有对这项物品的财产权。② 企业数据是对原生数据进行加工整理而形成的，凝结着企业的投入成本；企业将数据放到市场上进行交易，体现的是交换价值；企业利用数据分析市场需求，降低商业风险，体现了数据的使用价值。第二，企业数据具有确定性。基于原生数据的无形性、共享性，数据企业在合法范围内进行收集利用，形成系统的结构性的数据集或者数据产品后，数据所承载的内容就被确定下来并被企业所控制，也具有了专属性。第三，数据具有独立性。一方面，数据能够与其表现形式"比特"在观念和制度上进行分离，并具有独立的利益指向；另一方面，它能够与其反映的客观事实相独立。③ 大数据交易的事实也表明数据可以作为一种有独立价值的客体进入商品市场交易。

此外，与个人信息相比较，数据的财产属性更为明显。《中华人民共和国民法典》（以下简称《民法典》）将个人信息保护分置于总则编第111条和人格权编第六章的"隐私权和个人信息保护"，在总则编第127条将数据与虚拟财产进行并列保护，笔者认为法条中的"数据"包括本文所称的企业数据。采用体系解释方法可知，对个人信息的保护承载着人格利益，具有人格属性；数据与虚拟财产都属于一种特殊的新兴

---

① 杨立新，陈小江. 衍生数据是数据专有权的客体 [N]. 中国社会科学报，2016-07-13.

② 丁晓东. 论企业数据权益的法律保护——基于数据法律性质的分析 [J]. 法律科学（西北政法大学学报），2020，38（02）：90-99.

③ 李爱君. 数据权利属性与法律特征 [J]. 东方法学，2018（03）：64-74.

财产，具有财产属性。综上所述，对具有财产属性的企业数据进行保护，具有正当性基础。

二、现行法律对数据的保护及限制

频繁的数据交易与数据保护的立法缺位的双重因素，导致我国数据企业之间的利益冲突和矛盾纠纷不断。为了定分止争，法院一般都会被动地根据现有法律制度对企业数据纠纷进行裁判。主要这不仅增加了法官裁判的难度，而且适用不同的法律将会导致"同案不同判"，影响法的安定性。此外，适用既有法律制度应对数据这一新兴事物，难免存在不足与漏洞。目前主要适用《知识产权法》的著作权制度，《反不正当竞争法》的商业秘密保护和一般条款保护（第2条），还有物权保护等。

（一）《知识产权法》对数据的保护及限制

1. 数据与知识产权客体

从知识产权客体本身来看，有学者提出"知识产权的客体是信息，而智力创造成果本质上是优化的信息"①。由此可知，知识产权客体是具有独创性的精神产品，而数据是物理性的客观存在。数据作为载体，当其承载的是一种创新性信息时，就成为知识财产，而承载的信息不具有独创性时，只能算作数据财产。随着数据经济的发展，承载非创新信息的数据日益成为众多数据企业相互竞争的资源，却不受传统知识产权制度调整。从对两者的保护角度来看，知识产权客体具有公开性，它需要以向社会公开的方式划定其权利内容，表明其专有权；而数据不一定要公开，如数据企业为了在市场竞争中获得优势地位，其耗费人力物力所研发的数据产品，就不会被分享。

2.《著作权法》对数据的保护及限制

司法实践中，当企业数据受到侵犯时，有学者提出可以借鉴我国

---

① 郑成思，朱谢群. 信息与知识产权 [J]. 西南科技大学学报（哲学社会科学版），2006（01）：6.

《著作权法》的保护汇编作品规定对企业数据予以保护。我国《著作权法》第15条规定了经过汇编的具有独创性的数据是汇编作品，汇编人对汇编作品享有著作权。① 当企业将原生数据进行汇总、编排形成有价值的数据产品时，企业对这个数据产品就会获得著作权保护，从而排除他人妨害。

但是，该条款对数据的保护存在一定的漏洞与不足。首先，将数据认定为汇编作品，必须符合作品的独创性要求，法律也仅保护这种独创性本身，而不会保护与独创性贡献无关的材料或资料本身。换言之，该条款并不能保护所有的企业数据，只能保护其中具备独创性的数据作品。如前文所述，企业数据的特殊之处在于其原生数据集合和对数据的挑选、计算及处理的二元复合性。② 对于原生数据集合，企业也付出了相应的成本，而且其信息量巨大，具有潜在经济价值，也应予以保护。其次，有些企业在经营活动中将数据作为汇编作品保护，存在"独创性"难以认定的风险。具体来讲，数据受著作权保护的可能性与所收集数据的广泛性和数量是成反比的，企业在数据编排的独创性和原生数据的广泛性两个选项上，更关注的是后者，致使企业独创的空间变小；而且我国法律对独创性的界定比较模糊，实践中偏于严格。如在"大众点评网诉爱帮网"案中，二审法院认为大众点评网以时间顺序排列网友点评内容，不具有独创性，未将其作为汇编作品予以保护。③ 此外，对企业数据产品适用知识产权保护还得容忍"合理使用制度"。

---

① 《中华人民共和国著作权法》第15条规定：汇编若干作品、作品的片段或者不构成作品的数据或者其他材料，对其内容的选择或者编排体现独创性的作品为汇编作品，其著作权由汇编人享有，但行使著作权时，不得侵犯原作品的著作权。
② 徐实. 企业数据保护的知识产权路径及其突破 [J]. 东方法学, 2018 (05)：57.
③ 韩旭至. 数据确权的困境及破解之道 [J]. 东方法学, 2020 (01)：97.

（二）《反不正当竞争法》对数据的保护及限制

1. 适用商业秘密对数据的保护

《反不正当竞争法》第9条规定了商业秘密保护制度，对商业秘密下定义，即"不为公众所知悉、具有商业价值并经权利人采取相应保密措施的技术信息、经营信息等商业信息"，同时规定经营者不得侵犯商业秘密。目前学界对商业秘密大多采取三要素说，即"价值性、新颖性和保密性"。如果企业数据符合商业秘密的三要素，即可对其进行保护。司法实践中，"衢州万联网络技术有限公司诉周慧民等侵犯商业秘密纠纷"案最为典型，上海高院根据"价值性、新颖性和保密性"肯定了网站注册用户信息数据库可以作为商业秘密受到依法保护。① 由此案可知，相比于著作权保护，适用商业秘密对企业数据保护的范围更广泛。

但是，《反不正当竞争法》属于经济法范畴，保护经营者的合法权益只是目的之一，更重要的是维护市场的公平竞争秩序，商业秘密的保护与其他法律权利相比，只能体现为权益区分的立法梯次保护、以司法救济为主的消极保护以及法律解释上的缩限保护倾向。② 因此，若他人使用正当程序，如独立研发、自行收集或反向工程等获得信息，商业秘密持有人无权干预。③ 对企业数据的保护就是对个体私益的保护，应是一种积极权能，如美团收购摩拜单车时，摩拜要求美团支付额外的费用以获得用户数据。此外，我国法律对数据和商业秘密分别进行了规定。我国《民法典》第123条将商业秘密与作品，发明、实用新型、外观设计、商标、地理标志、集成电路布图设计、植物新品种等并列，作为知识产权的客体。而《民法典》第127条对数据保护作出了指引性规

---

① 参见上海市高级人民法院（2011）沪高民三（知）终字第100号。

② 高富平. 信息财产：数字内容产业的法律基础 [M]. 北京：法律出版社，2009：389.

③ 许可. 数据保护的三重进路——评新浪微博诉脉脉不正当竞争案 [J]. 上海大学学报（社会科学版），2017，34（06）：20.

定。如果将数据予以商业秘密保护，将可能导致《民法典》适用的混乱。

2. 一般条款对数据的保护与限制

《反不正当竞争法》第 2 条规定属于一般条款，为应对没有规定的不正当竞争行为、填补法律漏洞提供了兜底性保障。司法实践证明，很多法院青睐于援引该条款对企业数据进行保护。在"新浪微博诉脉脉不正当竞争"案①中，二审法院将互联网行业的不正当竞争行为归结成六个构成要件，认定淘友公司（脉脉）抓取新浪微博用户数据的行为构成不正当竞争。一般条款是"一份给予司法机关的授权书"，为实务中通过"诚实信用"和"商业道德"判断数据不正当竞争提供了依据②。

在目前未赋予数据权利的情况下，激活《反不正当竞争法》第 2 条规定来保护企业数据，合法合理。然而，仅依靠该条款无法完全满足数据企业的利益需求。第一，该条款不具有普适性，它作为原则性规定，更适宜作为法官对个案自由裁量的法律依据，而不能作为保护企业数据的一般模式。第二，对数据保护的范围不明确，实践中有的法院认为"抓取企业的少量数据信息""对经营者的数据适用控制在合理范围内"等都不构成不正当竞争。第三，该条款调整的是经营者之间的关系，保证经营者之间公平地竞争，维护市场正常运转，而数据所涉及的法律关系，包括所有与数据企业有利害关系的，这是出于维护数据控制者的合法私益的目的。

---

① 参见北京知识产权法院（2016）京 73 民终 588 号民事判决书。构成不正当竞争的六要件：（1）法律对该种竞争行为未作出特别规定；（2）其他经营者的合法权益确因该竞争行为而受到了实际损害；（3）该种竞争行为因确属违反诚实信用原则和公认的商业道德而具有不正当性；（4）该竞争行为所采用的技术手段确实损害了消费者的利益；（5）该竞争行为破坏了互联网环境中的公开、公平、公正的市场竞争秩序，从而引发恶性竞争或者具备这样的可能性；（6）对于互联网中利用新技术手段或新商业模式的竞争行为，应首先推定具有正当性，不正当性需要证据加以证明。

② 许可. 数据保护的三重进路——评新浪微博诉脉脉不正当竞争案［J］. 上海大学学报（社会科学版），2017, 34（06）：21.

(三) 物权法对数据的保护及限制

第一，数据与物权法中的物不同。我国《民法典》物权编所调整的物是指存在于人体之外，为人力所支配且能满足人类社会生活需要的有体物；数据则是以电子或其他方式对信息的记录，不具有物质形态。从两者属性看，物的有体性决定了独占性和排他性，对物的使用必须经过授权，在使用过程中可能价值减少；而数据具有无形性、可复制性的自然属性，不同主体可以基于不同的目的，对同一数据同时使用，而且数据在使用过程中不会产生损耗。第二，物权是由法律确认的主体对特定的物享有的支配权利，是一种绝对的专有权。而上海市数据交易中心在《流通数据处理准则》中提出数据权利可共存原则，即持有合法正当来源的相同或类似数据的数据持有人享有相同的权利，互不排斥地行使各自的权利。此外，在我国的数据交易实践中，也出现了"将数据归入所有权保护"的说法。所有权是指对物占有、使用、支配、收益、处分的权利，有的数据从生成之时，就被很多主体所拥有，这些主体都无法完全支配或者控制，自然不能完全享受数据权利集合，传统的所有权结构无法对数据权利进行调整。因此，数据所承载的财产权的具体权利之归属和支配不同于有形物的占有和支配模式，适用于有形物的物权制度无法被套用在数据上。①

三、数据的权利化分析

当前，企业数据权益保护研究主要集中在"独立财产权保护说"和"数据法益说"两种学说。第一种认为，应该将企业数据作为独立财产权加以保护，如程啸提出企业数据新型财产权需要作为绝对权加以保护②，龙卫球认为企业数据保护从传统法律保护转为数据新型财产权

---

① 李爱君. 数据权利属性与法律特征 [J]. 东方法学, 2018 (03): 64-74.
② 程啸. 论大数据时代的个人数据权利 [J]. 中国社会科学, 2018 (03): 102-122, 207-208.

是必然趋势①，许可认为对数据赋予财产权符合财产法和经济学的双重分析等②。第二种认为，不应对企业数据单独赋权，如姚佳认为暂不适宜争议企业数据产权，应先行构建企业的数据利用权能安排体系，取得法的安定性和数据价值的双重平衡。③丁晓东提出企业对其收集与处理的数据并不具备绝对性与排他性利益，无论是采取企业数据赋权保护还是其他保护，其前提都应当是对企业数据权益的正当性进行探讨，在满足企业数据权益保护正当性的基础上再进行企业数据保护模式研究。④

近日，国家互联网信息办副主任杨小伟提到，我国目前正在加紧制定相关法规标准，建立数据资源的确权、开放、流通以及交易的相关制度，从而在运行机制上进一步完善数据产权保护制度，为我们的数据安全和个人隐私、个人信息保护提供制度保障，其中提到了数据确权和完善数据产权制度。

2021年9月起施行的《数据安全法》为解决数据安全和权属问题提供了一些重要遵循，《数据安全法》对"数据处理"的界定，覆盖了数据的全生命周期，包括数据的确权、收集、存储、使用、加工、传输、提供、公开等环节，不过对各个环节尚未有深入的处理细则。而在所有环节之中，数据确权可能是优先级最高、任务最艰巨的一环。一方面，将企业数据作为独立权利，企业既可以享有数据带来的利益，亦可以将数据进行处分进而获取利润、实现数据的交易、流通。另一方面，企业数据具有价值性、独立性、确定性等财产特性，可以称为数据财产。保护民事主体的合法权益是民法的首要目标，财产权利又是民事合法权益的主要内容。因此，对企业数据赋予私法上的权利进行保护，即确立企业数据权，是大势所趋。

---

① 龙卫球. 再论企业数据保护的财产权化路径 [J]. 东方法学，2018（03）：50-63.

② 许可. 数据权属：经济学与法学的双重视角 [J]. 电子知识产权，2018（11）：23-30.

③ 姚佳. 企业数据的利用准则 [J]. 清华法学，2019，13（03）：114-125.

④ 丁晓东. 论企业数据权益的法律保护——基于数据法律性质的分析 [J]. 法律科学（西北政法大学学报），2020，38（02）：90-99.

四、数据权的私法化构造

基于企业数据的特殊性和复杂性，企业数据权的构造涉及多重主体的利益，包括个体的人格利益、企业的财产利益、社会公共利益和国家的安全利益。在对企业数据权的主体、客体和权利内容进行设计时，必须保证各方利益的协调与均衡。

（一）数据权的主体选择

《民法典》规定民事主体的财产权利受法律保护。数据权作为新兴财产权利，自然要受到保护，但是在企业数据财产化的过程中涉及信息用户、数据控制者、数据加工者等多方主体，何者才真正享有数据权呢？

作为互联网诞生地的美国，通过变通隐私权保护的方式来均衡信息主体与数据企业的利益。具体而言，美国司法实践中，将个人信息纳入隐私保护，并以此来划定个人信息主体与数据企业的权利保护边界。一方面，赋予用户"知情同意权"来保证企业可以合法收集利用数据；另一方面，提高隐私侵权认定标准，即对个人极为重要的信息被高度侵犯才认定侵权。[1] 此外，隐私保护主要是限制政府的公权力对用户个人的干涉。企业在隐私权变通模式下，合法正当地收集数据，进行数据使用和交易，自然享有对数据的权利。

欧盟的《一般数据库保护指令》旨在维护个人数据的权利，加重了数据控制者的义务和责任，但是这个条例主要是用来防止某些数据大国的数据入侵。而《数据库保护指令》规定了数据库的作者对数据库享有版权，作者是指创作数据库的自然人或一组自然人，或者成员国规定的作为权利人的法人。这表明欧盟国家对于有结构的系统性的数据库的权利可以由数据企业享有。

在大数据时代背景下，要使数据具有财产属性，必须由数据控制者

---

① 龙卫球. 数据新型财产权构建及其体系研究 [J]. 政法论坛，2017，35（04）：66.

将获取的个人数据进行匿名、脱敏，再将数据汇集、编排、建模形成数据集合或者数据产品，为经营者分析市场导向或者将其放到数据市场交易、流通。如此才能充分发挥海量数据优势，推进数据经济发展。在整个工程中，信息用户只是初始阶段的参与者；企业才是数据财产价值的开发者，它对数据财产价值的实现发挥了主导作用。实际上，将数据权赋予数据控制者，就是对其在发掘数据财产价值过程中核心地位的认可，有利于激励企业开拓创新，推动数据经济发展。

综上所述，信息用户的数据具有人格属性，其可以通过个人信息权来保护自己的人格利益。对于数据加工者，可参照《著作权法》对"职务作品"的规定，提供物质奖励。企业合法地获取数据，并对其合法控制和使用，获得商业价值，理所应当地享有数据权。

（二）数据权的客体确认

权利客体属性是权利构建的基石，权利客体的不同决定着权利的构架不同。在大数据时代，数据作为有价值的资源一直为企业所使用，数据事实上已成为一种财产，确立数据财产权成为时代所需。欧盟《关于数据库保护指令》规定数据库制作者以实质性投入（包括时间、金钱、人力等），对经系统或有序的安排，并可通过电子或其他手段单独加以访问的数据集合，可以享有特殊权利的保护，这说明欧盟主要以数据库的形式对企业数据进行保护。因此，成为数据权客体要具备实质性投入和价值属性。

虽然数据无处不在、无时不在，但是分散的碎片化的数据本身并没有多少价值，要在采集、收集和归类成为有用数据并进行分析后，才具备财产化的条件，才能成为数据权的客体。本文认为，数据权的客体是数据财产，主要包括数据资源和数据产品。数据资源可以分为两类：一类是经过简单收集、初步整理的具有潜在经济价值的原生数据资源，另一类则是经过系统地分类、整理所形成的有序的、有价值的衍生数据资源。从某种意义上讲，数据资源是动态的，数据控制者通过一定的技术手段将原生数据资源价值进行开发利用，形成衍生数据资源。随着市场需求的变化，原有的衍生数据也必须汇聚更多的数据或者提升价值，才能适应时代的发展。

（三）数据权的内容构造

民事权利是服务于民事主体特定利益的实现或维持，由法律之力保证实现的自由。[①] 数据权作为一种特殊的私权利，数据权主体既享有对数据财产控制、使用、收益、处分的积极权能，又享有排除他人妨害、干扰的消极权能，进而实现数据财产利益最大化。然而，没有绝对自由的权利，任何权利的行使均需要受到一定的限制，以实现各方利益的均衡。企业数据化过程，是一个追求通过信息聚变形成经济价值的过程，即将从简单态的原初信息（包括个人信息）通过收集、加工聚变成充满经济价值或者可以具有商品属性的企业数据，进而走向加以应用或交易的过程。[②] 在此过程中，个人利益、企业利益、公共利益相互交织，数据权的行使也要均衡考虑各方利益诉求。

1. 数据权的权能

实现数据权的关键是数据权能的充分发挥，也是数据控制者追求的利益所在。数据控制者应对其专有数据享有控制、使用、收益和处分的权利。首先，数据控制者在付出相应成本后，依法取得原初数据，对其进行整理、加工形成新的数据财产，此时数据控制者就享有了数据控制权。控制权能凸显数据权主体的地位，即未经允许他人不得适用。其次，使用是数据权人实现数据的使用价值和交换价值的基本方式，可分为内部使用和外部使用。数据权人将整合后的有价值的数据直接用于自身的经营，如产品开发、市场分析等，这是内部使用；外部使用是指数据权人将成型的数据产品放到市场上交易。然后，收益直接体现的是数据所产生的物质利益。收益与使用密不可分，数据的内部使用使经营者精准定位市场需求，增强竞争优势，获得市场份额；外部使用（数据

---

① 王利明. 民法：第七版 [M]. 北京：中国人民大学出版社，2018：85.

② 张黎. 大数据视角下数据权的体系建构研究 [J]. 图书馆，2020（04）：21-28.

交易）使数据成为一种资产，数据控制者直接获得经济利益。最后，处分权能赋予数据权人对数据财产自由处理的权利。也就是说，数据权人在不侵犯国家、社会、个人数据利益的前提下，将数据资源进行处理、数据产品进行交易或与他人共享数据，甚至销毁数据等，都是对数据的处分行为，其中的"处理"包括对数据进行存储、变更、传输、封锁和删除等。①

有权利必有救济，既然赋予数据私法上的权利，当数据权受到侵害时，也可以用侵权责任法予以救济。笔者认为，可采用一般归责原则，要求侵权人停止侵害、消除危险和赔偿损失。鉴于数据本身的特性，行为人未经许可对其控制、使用，便可能构成侵权，而且无法挽回，可以考虑引入惩罚性赔偿机制来弥补数据权人的损失，震慑潜在不法行为。

2. 数据权的限制

基于个人信息方面的限制。在大数据时代下，个人信息构成了数据的主要来源。从信息主体生成数据，到数据控制者收集、处理数据，再到市场主体进行数据交易，这是一个复杂的数据传输过程，而且几乎以"比特"形式存在，个人信息主体难以参与，对个人信息的保护存在缺漏，导致侵犯个人信息的行为比比皆是。因此，在行使数据权时，还要加强对个人信息的保护。在实现数据财产价值的同时，尊重个体的人格利益。在数据生成、收集阶段，必须强化信息用户的知情同意权，特别是涉及个人敏感信息时，数据控制者应尽到特别提示说明义务；在数据加工、建模阶段，必须先对个人数据进行匿名化处理，使个人信息彻底丧失可识别性或关联性，尽到对个人信息的安全保密义务。在此过程中，数据被泄露或者个人信息被反向识别，造成对信息主体权利的侵犯，数据权人如果存在故意或者重大过失，应承担相应责任。

基于公共利益方面的限制。大数据时代，对数据权人的利益保护与

---

① 姬蕾蕾. 数据权的民法保护研究 [D]. 重庆：西南政法大学，2019.

促进数据流通是对数据权保护的双重宗旨①，要真正实现数据权利化还必须坚守数据安全，社会稳定的底线。第一，借鉴《中华人民共和国反垄断法》的相关标准，对数据权的行使进行合理限制，考察数据控制者是否存在数据垄断或者滥用市场支配地位的行为，维护数据市场正当竞争和公平交易，保证数据正常流通。第二，对涉及公共事业方面的数据，如科研、教育、医疗等，数据权人应承担社会责任，让渡部分权利，允许公共事业主体在支付合理对价的前提下使用这些数据，以促进科技进步，造福社会。第三，在数据收集、交易、流通过程中，很可能会涉及一些重要数据②，数据权人要站在维护国家数据安全与社会稳定的基本立场上，积极主动向有关部门报告其掌握的数据成果。

五、结论

本文对数据的范围予以限缩，主要针对企业收集、加工整理的数据进行研究。首先，对企业数据的概念、种类及其属性进行了分析，得出了数据是一种新兴财产的结论，法律应对其加以保护。其次，从《反不正当竞争法》《知识产权法》和《物权法》的视角，讨论了对企业数据的保护及其不足。然后，对学界关于企业数据权益保护的争议加以总结，并参考了我国当前对数据保护的态度，提出自己的观点：将数据作为新兴财产的私权化构造。最后，参考提出了数据权构造的框架，即赋予企业数据权主体资格，将数据资源和数据产品作为权利客体，对数据权能进行划分，并予以相应的限制。其中，还参考借鉴了美国、欧盟对数据保护的一些做法。然而，本文只是对数据权的初步研究与探索，对数据保护难免考虑不周，对数据进行系统的保护与规制，仍有待深入研究。

---

① 刘星，姜南，欧忠辉，等. 数字经济时代企业数据权益保护研究［J］. 情报杂志，2021，40（10）：91-98，107.
② 《个人信息和重要数据出境安全评估办法（征求意见稿）》规定：重要数据是指与国家安全、经济发展，以及社会公共利益密切相关的数据。

数字金融

防止数字平台"资本无序扩张"
需要整体监管和协同监管[*]

孙 晋[**]

摘 要: 由于传统监管的理念滞后和体制障碍,数字平台利用技术、资本优势提高资源配置效率的同时,异化为资本无序扩张的典型样态,防止资本无序扩张成为监管的核心使命并驱动监管改革。金融科技平台的产融结合属性导致其负外部性不局限于垄断问题,还叠加了金融风险及其传导。各自为战的单面向监管在监管实践中顾此失彼,甚至沦为金融科技平台规避监管的挡箭牌,形成监管瓶颈和治理堵塞。互联网金融平台的跨界多元、数据的自由流动、金融的风险性和易传导性、数字市场空间的"共通性",呼唤不同监管部门必须抛弃"责任田"和"画地为牢"的传统惯性思维和确立大市场整体监管、协同监管和合作监管的现代理念,为扩展性极强多元化经营的数字经济和平台企业的健康发展创造良好的法治环境。

关键词: 数字平台(金融科技平台);防止资本无序扩张;反垄断;金融监管;整体监管;协同监管

---

[*] 本文系作者主持的国家社科基金重大项目"适应新时代市场监管需要的权力配置研究"(项目批准号 20&ZD194)和国家社会科学基金重点项目"现代市场体系建设的竞争法问题研究"(19AFX019)的部分成果。

[**] 孙晋,武汉大学法学院教授,武汉大学竞争法与竞争政策研究中心主任,中国商业法研究会副会长。

2020 年 11 月，习近平总书记在中央全面依法治国工作会议上明确指出，"以良法善治保障新业态新模式健康发展"①，这需要在当下及未来我国数字经济规范发展中长期坚持。

2021 年 4 月 10 日，国家市场监督管理总局依法对阿里巴巴集团实施"二选一"垄断行为作出行政处罚，责令其停止违法行为，并处以其 2019 年销售额的 4%计 182.28 亿元罚款。该案是我国平台经济领域第一起典型的重大垄断案件，是监管部门落实中央决策部署，强化反垄断和防止资本无序扩张的具体举措，标志着平台经济领域反垄断执法进入了新阶段，执法目的在于规范和推动平台经济持续、健康、创新发展。

实际上，数字平台强化反垄断，问题本身远远不限于"二选一"，主要是在于资本无序扩张所带来的超级监管难题，单靠反垄断监管远远不够，需要整体监管思路和协同监管举措。

一、平台企业尤其是大型金融科技公司资本无序扩张的主要问题

数字经济，其载体是互联互通几乎没有边界的互联网和平台，在人工智能技术和大数据加持下，又得益于政府放松规制，发展迅速，以至于把监管远远抛在了后面。监管跟不上数字创新和平台发展的步伐，必然积累了不少问题，首先当属垄断和不正当竞争；其次是平台资本无序扩张，主要体现在平台业务的过度扩展蔓延上，尤其是向金融领域延伸，在扩大垄断和不正当竞争问题基础上，又形成系统性风险，衍生金融稳定问题，二者叠加，给现行监管带来严峻挑战。竞争问题和对金融稳定的威胁，反过来阻碍了创新，影响数字经济健康持续发展。

（一）平台产融结合的金融风险问题

平台企业一般发展到一定规模，在资本逐利本性驱动下，"流量变

---

① 习近平在中央全面依法治国工作会议上强调　坚定不移走中国特色社会主义法治道路　为全面建设社会主义现代化国家提供有力法治保障 [N]. 人民日报，2020-11-18（01）.

现""数据变现"的趋势日益明显，需求日益强烈，特别是超级平台企业必然涉足金融业务，发展金融科技，形成互联网金融平台。相比于传统经济活动的范围经济效应，平台的范围经济效应更为显著，其原因有二：其一，平台在聚合生产要素拓展产品和服务时，不存在传统企业所面临的空间限制；其二，平台聚合生产要素拓展产品和服务的成本，也要比传统企业的成本低得多。这种超常的范围经济效应使得平台多元化跨行业经营变得更加容易，多元化程度越高其范围经济效应也就越大，驱使平台纷纷致力于多元化扩张，以在较短时期变成一个触角无所不及的商业帝国。由产而融的产融结合便是各大头部平台企业趋之若鹜的商业策略，因为由商品和内容服务向金融服务延伸，便将互联网无所不在的连通性与金融资本无所不及的触角相融合，带来巨大的范围经济效应，无异于为超级平台的资本扩张装上了"永动机"。这种发生在互联网领域的产融结合，如果失去监管制约，尤其是失去金融监管，其负外部性就会不断显现和积累，既容易形成垄断，又造成资本无序扩张，威胁金融稳定。由于平台的创新活动和多元化经营主要考虑其纯粹的商业利益，很少顾及可能给社会带来的负外部性，换言之，平台获取了创新和经营的收益，却没有承担由此带来的全部成本，从而损害公共利益或其他市场主体的利益。对大型金融科技平台而言，如果仅仅考虑企业创新和经营的成本与收益，而对可能给整个金融体系甚至整个市场带来的巨大风险不予考虑或考虑不多，这就会对国家金融稳定造成威胁。这也就不难理解为什么2020年12月召开的中央经济工作会议上提出"金融创新必须在审慎监管的前提下进行"。以蚂蚁集团被金融监管部门约谈和要求整改为例，为了落实中央要求，2020年12月26日，人民银行、银保监会、证监会、外汇局四个金融管理部门联合约谈了蚂蚁集团，中国人民银行副行长潘功胜当日在代表四部门答记者问时表示，金融管理部门将强化约束资本无序扩张，维护公平竞争和金融市场秩序。通过约谈，蚂蚁集团的资本扩张可窥斑见豹，监管当局对由金融科技平台企业的垄断引起的金融稳定问题的担心也是一览无余。对互联网领域的产融结合进行金融监管已成为促进金融创新和防范系统性风险的重要工作任务，反垄断和金融监管两者有着极强的逻辑关联性。

（二）风险叠加和垄断传导问题

平台企业垄断和金融风险并存，二者叠加使得问题更为复杂，对传统监管的挑战被急剧放大。

互联网金融平台的产融结合带来的市场力量集中包含两个阶段或者说两次集中：一是互联网领域产业资本和金融资本融合或者产业资本拓展到金融领域带来的经济力集中，即"首次集中"；二是由作为产融结合成果的互联网金融平台企业在运作过程中对外兼并、控制、扩张所导致的经营者集中，即"再次集中"。

互联网产融结合的原因既包括企业推动自身业务增长、突破单一盈利模式的内在需求，也包括外部环境有利条件的刺激。具体来说，互联网的快速发展带来网民规模飞速增长；监管部门近年来为了刺激消费、拉动内需，民营金融政策逐渐放宽，并推动发展普惠金融，同时中小微企业进行间接融资的需求缺口很大。互联网科技产业资本在规模壮大后，因其现有产业资源丰富、用户数据庞大，天然适合"由产向融"进行产融结合，以利用产融业务间的协同效应，实现快速发展。这就为互联网科技企业进行"首次集中"提供了合理动机和天然优势，例如阿里巴巴集团就是从 2002 年开始，以自身业务为出发点，通过新设、收购和参股的方式逐步发展了第三方支付业务，建立了庞大的商家诚信数据库，开始走上产融结合的道路。

互联网领域产融结合的"再次集中"，则是产融结合型互联网金融平台的对外兼并扩张，包括开展信贷、保险、理财等金融活动，甚至开展证券基金业务。作为资本扩张的典型表现，大型互联网平台企业进入金融领域，导致互联网金融平台市场势力如虎添翼、不断膨胀，极易妨碍市场竞争和威胁竞争秩序。如今我国少数互联网金融科技巨头已经通过兼并扩张演变为"超级垄断者"，不仅控制了大量金融公司，还对纵向的物流仓储或是传媒广告等企业进行了一系列纵向收购，将抑制竞争的力量从金融服务领域延伸到新扩张的领域，引起更加严重的垄断和不公平竞争情形。首先，大型互联网企业凭借技术优势掌握大量数据，辅以互联网技术的外部性特征，容易形成市场主导地位；其次，上述竞争优势可使得大型互联网企业在资源配置中权力过度集中，并逐步强化为市场垄断；最后，大型互联网企业还可能导致维护市场公平竞争的传统措施失效。事实上，互联网渠道在一些金融业务上已经展现了优势，如微信、支付宝在移动金融支付领域的双寡头格局。再如，根据中国保险行业协会 2020 年 3 月发布的《2014—2019 年互联网财险市场分析报告》，近年来互联网渠道对保险销售领域的渗透非常迅速。

互联网金融科技平台的垄断问题不在于规模大小即市场集中度高或市场占有率大，而在于资本无序扩张，平台利用数据做了很多不是平台该做的事，这是由数字经济的特点决定的，或者平台垄断了其他的业务，以及平台利用数据开展跨业垄断经营，赢者通吃。这与传统的情况不同，如义乌小商品市场，它为许许多多买卖双方（商户）提供了一个交易市场，虽然它也有各个商户的信息，但它并没有利用小商品市场的资源自己"包办"所有的业务，而是允许银行、保险公司进来，也允许饭店、宾馆进来开展经营。

总体来说，互联网平台巨头的产融结合带来的负外部性，开始利用庞大市场力量排斥同业经营者，损害市场竞争，最终损害消费者合法权益，主要涵括以下两点：一是逃避监管合规要求，存在违规监管套利行为，积累金融风险；二是垄断危害叠加金融风险引发风险累积，并有因产融结合发生垄断传导和风险传递的可能。此外，平台的公司治理机制往往不健全，内部人控制严重，经营透明度低，社会责任意识淡薄，也是客观问题。

通过上述分析不难发现，现实中的种种问题，与平台企业的逐利本性和逃避甚或抵触监管联系密切，与我们的监管自身存在的问题也有着千丝万缕的关联。

二、我国对平台企业的现行监管可改进的地方

（一）平台企业尤其是金融科技平台给监管部门出了一道"超级难题"

互联网平台企业尤其是金融科技平台因其资本扩张、产融结合运作且跨界混业经营，足以形成一个闭环的生态圈，在这个生态圈中，平台制定交易规则，提供交易场所，扮演支付服务、金融服务甚至交易监管者角色，相当程度上具备了配置资源的功能，具有企业和市场双重属性，兼具运动员和裁判者的双重角色。与传统企业相比，这些新型平台企业已是摆在监管机构面前的一道超级难题。以金融科技平台为例，首先，这些企业自成立以来，以"创新者"面貌出现，在发展金融科技、提高金融服务效率和普惠性方面发挥了创新作用，即使如此，也不能允许以"创新"的名义否定监管甚至抵制监管，监管部门和执法机构更不能因为担心自己"逆创新而动"而惮于执法。其次，传统的监管工具在面临新的经济组织形态和运行机制时，如没有明确的规则指引则容易隔靴搔痒，甚至沦为金融科技平台规避监管的挡箭牌。金融科技平台的资本无序扩张兼具金融综合经营（金融资本无序扩张）和产业资本涉足金融跨业经营（产业资本无序扩张），出现混业经营、跨平台协同效应带来的价格机制不明显、相关市场不清晰以及更加隐蔽的内部交易等问题，容易带来市场力量过度集中和金融风险叠加，客观上给反垄断执法、金融监管乃至公司治理都带来严峻挑战。

（二）包容审慎监管在现实中的异变

一方面，监管机构期望通过新兴行业的蓬勃发展来推动业务创新和经济增长，但实践中可能会"包容有余""监管不足"；另一方面，监管机构担心新兴业态对既有监管框架构成冲击，使其面临较大的监管风险，不知从何管起和如何监管，技术创新和新兴业态的发展前景变幻莫测，监管机构也在"摸着石头过河"，很难提出一步到位的完美监管方案。于是，在主客观因素双重影响下，国家倡导的包容审慎监管原则，

在现实中异化为弱监管甚至不敢和不会监管。

（三）单一监管碎片化监管效率和精准度不高

中央经济工作会议提出强化反垄断和防止资本无序扩张，主要针对的是数字经济和平台企业。同一个监管对象在发展中出现了垄断和金融稳定两个紧密相连的问题，必然需要反垄断执法部门和金融监管部门开展协同监管。遗憾的是，平台经济碎片化监管单一监管往往顾此失彼，降低了效率和精准度。实际上，数字经济领域混业经营和跨行业竞争乃市场常态，而各个监管部门切割式对同一对象分而治之，必然导致头尾不接的监管断裂和碎片化，如一些平台企业广泛涉足网约车、外卖、共享单车、物流等细分市场，与之对应的监管部门和治理规则却各不相同。这使不同政府部门在面对平台企业时没有特别有参考性的经验，平台企业在应对各个政府部门时也无所适从。在分行业和分部门的监管架构下，部门监管的分而治之，固然有助于发挥各个职能部门的专业优势，但碎片化的监管必然导致政府监管效率低下和精准度不高，提高了政府监管成本和企业合规成本。特别需要指出的是，针对大型金融科技平台的监管，单一监管即使花费较大成本也不能很好解决问题，单打独斗行不通，必须多管齐下——金融监管需要倚重反垄断工具，反垄断监管离不开金融监管的技术支持。只有协同监管形成监管合力，才能事半功倍，从根本上解决问题。

三、加强整体监管建构超级协同监管机制

数字经济的超强规模经济效应、范围经济效应和锁定效应等新特征，决定了平台企业的市场力量过度集中、数据封锁高筑壁垒、混业经营跨界竞争、产融结合风险叠加与传导等垄断和资本无序扩张问题成为常态，需要不同的监管部门对其进行监管成为客观现实。如果各个监管部门都拿着本部门的一把尺子来衡量，那么平台企业必然步履维艰、无所适从。只有各个不同的监管部门抛弃"责任田"和"画地为牢"的传统惯性思维和确立大市场整体监管、协同监管和合作监管的现代理

念，才能为扩展性极强多元化经营的数字经济和平台企业的健康发展创造良好的发展环境。

在大市场整体监管理念下，2018年国家成立了市场监督管理总局，这是顺应地方政府创新改革、回应理论界呼吁的监管体制重大突破，在顶层设计上基本解决了横向间政府职能交叉的问题。新一轮市场监管机构改革，旨在打造一套适应新时代要求的统一市场监管综合执法的制度体系，以系统完备、科学规范、运行有效为原则，针对以往市场监管"多头管理"的弊端，有利于从根本上化解监管套利和监管逃逸问题，瓦解监管隔离和部门利益固化的藩篱。但从平台企业跨界竞争产融结合的情况来审视刚刚建构的大部制统一监管架构，依然不能解决产融结合和资本无序扩张所带来的垄断问题、金融风险以及二者问题的叠加。当下主要针对我国金融科技平台加强监管、强化约束资本无序扩张、维护公平竞争和金融稳定的大幕已经揭开，强化反垄断被社会各界寄予厚望。但是在数字化时代，互联网科技巨头尤其是互联网金融巨头这样具有"平台效应"跨界经营的"新型垄断势力"，因其经济力量过度集中而带来的"赢家通吃"的市场垄断特性和"大而不能倒"从而诱发系统性金融风险的负外部性，即资本无序扩张的典型后果，单靠反垄断监管还远远不够，需要加强金融监管和强化反垄断执法乃至改进公司治理的协同监管，多管齐下。

其实，只要我们系统回溯中华人民共和国成立以来市场监管机构改革的探索，不难发现我国市场监管经历了从最初的限制市场，到有序竞争和专业监管，再到宽准入严监管和大监管的变迁，这一演进的逻辑实际上反映了政府、市场和社会之间角色和定位的转变，反映了中国对市场监管的探索和创新。整体监管、协同监管的发展趋势，高度契合了数字经济发展的内在要求。

数字经济不仅涉及"二选一"、算法合谋、"大数据杀熟"等垄断问题，还涉及金融风险、侵犯个人隐私、侵犯消费者权益等诸多问题，而对这些问题的处理涉及市场监管、金融监管、工信、网信以及司法、公安等职能部门，有效监管有赖于各职能部门在证据获取、信息搜集等方面协同配合。具体到金融科技平台，对其反垄断监管至少需要金融监管的同时介入，甚至公司治理也可能成为监管工具。金融监管重效率与安全的内在统一，反垄断规制重外部市场的公平竞争与秩序，而公司治理重内部决策制衡与对外利益平衡；前者主要是对互联网金融平台的市场准入与退出、资本充足率和内部交易所带来的风险集中与扩散进行监督，中者主要是对平台滥用市场支配地位等垄断行为造成的限制竞争和侵害消费者利益问题进行规制，后者防止内部人控制和内部决策非理性化。在对平台进行监管和规制时，金融监管注重平衡经济效率与安全，而反垄断规制侧重保护市场竞争和秩序，公司治理追求提高透明度和治理水平，三者是耦合与互补的。作为新生事物，金融科技及互联网平台企业的产融结合快速创新发展，出现很多新特点。总体上监管应坚持竞争政策优先——确立《反垄断法》"经济宪法"的权威地位，同时应当构筑金融监管机构和反垄断机构之间协调互助的权力配置格局，在市场准入的监管、限制竞争行为以及损害消费者利益的行为等方面可以建立协商机制，共同制定政策和指导性文件，信息共享，合作执法。为落实党的十九大精神和全国金融工作会议防范系统性风险的部署，2018年新一届国务院金融稳定发展委员会成立，作为金融工作的"前线指挥部"。为了强化平台企业尤其是金融科技平台反垄断和防止资本无序扩张，有必要在国务院统一领导下，具体在国务院金融稳定发展委员会和国家市场监督管理总局的统筹协调下，构建数字经济平台领域"超级协同监管机制"，强化中央银行和市场监督管理总局的合作，整合不同监管部门监管职责，信息共享，分工合作，形成监管合力，有效开展反垄断工作，同时防范系统性风险。

至于如何操作，笔者认为，反垄断监管（执法）是一般性、普遍性监管，金融监管是专业性监管。所以，数字经济下对金融科技平台的反垄断监管必须建立在行业监管基础上，按照行业监管的基本原则开展反垄断监管。因为数字经济中的一些平台垄断问题是新生事物，为了追求反垄断的准确性和有效性，在行业监管的基础上开展反垄断才是明智之举。具体包括四方面：一是要开放平台。科技公司建立平台的同时要求方方面面向它们开放数据，所谓的打通信息孤岛，但这些平台最后自己本身变成了信息孤岛，正因为如此，产生了平台的垄断问题。所以，反平台垄断，先要让平台开放，平台应该向所有相关的机构和行业开放。二是按照分业要求进行拆分。不能因为集中了就要分拆，而是作为一个集团，一家公司不同的业务应该分拆，特别是有些业务需要专业监管，更应该分业分拆。至于金融业务，一般而言应该分业经营，综合经营宜谨慎，若有垄断嫌疑，可以考虑分业分拆，分业监管。三是在分业分拆监管基础上，对一些业务的风险予以隔离。我们要加强公共平台立法，完善平台企业垄断认定、数据收集使用管理等方面的法律规范，规定如何进行风险隔离、业务隔离、数据隔离等。只有具备一系列的行业管理制度和技术支持，再配套反垄断法律制度，反垄断在平台企业的适用才可能是有效的。在大型互联网金融平台多元化经营、金融行业间界线日益模糊、金融科技迅猛发展的形势下，确有必要通过加强监管协调，促进金融监管与反垄断监管（执法）之间、金融监管政策之间、货币政策与监管政策，甚至金融政策与财政政策、产业政策的协调配合，以弥补监管真空，减少监管套利，增强监管有效性，有效应对互联网金融领域的风险挑战。

数字货币对传统货币法的挑战

杨为乔[*]

摘　要：人们在乐见信息技术、互联网技术带来的生产进步与生活便利的同时，传统法律制度却往往在这些新兴事物带来的理论冲击面前，显得无所适从。实际上，人们对数字货币的担心与纠结在很大程度上，在于对数字货币基本范畴的认识不清。为此，厘清数字货币背后的法律制度底色与基本逻辑范畴，才能更为清晰地认识数字货币以及与数字货币相关的法制系统及其构建目标、方式。目前，数字货币只能作为传统法定货币概念下的一个子概念存在，广义的数字货币（如比特币等虚拟货币）尚不具备替代，或者成为法定货币的必要条件。为此，除非特别提示，本文是在法定数字货币的意义上来使用"数字货币"这一概念的。数字货币才开始进入人们的生产消费领域，可以预见，数字货币必将与纸币等传统货币，并行使用、流通一段时间。至少在这段时间里，数字货币必须与实体货币保持相对稳定的价值对应关系。但在这段时间之后，"数字货币"是否会完全替代传统货币？传统货币及相应货币法律制度是否会随之消亡，仍不明朗。不过人们可以从公法、私法两个角度去审视数字货币可能在这两个领域内带来的挑战。

关键词：数字货币；流通平衡关系；无因性原理

---

* 杨为乔，西北政法大学经济法学院副教授。

一、数字货币发行流通的基本前提——"价值对应与流通平衡关系"

(一) 价值对应关系

从宏观上看，数字货币与实体货币的"价值对应关系"，直白地讲就是数字货币必须与等面额实体货币保持等值，否则就会出现改革开放之初（20世纪八九十年代）的人民币本币与外汇券同时存在时的尴尬：虽然宣称二者等值，但在实际流通中外汇券的支付能力远远强于人民币本币，并对整个统一币制基础产生冲击。在计划经济以及计划经济向市场经济转型的历史条件下，这种币制冲突还可以因流通领域相对封闭与限制，而被控制在一定范围之内；但在市场经济的今天，一旦出现数字货币与实体货币之间的币值紊乱，"劣币驱除良币"的问题就会立马显现，"拒收"将是板上钉钉的事情。数字货币作为法定货币，具有无限法偿力，自身价值不易发生波动，即便发生一定波动，也会维持其公信力。但同实体货币一样，数字货币也存在贬值或者通货膨胀风险。当币值变动剧烈时，数字货币原先所表彰的面额价值与其实际交换的价值将失去平衡，市场会自动淘汰数字货币的流通，重新回到以物易物的交换状态，在这种情形下，再维持数字货币面额上的支付能力就明显不公平了，有可能有悖"诚实信用"原则。在此特定情形下，应以"情势变更"原则因应之。

(二) 流通平衡关系

所谓"流通平衡关系"，是指在什么范围内使用数字货币，以及保持流通中的数字货币与实体货币的比例关系问题。在没有数字货币的时候，货币流通量主要取决于待售商品总量、商品价格水平以及货币的流通速度等因素；而且在一定时期内流通中货币的需求量与商品价格总额成正比，与货币流通速度成反比。但在引入数字货币后，问题就变得复杂起来：在遵从货币流通一般规律的同时，必须考虑数字货币自身特殊属性对流通规律的作用。不仅要确保货币流通总体上的稳定与平衡，避免通货膨胀或者通货紧缩的发生，还需要注意数字货币与实体货币发行流通的比例关系，不至于出现数字货币与实体货币比例关系的变动所导致的币值混乱。有一种观点乐观地认为，法定数字货币为现金，属 M0，与实体货币等值，因此不会发生两者之间流通失衡问题。不过，影响这种平衡关系的要素不仅仅存在于数字货币一端，还有实体货币一端，只要存在两种以上的货币形式或者它们在流通条件、范围上存在差异，就会有平衡关系问题。显然，这一问题尚未在法定数字货币设计方面得到全面细致的重视，因此在未来制定法定数字货币发行、流通法律规范时，必须明确规定"价值对应原则与流通平衡原则"两项原则。

二、数字货币流通的公共性及其依赖

（一）公共性问题

相对实体货币而言，数字货币的公共性特征更为明显，且不论在数字货币发行、流通中对公权力以及公权力机关的依赖。仅在数字货币的流通使用环节，数字货币所有权人如同实体货币所有者一样自由、不受限制地使用其自有货币资金，就存在不确定性风险。其实早在罗马法时代，罗马人民对公有物享有的权利就具有公共的性质，这是一种不同于市民法里的所有权的权利。彼时，货币就兼具了私有物与公有物的双重属性。在数字货币时代，肯定主权货币（包括数字货币）的公有物属性是必要的，这有助于从源头上解释货币发行权的权力来源，也有助于厘清公有物的所有权人范围，尤其是在数字货币进行跨国流通的场合，对持有使用本国法定数字货币的本国公民和持有使用本国数字货币的外国公民、无国籍人适用同等规则具有重要意义。

（二）对中央支付系统的依赖

在数字货币流通部分，中央银行也扮演了数字货币流通主导者的角色：一是中央银行是数字货币流通系统的设计者，尤其是在数字货币流通的制度设计部分，承担相关流通规则的制定工作，具有"立法者"

的属性；二是中央银行在硬件上为数字货币流通提供金融基础设施，具有"建设者"的属性；三是中央银行实际运营数字货币流通系统，直接参与具体业务活动，具有"使用者"的属性；四是中央银行亦为数字货币流通的监管者，承担对数字货币流通全过程的监督、检查、评估以及政策业务指导职责，具有"监督者"的属性。

当然，数字货币流通规则也在一定程度上受到各自国内政治经济、社会历史以及法律传统的不同影响。各国中央银行对其法定数字货币的具体参与介入程度，还要等各国数字货币立法以及数字货币发行流通一段时间之后才能对其做出更为精准、客观和科学的评价。

三、数字货币支付的本质

比照传统的转账结算模式，货币支付其实包括了支付、清算和结算三个阶段，其中支付是前台，是支付人与受让人之间支付命令的传递；而清算为信息传输；结算为资金转移，为后台。三者结合，协力完成和形成一个完整的支付过程和内容。据此推断，数字货币支付过程也与此大同小异。就法学角度来看，可能更需要关注三个点：第一，权利转移点，即数字货币的所有权什么时候发生转移？第二，风险转移点，即什么时候数字货币支付风险由支付人承担，什么时候又由受让人承担？第三，资金转移点，即实际资金收付完成的时间点。

（一）拟制支付

人类很早就意识到了在实际交付之外，还存在着所谓的"拟制交付"（traditio）。中世纪罗马法理论中就曾经将"拟制交付"分为长手交付（traditio longa manu）、象征交付（tdatio symbolica）、简易交付和占有改定（constitutum possessorium）四种。虽然当时不可能有现金数字货币的存在，但拟制交付的理论和制度，依然可以给今天的我们以启发。数字货币流通在以下层面呈现"拟制性"特点：

一是数字货币流通摆脱了实体货币现金的束缚，而以数字货币为媒介，本身具有虚拟性；二是数字货币流通必须借助信息传输来表达支付意思，必须借助互联网以及类似 SWIFT（国际资金清算系统）这样的数据传输确认平台来进行；三是必须通过具有公信力的数字货币流通确认机关来确认流通结果，类似于日本《电子记录债权法》所规定的电子债权记录机关。

数字货币流通拟制性本质存在的原因与货币金钱演进中的价值抽象过程是密不可分的。在历史上，无论货币如何"抽象"，总以一定的物质表现形式存在；但人类在向数字货币时代过渡过程中，货币的抽象性持续增强，以致"抽象"到不需任何物质依托，而仅以数据方式存在于网络系统的程度。这种"抽象价值"的转移，就是数字货币"拟制性"特征的起源。

数字货币流通的"拟制性"本质，直接导致了数字货币流通形式与内容必须具有法定性。例如基于"拟制性"本质，就会对数字货币所有权人如何使用数字货币账户、数字钱包、数字货币币种等作出规定和限制。随着法定数字货币的推广，在小额支付领域消灭实体货币的使用已成大势所趋；恰恰因为如此（法定数字货币的推广，对小额支付领域支付限制），民间对去中心化的非法定数字货币或其替代物的发行流通需求将会被刺激起来。

有观点认为数字货币流通的本质就是支付信息的传输。从法律角度来看，如果将数字货币流通的本质仅仅界定为一种支付信息传输，则不利于认识数字货币流通的法律后果和社会影响。数字货币流通的核心在于实现资金在不同主体之间的转移，而信息传输仅发挥传递的作用，以什么方式传递，并无决定性作用，故而不宜将数字货币流通的本质确定为信息传输。

（二）离线支付

当人们借助 NFC（near field communication，近场通信）技术进行离线支付时，交易主体的身份信息应当记载在双方 NFC 设备之中，以防止重复支付的发生。从法律关系角度看，甲乙通过手机"碰一碰"，如果没有联网，就只是在甲乙的手机钱包里记录了二者的交易形成债法上的权利，由于没有获得区块链的确认，就没有实现及时更新信息（update），数字货币的所有权并没有发生转移。此时也就只有两台设备知道甲乙之间发生了该笔支付。假如这两台设备在联网之前都损毁了，当甲乙两人更换手机重新登录自己的钱包时，钱包处于没有交易之前的状态。那么，该笔交易是否还存在呢？它到底发生过没有？该如何确认与保护？这看上去的确是离线支付的安全问题。当然，即使是传统纸币的交付也存在风险，没有风险的支付几乎不可能存在。

但问题是，离线支付与在线支付相比，如果说在线支付还可能保留了一点点传统民事规则上的转移占有的影子的话，离线支付则彻底抽离了这种转移占有的因素，在转移占有、登记制度之外，创设了一种新型的所有权变动。数字货币在本质上不同于以往法律制度上的任何动产与不动产转移制度，不同于金钱债权的让渡或者票据的背书转让，这或许是人们要格外在意的部分。

四、数字货币流通的无因性原理

（一）数字货币流通无因性原理的引入

推广使用法定数字货币，如果将其仅仅定位于替代现金，似乎有点"牛刀杀鸡"的意思。显然，数字货币的流通使用将给社会带来更为广泛深入的政治、经济、法律影响，为此引入数字货币流通的无因性理念就具有了现实紧迫性。传统民商事法律制度中，强调物权行为和票据行为的无因性，以确保不动产交易与票据流转的安全，尤其是对善意交易当事人的保护。在数字货币流通中，善意受让人的交易安全与保护问题同样存在。质言之，在数字货币流通场合，存在确立数字货币流通无因性的现实需要。

在数字货币支付的情形下，是否确立数字货币流通的无因性前提，将会走向不同的方向和法律结局。如果是一单以数字货币形式支付的金钱债权其本身欠缺合法性前提，即该金钱债权本身不合法或者违反公序良俗（如支付赌债），那么这一单数字货币支付是否还有效、合法？从传统角度来看，基于赌博的违法性，对应的支付赌资的行为也不具备合法性前提，不产生合法效力。

如果数字货币流通不具有无因性前提，那么将延续传统的做法，即使已经发生完成的数字货币交付也不具备合法性，这必将导致基于此次支付以后的所有数字货币支付的合法性发生动摇。针对类似问题，票据法尚通过允许背书人记载"禁止背书转让"字样，将其担保付款责任限定于直接前后手之间，如果数字货币支付不确立无因性原理，则极易将数字货币"前手们"限于一种承担无限担保责任的境地。数字货币具有踪迹回溯性，很容易将支付原因与支付行为联系起来，从而使得甄别确认该支付行为是否违反法律，是否符合公序良俗的过程变得易如反掌：所有不符合"支付习惯"的"反常支付"行为和行为人，将非常醒目地暴露出来，而这一结果一旦被坏人利用，后果不堪设想。为此，在制度设计时，明确数字货币流通的无因性前提就变得尤为重要。

（二）数字货币钱包的登录与重新登录

或许"登录"与"重新登录"都不是准确的表述。实际上，"登录"与"重新登录"只不过都是拿钥匙开门，或者丢了家门钥匙的人更换新的钥匙开门这样一个过程。似乎可以将"重新登录"类比为动产所有权人恢复对动产的占有的过程。不过，在"数字货币钱包是否存在登录的问题？"背后，真正值得关注的是：登录意味着必定有数字货币账户以及第三方账户记录中心的存在，那里登记并储存着所有数字货币持有人的数字货币信息和支付结算信息。这样一来，所谓的数字货币不过是一种数字化记账方式而已，和现在的支付宝区别不大。当然有人会说，支付宝需要提前绑定银行账户，而银行账户属于纸币体系。这种辩解似乎很难有说服力，因为在记账模式下，用户并没有真正持有"数字货币"，他拥有的只是在账户中记载的权利，这只是对记账者（结算中介）的一种请求权，本质上是债权，而不是所有权。但是如果钱包不需要登录，它完全类似于实物钱包，那么是否意味着手机坏了，数字货币就跟着损毁了。如果是这样，谁来为数字货币持有者的损失买单? 手机生产商? 电信运营商? 还是使用者自己? 因为是他自己把"手机给玩坏了"。更为重要的是: 在记账模式下, 用户实际上并没有真正持有"数字货币"。这一思路如果成立, 那么, 至少在理论上会大大动摇数字货币存在的必要性和合理性。

(三) 数字货币的跨境支付

数字货币的跨境支付不仅仅是一个技术问题, 更是很大的法律问题。当甲向乙支付数字货币的时候, 对乙在中国境内还是在中国境外是否有注意义务? 支付体系是否能主动识别跨境支付并进行事前监管? 显然数字货币的使用者是没有能力识别对方是否在境外, 法律不该为支付者设置识别义务。

关于数字货币, 还有很多具体问题值得思考: 如数字货币流通的便捷性, 会不会在一定程度上导致现有外汇管理和外汇交易制度受到影响? 又如数字货币的流通, 会不会催生金钱之债清偿履行规则的变化? 再如在数字货币流通场合, 如何看待资金代付行为, 如何识别辨认该数字货币支付是否为代付? 此外, 如果发生数字货币的不法原因支付、错误支付、支付瑕疵以及延期支付等问题又该如何处理? 以及技术规范与法律规范之间的关系问题①等。

五、结语——未尽的思考

数字货币的推行乃大势所趋, 浩浩荡荡; 但在宏观理论与具体操作之间, 仍有巨大的探索空间。如在数字时代, 数字货币是否已经颠覆了货币供求关系基础? 货币供求关系规律是否已经发生了本质的变化? 能否开放数字货币的发行与流通, 而实现货币的非国家化? 数字货币的广泛应用, 是否重新划分了社会阶层, 并由此形成对特定社会群体的无意识歧视和限制? 相较于传统货币, 数字货币本身的信用基础是什么? 数

---

① 长期以来, 技术规范与法律规范似乎井水不犯河水, 在各自的系统里独立存在, 但在数字货币领域, 技术规范有渗透到法律规范的倾向, 这一问题值得关注。

字货币真的减少了货币发行成本吗？"数字货币"的应用与推广，会不会抑制市场规律的作用，而带来更多的计划经济色彩？数字货币还具有传统货币的基本属性吗，还能作为价值尺度、世界货币、储藏手段、支付手段而存在吗？数字货币又催生了哪些新的法律问题，又需要设计哪些新的法律制度来解决这些问题呢？人类几千年的货币发展史，走到了今天，还是漏洞百出，短短二十来年的数字货币能行吗？今天，这些都只能以顿号或者省略号，而不是句号来结尾……

智能投顾模式中信义义务的限缩适用

刘杰勇[*]

摘　要：人工智能技术打造数字经济发展新引擎，智能投顾作为金融与科技相结合的产物，为社会带来经济效益与个性化服务，也连带着各类风险，如利益关联复杂化、自利行为隐蔽化、客户利益易损化等，并且传统人工投顾下的信义义务体系无法在智能投顾模式中继续有效运作。调查问卷收集信息不完整、交互式咨询与人类判断能力缺失等不足，使得智能投顾无法获取更多信息以提供审慎的投资组合建议。但不可否认的是，智能投顾在有限参与范围内仍能符合信义义务标准，如在分析数据、设计投资组合、持续账户监控、有效信息披露等情境中远超人工投顾。在涉及大规模财务管理计划中混合使用人工投顾与智能投顾是较为明智的选择。

关键词：人工投顾；智能投顾；信义义务；限缩适用

一、问题的提出

数字技术对经济发展具有放大、叠加和倍增的作用，是当今经济发展的强大引擎和新型生产力。数字经济给人类经济活动的领域和类型带

---

　*　刘杰勇，北京大学法学院博士研究生，英国伦敦国王学院联合培养博士研究生。研究方向：民商法。

来巨变，引发诸多法律制度变革和相关具体理论影响①。智能投顾（ro-bo-advisor）作为金融创新和数字技术相结合的产物，具有个性设计、理性决策、持续监控等优势②，在为社会发展带来经济利益的同时，附带着各类技术性风险。智能投顾又称自动化顾问（automated advisor），是基于交互式数据平台和网络程序算法，通过分析市场实时数据和客户所提供个性化信息，结合大数据及相关数据理论，为客户提供投资组合建议和持续账户管理服务的新型注册投资顾问模式。③ 相较于传统人工投顾，智能投顾模式下投资者和投资服务机构之间的基础法律关系虽仍为信托关系，但咨询方式技术上的差异导致信义义务体系失灵，引发包括信义义务内容滞后、义务主体不适配等问题。④ 及时更新和调整智能投顾模式下的信义义务体系是具有时代价值的重要课题。因此，本文拟在厘清人工投顾模式下的信义义务标准的基础上，分析智能投顾中信义义务更新适用的必要性，进而探讨智能投顾模式下信义义务如何适用。

二、人工投顾的信义义务要求

人工投顾（financial advisor）通常是指以收费方式提供投资建议的个人。⑤ 囿于个体能力不足与社会分工精细化，客户不得不在投资咨询关系中信赖投顾，授权投顾为自己管理财产或处理重大事务，而在该关系中投顾具有知识性资源与权利性资源上的优势，须有法律制度规制投顾的行为，降低授信风险。多年来，以美国为首的英美法系国家的法院和监管机构对信托义务进行无数的解释和完善，形成了一套相当完善的法律体系，规定哪些具体职责构成投资顾问的信托义务。《中华人民共

---

① 张守文. 数字经济与经济法的理论拓展 [J]. 地方立法研究，2021，6（01）：19-31.

② 赵吟. 智能投顾的功能定位与监管进路 [J]. 法学杂志，2020，41（01）：68-73.

③ SEC. Guidance Update: Robo-Advisers [EB/OL]. United States Securities and Exchange Commission，2017-02-23.

④ 李智，阚颖. 智能投顾模式下信义义务的冲击与重构 [J]. 上海师范大学学报（哲学社会科学版），2021，50（03）：53-61.

⑤ 参见 Investment Advisers Act of 1940 § 202（a）（11）（c）.

和国信托法》也规定，受托人须遵守忠实义务、注意义务、分别管理义务、公平义务、记录保管和报告义务、亲自执行义务等①，其中注意义务与忠实义务是信义义务的本质与核心，其他义务都是对上述这两种义务的具体化与衍生。因此，下文拟重点讨论注意义务与忠实义务在人工投顾模式中的运用。

（一）人工投顾与注意义务

美国证监会（Securities and Exchange Commission，简称 SEC）所颁布的《委员会关于投资顾问行为准则的解释》规定，注意义务要求人工投顾向客户提供谨慎的建议，这些建议是基于对客户的财产状况、投资风险、预期收益等情况的综合分析结果，遵循商业惯例且收费合理，并在合同服务范围内适当地对客户账户进行持续监控和管理。② 可见，注意义务要求对客户与投资目的进行合理调查，确定客户的财务成熟程度，以便投顾为客户的最佳利益提出适当的投资建议。其中"合理的调查"包括投顾是否了解和掌握已经发生的可能导致投资概况不准确或不完整的事件。例如，在投顾持续提供咨询意见的财务计划中，税法变化、客户退休或婚姻状况变化等新信息将触发新调查。这意味着注意义务不仅包括从客户方收集数据的责任，还包括投顾通过其他信息源获取信息的义务，如一项新的税收法规可能会对客户产生影响，或者投顾注意到客户的某些信息，而这些信息在特殊情况下客户无法分享，又如投顾注意到客户体重减轻，身体不适，并表现出其他疾病迹象，投顾可能需要询问客户的健康状况。在得知客户患有严重疾病后，投顾应建议客户及时更新医疗保健、相关授权书等文件，并重新审查遗产计划。又或者，在简单询问客户家庭情况时，投顾可能会发现客户子女患有赌瘾，这时投顾可以建议客户将其子女从联名账户中除名，以限制其继续获得赌资。虽然与客户闲聊可能违反信托义务要求，但这种运用判断分

① 赵廉慧. 信托法解释论［M］. 北京：中国法制出版社，2015：303.
② SEC. Commission Interpretation Regarding Standard of Conduct for Investment Advisers［EB/OL］. United States Securities and Exchange Commission，2019-07-12.

析、收集信息线索和提出探究性问题的能力对履行信托义务至关重要。可以说，根据通过正式和非正式方式收集的信息提供投资建议和监控账户，是投顾履行注意义务的高效表现。在提供法律咨询服务的信托关系中，律师如果注意到客户（老年人或病患）认知能力下降，则须转至与其监护人对接相关业务。虽然在投资咨询服务中，投顾不必采取同样的行动，但投顾也应在看到客户认知能力下降时选择采取相应措施保护客户以履行注意义务。

此外，注意义务还要求投顾在合同约定范围内以符合客户最佳利益的方式提供建议和账户资产管理。[①] 但如果只是提供一次性财产投资咨询，并收取相应费用，则投顾无须承担持续的账户管理和监控工作。投顾的信托义务可以是广泛的，也可以是有限的，这取决于双方协议约定内容。广泛的信托义务将提供更全面和持续的服务，而有限的投资服务咨询可能更适用于一次性服务，或与特定投资需求有关的服务。

（二）人工投顾与忠实义务

忠实义务要求投顾以客户的最佳利益为出发点，避免任何可能损害客户利益的自我交易或利益冲突，并及时向客户披露重大的相关信息。[②] 简言之，投顾在提供服务时须以符合客户最佳利益为原则，将客户利益置于自身利益之上，避免和缓解利益冲突。利益冲突行为包括：建议投资投顾管理的共同基金和投顾的其他客户投资的相同证券等。

首先，就利益冲突而言，有些冲突较为明确，而另一些则落入灰色地带，顾问须经分析判断以确定采取何种行动履行忠实义务。如果顾问不能或选择不避免利益冲突，则顾问须提供与冲突相关的充分和真实的信息披露，获得客户的知情同意后，方能继续利益冲突交易。然而，顾问不能简单通过获得客户对产生利益冲突的知情来推卸信托责任，如果

---

① 李文莉，杨玥捷. 智能投顾的信义义务［J］人工智能法学研究，2018（01）：100-102.

② SEC. Commission Interpretation Regarding Standard of Conduct for Investment Advisers ［EB/OL］. United States Securities and Exchange Commission，2019-07-12.

未能充分披露利益冲突，顾问则必须消除或缓解利益冲突。有趣的是，当将忠实义务的标准应用到智能投顾领域时，一个经过适当编程的智能投顾可能比人工顾问更能避免一些利益冲突。因为贪婪和个人偏见等人类性格特征可以通过算法编程从智能投资咨询平台中剥离出来，并在智能投顾平台上更容易和更直接地检测出利益冲突行为。

其次，"最佳利益"一词经常在普通法中被用来描述忠诚与公平的信托义务要求。各国信托法大都规定受托人须为受益人利益管理信托，此处的"利益"经历了从唯一利益（sole interest）到最佳利益（best interest）的内容演变。在传统上，为保护受益人利益，英美信托法中严格奉行唯一利益说，即受托人须以受益人的利益作为唯一追求，摒弃个人利益或第三人利益，任何未经受益人许可的利益冲突或潜在利益冲突交易都将被法院直接判定为未尽到信托责任，不再进一步追查（no further inquire）。① 然而，随着信托在商事领域泛化适用、专业信托机构出现、民事程序改革、监管制度建立等，受托人自利行为被发现的概率大大增加，而唯一利益说过于严苛的弊端则慢慢凸显②，实践中逐渐出现一些唯一利益规则的例外情况被法院所认可，如委托人授权、受益人同意、法院事前批准等情况。传统受托人基于荣耀而单纯为他人占有或转移不动产，不收取费用的时代已然过去，替他人管理信托财产，收取报酬并接受监督的职业受托成为主流，而为顺应时代的发展，忠实义务的内涵也从"唯一利益说"向"最佳利益说"转化。最佳利益说下，原告举证投顾从事利益冲突交易后，投顾可以据该交易最符合客户的利益或不损害受益人等理由抗辩，法院将介入对交易的实质性进行审查。投顾往往拥有专门技能或资产管理经验，与所在领域金融机构存在联系，或本身兼营各类金融业务，完全禁止其从事利益冲突交易不符合现代金融交易实际。此外，唯一利益说下，法院对利益冲突交易的不再调

---

① LANGBEIN J H. Questioning the Trust Law Duty of Loyalty：Sole Interest or Best Interest？[J]. Yale Law Journal，2005，114（05）：929-990.

② 杨祥. 股权信托受托人法律地位研究［M］. 北京：清华大学出版社，2018：214.

查原则（no further inquire）不仅无法实现保护受益人的原意，反倒可能有害于受益人和受托人，如在受托人和受益人双赢的交易中，使投顾争取来的盈利被剥夺等。

三、智能投顾中信义义务的更新适用

算法技术的运用使得智能投顾在咨询方式、数据收集等方面有别于人工投顾，人工投顾模式下的传统信义义务体系受到巨大冲击，须及时更新与调整智能投顾模式下的信义义务体系，以动态平衡投顾与客户之间的利益，完善人工智能时代投资顾问的法律责任。本部分内容拟在分析智能投顾模式中适用信义义务的必要性的基础上，进一步探讨更新信义义务的意义与价值。

（一）信义义务适用的必要

智能投顾与客户之间的基础法律关系为信托关系。[①] 智能投顾作为受托机构，在全权委托模式下享有投资咨询建议与资产管理处分等自由裁量权，但须履行信义义务，维护客户利益。信义义务要求智能投顾须以客户画像为基础，结合最新资本市场信息和证券投资组合理论，提供利益最大化投资组合建议，并执行相应交易指令，定期向客户汇报业绩与投资分析报告。

然而，相较于人工投顾，智能投顾的特性极大增加其违反信义义务的可能性，具言之：（1）利益关联复杂化。首先，智能投顾与证券经纪商之间的利益关联。仅有注册投资顾问牌照的智能投顾平台须与拥有证券经纪商牌照的金融机构合作，共同完成全权委托模式下的咨询建议与账户管理服务。智能投顾负责提供投资组合建议，证券经纪商负责执行交易指令，二者形成利益共同体，智能投顾极可能提供购买证券经纪商及其关联机构所发售金融产品的投资建议，达到利益共同体内部利益

---

① 吴烨，叶林. "智能投顾" 的本质及规制路径 [J]. 法学杂志，2018，39（05）：16-28.

输送的目的。其次，智能投顾与第三方科技公司之间的利益关联。大部分金融投资机构在开展智能投顾业务时将算法建构外包给第三方科技公司，算法包含客户画像生成、数据分析、投资建议形成等内容，是智能投顾的核心组成部分，科技公司可能在设计算法架构时收受某金融机构好处，使其金融产品在优势评估时被广泛推荐给客户。① （2）自利行为隐蔽化。首先，智能投顾公司所收取费用通常与所管理资产规模成正比，为吸引更多投资者将更多资本投入管理账户中，智能投顾公司可能将盈利能力更强的投资组合推荐给账户余额达到一定级别的客户，以营造"账户余额越多，收益越好"的错觉，诱使客户持续不断投资。其次，智能投顾自我交易。当全权委托模式下的智能投顾公司同时拥有注册投资顾问牌照和证券经纪商牌照时，则无须借助第三方金融机构交易。智能投顾公司可在设计投资组合时给予自家金融产品最优评价，并通过合理化解释推荐给客户。（3）客户利益易损化。首先，个性化智能投顾服务以客户画像生成为前提，客户画像生成需要收集大量客户私人信息，包括但不限于姓名、住址、联系方式、财产状况、投资经验等，而网络安全是目前金融系统面临的主要软肋，盗窃客户信息转售牟利的事件屡见不鲜。摩根士丹利史密斯尼有限责任公司（Morgan Stanley Smith Barney，简称 MSSB）的一名雇员通过长期访问存储客户私人身份信息的内部门户网站，盗取约 73 万位客户的账户数据，并试图转售牟利，后被美国证监会及时制止，连带摩根士丹利史密斯有限责任公司一并重罚。可见，网络信息时代客户私人信息安全的脆弱性，智能投顾领域也无法幸免。其次，业务持续运营难度增加。美国证监会于2016 年颁布一项新规，要求注册投资顾问采纳并实施书面的业务连续性和过渡计划，旨在确保投资顾问制订计划，应对顾问业务因突发事件而中断，如自然灾害、网络攻击、技术故障和关键人员离职等，以尽量

---

① 李文莉，杨玥捷. 智能投顾的法律风险及监管建议 ［J］. 法学，2017（08）：15-26.

减少对客户和投资者的伤害①。可见，注册投资顾问的业务持续性已逐渐为主管机关所关注，而作为投资顾问类型之一的智能投顾在提供投资咨询和资产管理服务时同样存在业务持续性问题，并且因人力资源剥离，其应变能力弱，业务中断再恢复耗时长，负面影响更大。综上，智能投顾模式下存在利益关联复杂化、自利行为隐蔽化和客户利益易损化等问题，有必要通过信义义务体系予以规制。

（二）信义义务更新的必要

与人工投顾相比，智能投顾提供服务过程中具有利益关联复杂、自利行为隐蔽、客户利益易损化等问题，而这些问题的根源在于人工投顾与智能投顾之间的本质差异，具体包括：（1）主体的变化，由人工主导向机器主导转化。人工投顾模式下，金融机构及其雇员为投资者提供投资咨询与资产管理服务，违反信义义务相关内容，则由该机构承担责任；智能投顾模式下，预先设计的程序以客户画像为基础，机械地通过算法技术生成投资咨询建议服务。（2）委托方式的不同。人工投顾以一般授权委托为主，智能投顾则是完全授权委托，智能投顾拥有包括资产管理在内的权利。（3）数字技术与程序算法的加入。人工投顾大多依靠投资顾问的专业性知识资源与投资经验向客户提供投资建议，而智能投顾则是基于代码编程和大数据分析等数字化技术生成投资组合建议。（4）服务方式的变化。人工投顾与投资者一般通过面谈，询问和了解客户的投资偏好、资产状况、投资目标等信息后提供个性化投资建议。智能投顾则以线上方式进行，根据投资者所填写的调查问卷数据，结合金融市场信息、投资组合理论等信息，形成客户利益最大化的投资方案。基于上述差异特性，传统信义义务体系在智能投顾模式下基本处于失灵状态，尤其表现在信义义务内容滞后和义务主体虚无化上，如智能投顾基于算法所提供的投资建议并非客户利益最大化方案，但并不能

---

① SEC. Proposes Rule Requiring Investment Advisers to Adopt Business Continuity and Transition Plans. [EB/OL]. United States Securities and Exchange Commission, 2016-06-28.

因此认定其不具备独立法律人格的算法违反忠实义务。① 实际上，智能投顾在某种意义上可以理解为机构运营者提供服务的工具，智能投顾服务所带有的法律责任应由运营者承担。② 因此，传统信义义务体系在人工投顾模式向智能投顾模式转变过程中须及时更新和调整，以达持续规范运营者行为和维护投资者利益的效果。

首先，智能投顾模式下更新与调整信义义务是人工智能时代的必然要求。人工智能正在全球范围内蓬勃发展。据推算，世界人工智能市场规模将从 2015 年的 1684 亿元涨到 2020 年的 6800 亿元，年均增幅约 26.2%，我国发展更为迅速，市场规模预计从 2015 年的 112 亿元增长到 2020 年的 710 亿元，年均增幅高达 44.5%。③ 人工智能已成为科技革命和产业变革的战略性技术④，提升金融企业商业效能，促进数字经济高质量发展⑤。而法律作为文明不断变化的一部分，须与社会结构相适应，为社会目的而出生、改变与死亡⑥。与投资顾问信义义务相关的规章制度随着时代变换已有相应更新，如 2010 年 10 月证监会颁布《证券投资顾问业务暂行规定》，其第 4 条和第 5 条规定投资顾问应当遵循忠实义务和注意义务。2018 年 4 月，央行、银保监会、证监会等金融业监管机构联合颁布《关于规范金融机构资产管理业务的指导意见》，第 23 条规定金融机构运用人工智能技术应当遵守投资者适当性、信息披露等要求。我国针对智能投顾的信义义务要求仍停留于原则层面，具体标准与相关措施模糊，针对性弱，可操作性不高且具有一定的滞后性。作为私法学界的恒言话题，信义义务在面对智能投顾这一人工智能领域

---

① 高丝敏. 智能投资顾问模式中的主体识别和义务设定 [J]. 法学研究, 2018, 40 (05)：40-57.

② 郑佳宁. 论智能投顾运营者的民事责任——以信义义务为中心的展开 [J]. 法学杂志, 2018, 39 (10)：62-72.

③ 德勤. 中国人工智能产业白皮书 [M]. 北京：电子工业出版社, 2018：4.

④ 郭凯明. 人工智能发展、产业结构转型升级与劳动收入份额变动 [J]. 管理世界, 2019, 35 (07)：60-77, 202-203.

⑤ 德勤. 中国人工智能产业白皮书 [M]. 北京：电子工业出版社, 2018：1-2.

⑥ 周淳. 商事领域受信制度原理研究 [M]. 北京：北京大学出版社, 2021：1-2.

的新型应用时，有必要及时更新与调整。

其次，更新与调整是保持信义义务体系生命力的关键。信托凭借其灵活的制度设计，以信义义务为指引，在历次重大法律和社会变革中扮演重要角色。从教会与国王土地之争①，到后来的妇女解放运动②、公司治理原理的建构③，信托制度及其信义义务体系闪耀其间，作用突出。信义义务本身是判例法中抽象出来的一类义务，源于大法官在法律适用过程中的理解与创造。④ 20 世纪信义义务飞速扩张，不断出现新的适用领域，如证券、医疗、金融衍生品等行业。人工智能时代中数字经济发展日新月异，社会需要有效、清晰、富有效率的制度约束权力，调停不平等，克服利益冲突引发的机会主义行为，从而实现朴素的公平与正义，而信义义务体系无疑是一把钥匙。相较于人工投顾，智能投顾的诸多特性无疑对传统信义义务的合理适用带来巨大冲击，促使信义义务体系更新进化，增加其与智能投顾的制度适配性，是其保持生命力的关键，这也是所有法律制度在时代风云变幻中长青的关键。

四、智能投顾中信义义务的限缩适用

智能投顾作为新型投资顾问模式，自 2008 年首次在美国金融科技公司运营以来，因具有成本低廉、服务效率高、个性化服务、服务对象大众化等优势而备受国际金融市场青睐。⑤ 数据显示，截至 2020 年，智能投顾已通过数字化方式管理超过 2 万亿美元的资产，相较于 2015 年，增幅高达 3000%。美国特许金融分析师（Chartered Financial Analyst，简称 CFA）考试甚至将"人工智能、自动化投资服务和挖掘

---

① TODD P. Textbook on Trusts [M]. 3rd ed. Oxford：Oxford University Press, 1996：8.
② ［英］丹宁勋爵. 法律的正当程序 [M]. 李克强，等译. 北京：群众出版社，1984：202-207.
③ 施天涛. 公司法论：第四版 [M]. 北京：法律出版社，2018：379.
④ 徐化耿. 信义义务研究 [M]. 北京：清华大学出版社，2021：2.
⑤ 于文菊. 我国智能投顾的发展现状及其法律监管 [J]. 海南金融，2017（06）：61-67.

非常规数据源"等问题纳入考试范围①。智能投顾正变得无处不在，包括美国 Point of Wealth Register、Kensho、Wealthfront 等公司，英国 Nutmeg 公司，澳大利亚 Stock Spot 公司，新加坡 Dragon Wealth 公司等投资咨询公司都为客户提供智能投顾服务。② 智能投顾根据功能差异可分为："咨询型"智能投顾、"资管型"智能投顾与"咨询+资管型"智能投顾三大类型。"咨询型"智能投顾以证券咨询业务为主；"资管型"智能投顾多以荐股软件等形式存在；"咨询+资管型"智能投顾是投顾平台与金融机构合作，提供证券投资咨询与资产管理业务服务。③ 全权委托模式下的智能投顾是目前世界各大成熟资本市场的主流服务类型④，其服务流程分为五个步骤：（1）生成客户画像。客户通过网站或荐股软件填写个人或家庭财务状况、投资经理、风险偏好等信息，智能投顾平台根据所收集数据综合分析形成客户画像。（2）形成投资组合建议。智能投顾平台以客户画像为基础，结合大数据和现代投资组合理论（modern portfolio theory），为客户提供满足其个性化需求的利益最大化投资建议。（3）执行交易指令。智能投顾平台或第三方金融投资机构根据投资组合建议执行交易指令。（4）动态账户监管。智能投顾平台持续追踪最新市场数据，结合客户画像，动态平衡投资组合建议，实时调仓。（5）指令执行完毕。智能投顾平台完成客户画像所要求的投资目标后，定期向客户出具投资组合业绩与投资组合报告。⑤ 综上可知，智能投顾与人工投顾虽在咨询方式上有所差异，但都在为投资者提供投资建议和资产管理服务，实现投资者利益最大化。

---

① IANNARONE N G. Computer as Confidant：Digital Investment Advice and the Fiduciary Standard [J]. Chicago-Kent Law Review, 2018, 93（01）：141-164.

② 姜海燕, 吴长凤. 智能投顾的发展现状及监管建议 [J]. 证券市场导报, 2016（12）：4-10.

③ 吴烨. 智能投顾：类型化及规制逻辑 [J]. 月旦民商法杂志, 2018（05）：61.

④ 郭雳. 智能投顾开展的制度去障与法律助推 [J]. 政法论坛, 2019, 37（03）：184-191.

⑤ 蒋辉宇. 论智能投顾技术性风险的制度防范 [J]. 暨南学报（哲学社会科学版）, 2019, 41（09）：48-58.

智能投顾作为美国《投资顾问法》（1940）监管的注册投资顾问类型之一，是提供包含证券咨询和资产管理在内的广义投资咨询顾问。① 美国证监会要求智能投顾运营者执行与人工注册投资咨询顾问同等程度的信义义务标准②，并颁布额外的指导性文件以支持智能投顾达到信义义务标准。虽然实务上的相关判例、裁决很少涉及以信托义务管理智能投顾的情况，但智能投顾（缺乏任何人类建议成分的投资顾问）是否真的能够达到信义义务标准，诚值探讨。鉴于信义义务主要由注意义务与忠实义务构成，本部分内容将通过讨论智能投顾是否满足注意义务和忠实义务以确定其能否符合信义义务要求。

（一）智能投顾与注意义务

人工投顾模式下，注意义务要求投资顾问根据投资者的需求、目标和财产状况提出审慎的投资建议，并要求顾问在服务协议条款规定范围内持续监管资产。那么，智能投顾是否能够达到人工投顾模式下注意义务的标准要求？

首先，智能投顾用来收集客户信息和制定建议的调查问卷先天不足且智能投顾无法主动获取信息。第一，调查问卷通常没有统一标准。全球范围内各大金融机构所提供的智能投顾服务的调查问卷良莠不齐，没有统一的行业标准区分调查问卷优劣，再加上调查问卷篇幅、问卷类型、问卷主题等各不相同，所收集客户信息难免有缺陷，不够全面详细。部分调查问卷广泛地询问客户的个人情况、风险承受能力和投资目标，但其他调查问卷可能会问一些目的指向性弱的问题。美国证监会与美国金融业监管局（Financial Industry Regulatory Authority，简称FINRA）联合颁布的一份关于智能投顾调查问卷的报告中，指出调查问

---

① 参见 Investment Advisers Act of 1940 § 202。
② Securities and Exchange Commission. Investor Bulletin：Robo-Advisers. ［EB/OL］. Securities and Exchange Commission，2021-06-22.

卷中的问题可能"过于笼统、含糊不清和具有误导性"①。智能投顾无法确保所收集客户信息的准确性,并且无法被编程为"发现不一致答案时,要求客户澄清和解释问题",导致所获取信息有缺陷。第二,采用调查问卷形式收集客户信息,无法与客户面对面沟通形成良性互动,导致智能投顾提供投资建议时所依据的信息不完整,无法进行有效评估和提供具有建设性的投资建议。第三,人工投顾可以通过追问后续问题,必要时与客户深入探讨某个主题,或者要求提供背景信息,来获取更多信息以提出最有利于客户的投资建议。智能投顾却无法获取调查问卷之外的其他信息,问卷调查过程中客户无法询问问题,智能投顾无法辨别客户是否理解问卷问题,导致提供低质量甚至不正确的投资建议,难以完成注意义务要求。值得一提的是,有研究表明,人们无法与人工智能分享对未来事件的看法②。也就是说,客户较难与智能投顾分享包括财富规划在内的关于未来计划的信息,这无疑将进一步限制智能投顾所获取信息的完整性。可见,无法主动获取更多信息或许是智能投顾提供审慎投资建议的主要障碍。

值得强调的是,智能投顾服务流程是根据预先确定的客户资料生成投资建议,而这些客户资料是由有限的问卷答案决定的,这将导致其无法作出审慎的投资建议。当客户在智能投顾平台上填写问卷后,智能投顾为客户分配一个预先确定的配置文件,该配置文件反映客户的风险偏好、目标、投资偏好等,然后客户的配置文件特征将与生成的投资建议相匹配。然而,在美国金融业监管局的一项研究发现中,智能投顾平台平均仅有5到8个不同的客户资料配置文件③。换言之,囿于成本考量

---

① Securities and Exchange Commission, Financial Industry Regulatory Authority. Report on Digital Investment Advice [EB/OL]. Financial Industry Regulatory Authority, 2021-06-22.

② JI M. Are Robots Good Fiduciaries? Regulating Robo-Advisors under the Investment Advisers Act of 1940 [J]. Columbia Law Review, 2017, 117 (06): 1543-1584.

③ Securities and Exchange Commission, Financial Industry Regulatory Authority. Report on Digital Investment Advice [EB/OL]. Financial Industry Regulatory Authority, 2021-06-22.

与技术限制，智能投顾无法为成千上万客户提供真正意义上的个性化投资建议，而只是根据信息将无数客户大致归类到 5 到 8 个不同的客户资料配置文件中，继而匹配相应投资组合建议。因此，智能投顾从程序设计开始就注定无法为客户提供个性化投资建议服务，以满足客户需求。

其次，智能投顾不具备人类判断能力，以提供审慎的投资建议。虽然没有明确的法规或政策文件要求智能投顾须利用人的判断来履行信义义务，但不可否认的是，人的判断分析能力至关重要，因为其可以让顾问收集更多有关客户的信息，有助于顾问提出审慎的建议。具言之，人工投顾可能会注意到客户在咨询期间表现出来的不舒服或生气等情绪，可以深入交流以发现这种情绪产生的根源，并可能了解到客户有重大的债务或赌瘾问题，进而可以提出如何保护账户中的资产不受债权人追索的建议，如此才符合客户的最佳利益原则。而智能投顾显然无法注意到这些线索。诚然，法律并不明确要求人类判断能力成为信义义务标准的组成部分，可能的原因在于，在起草大多数适用于投资顾问的法律时，智能投顾的概念甚至不存在。这些法条大多是基于这样一个想法，即投资顾问是在电话那头或者坐在你对面的人。同样地，人的判断能力没有明确地写进注意义务中，因为其假定受托者永远是人或者由人主导，判断能力的使用是一种自然的人类特征，不需要特别说明。

综上，智能投顾平台获取客户数据的调查问卷没有统一标准，参差不齐且所获取信息不完整，具有局限性，加上智能投顾本身缺乏人类判断能力，难以提供审慎的投资组合建议。然而，部分学者认为，智能投顾在有限的参与下，可以编制一份更有效的调查问卷，分析相关数据，有效率地提供审慎投资建议，甚至可以超越人工投顾。① 但该观点忽略了有限参与的约定通常是基于客户的需求和意愿，而不是为规避智能投顾缺陷而设计适用，而且范围限制的约定在某种程度上是对信义义务真实目的的损害，投顾天然负有对客户完全的责任和义务，不存在不承担

① KLASS J L, PERELMAN E. The Evolution of Advice: Digital Investment Advisers as Fiduciaries [EB/OL]. Morgan Lewis, 2021-06-22.

或部分承担信托责任或义务的投顾。尽管大部分专家仍对智能投顾能否在广泛、全面的咨询环节中达到信义义务标准保持沉默，但智能投顾在有限参与的情况下能够履行信托责任似乎已经成为行业共识。智能投顾最显著的优点在于，能够评估近乎无限的数据和风险情境，从而得出一个理想与高效的前沿性投资组合建议。在使用计算机进行财务分析之前，人工投顾会手动计算这些投资组合建议，这些建议自然是基于不太可靠、有限、针对性弱的数据，容易出现人为错误。智能投顾算法技术的运用使得数据的处理速度越来越快。在投资组合设计领域，智能投顾能够进行更有效的建模，分析数据，这显然远超人类。因此，在有限参与范围内的交易中，智能顾问可以创建一个比人类顾问更具建设性的投资组合。此外，注意义务还要求投资定期更新信息以确保投资组合建议紧跟金融市场环境变化。理论上，智能顾问可以通过编程从潜在的多个来源收集数据：全球市场、监管变化、与客户业务相关的行业新闻、当地经济，甚至有关客户竞争对手的新闻，并立即对客户的投资组合进行调整或确定风险领域，而人工顾问不太可能有时间或能力了解所有相关数据源。而且，人工投顾只能定期监控账户，而智能投顾可以持续监控和调整账户，最大限度地提高效率。除非编程不当，否则智能投顾几乎不会错过任何重新平衡、利用税收损失收获机会或及时调整投资的机会。因而，智能投顾可以比人工投顾更有效地满足持续监控需求。

（二）智能投顾与忠实义务

如上所述，忠实义务要求投顾以客户最佳利益为出发点，将客户利益置于自身利益之上，通过充分且真实地披露重大信息避免或减轻利益冲突，避免误导客户。算法层面上，智能投顾可以通过编程在某些方面最大限度地履行忠实义务，如消除顾问的利益冲突，确保提供足够的信息披露，但机构层面引发的利益冲突交易和信息披露有效性问题仍难以解决。事实上，智能顾问的技术复杂性可能会导致这些问题恶化，并对客户群体产生更大的负面影响。

首先，智能投顾虽无法避免利益冲突交易，但能更容易和直接检测出自利行为。智能投顾不易受到人类偏见或动机的影响，可以消除利益冲突交易，但这只限于解决智能投顾和客户之间直接产生的冲突，智能投顾运营者与客户之间的利益冲突无法通过智能投顾消除。作为智能投顾的核心，算法往往夹杂着机构运营者的意志，所提供投资组合建议利于机构金融产品销售，使机构赚取更多服务费。例如，美国金融服务机构嘉信理财（Charles Schwab）的智能顾问被设计成将每个客户投资组合中的7%到30%分配为现金，然后进行投资管理①。嘉信理财通过这种做法盈利，但显然与客户最佳利益原则相悖，因为虽然嘉信理财定期向客户支付现金存款的利息，但现金本可以更有效地进行投资，以为客户带来更高的回报。② 遗憾的是，嘉信理财的做法在金融服务机构中司空见惯。虽然利益冲突可能在智能投顾服务中发生，但由于智能投顾中的利益冲突源于程序设计不当，更容易被检测到。无论是恶意还是无意制造，利害冲突均会在投资组合建议中得到体现。换言之，智能投顾并不能规避机构层面的疏忽或欺诈设计，但它使得经营者自利行为的检测更容易些。

其次，智能投顾的信息披露内容庞杂，客户难以理解。忠实义务要求投资顾问必须及时披露重大信息或有利益冲突的信息。相较于人工投顾，智能投顾能够提供更有效的信息披露。具言之，智能投顾的信息披露具有一致性和完整性，不存在"忘记"或"故意"不披露重要信息的风险，也不存在部分客户收到与其他客户不同的信息披露内容的可能。事实上，智能投顾甚至可以利用技术来强调披露中的特定信息，如将部分信息放在弹出框中，要求客户单击"我同意"，或突出显示关键文本。然而，智能投顾提供信息披露的有效性在两方面受到限制。第一，客户无法提出后续问题，或者智能投顾无法通过面部表情辨别客户

---

① JI M. Are Robots Good Fiduciaries: Regulating Robo-Advisors under the Investment Advisers Act of 1940 [J]. Columbia Law Review, 2017, 117 (06): 1543-1584.

② JI M. Are Robots Good Fiduciaries: Regulating Robo-Advisors under the Investment Advisers Act of 1940 [J]. Columbia Law Review, 2017, 117 (06): 1543-1584.

是否真正理解披露内容。尽管美国证监会明确指出，不要求投顾确保客户了解披露内容，但也提出，如果顾问知道或理应知道客户不了解冲突的性质和重要性，则推断客户同意不符合投顾的信托义务。① 可见，对信息披露的有效性，投顾并不是完全不用负责。而且，当客户无法理解信息披露时，智能投顾无法重新表述或更好地解释信息，这也是智能投顾信息披露发挥有效性的障碍之一。第二，虽然监管规则大都要求披露要突出、易于阅读和理解，并用通俗易懂的语言书写，但当涉及算法技术时，披露的复杂性会显著增加。换言之，除传统披露信息外，智能投顾所运用算法内容及其附带风险也在信息披露范围内，但投顾可能会有数百种算法，每种算法都由不同的代码编排，通常情况下客户无法理解程序设计和算法内容，这使得披露变得没有意义。

综上，调查问卷所收集信息的不完整性、交互式咨询与人类判断能力的缺失，使得智能投顾无法获取更多信息以提供审慎的投资组合建议，满足忠实义务要求。但是，在有限参与的情境下，智能投顾基于既定的不完全的信息能够高效地设计出远超人工投顾的更有利于客户的投资建议。运行智能投顾的算法往往夹杂着运营者的意志，使得智能投顾所提供建议无法遵循客户利益最佳原则。智能投顾无法避免利益冲突交易，但能够让自利行为更容易被检测到。算法设计能够使得信息披露充分、及时和完整，但算法技术的复杂特性也使得客户难以理解所披露信息内容。

五、结论

智能投顾作为财务投资咨询领域的重要组成部分，是人工智能时代数字经济的一个缩影，其飞速发展既存在机遇也存在挑战，有必要经由信义义务予以规制。

---

① DUFFY S, PARRISH S. You Say Fiduciary, I Say Binary: A Review and Recommendation of Robo-Advisors and the Fiduciary and Best Interest Standards [J]. Hastings Business Law Journal, 2020, 17 (01): 3-32.

　　当智能投顾在从事有限的服务（如投资组合的创建与监控）时，智能投顾符合信义义务的要求，但当智能投顾提供涉及大规模持续性资产管理与财务规划时，智能投顾充当合格受托人，并承担信义义务的能力值得怀疑。智能投顾的优势在于提供有限参与范围内的投资组合建议，并对特定账户的持续动态进行监控。在涉及大规模财务管理计划中，如遗产规划、财富管理和退休规划等，智能投顾无法主动收集数据，并且不具备人类判断分析能力的缺陷将被放大，这类情境下可以使用人工投顾与智能投顾混合模型，其中智能投顾提供投资建议和持续监控账户，人工投顾则负责更多的数据收集和客户关系管理。公平的理念在市场环境中反复出现，并不是要求所有的市场参与者都遵守完全相同的规则；相反，公平的含义应是，智能投顾应该能够向客户提供其优势服务，而不受传统的或可能不合适的现有法律规则的约束。

数字经济治理

▼

▼

论数字金融创新的监管应对

周晓冬*

摘　要：数字金融技术的飞速发展意味着金融监管适应过程中的一个拐点，这是因为现代数字金融创新的多维性、颠覆性和持续性特征共同构成了监管痛点。为了理解金融监管面临的数字挑战，三维度的层次理论作为分析框架应运而生，即结构层、活动层和参与者层，该理论可以有效识别并分析数字创新对金融市场各维度的影响。至于数字金融创新监管充分与否，应通过三变量函数进行考察，包括经济功能等价性评估、风险/收益评估以及技术中立性评估。为了消解数字创新所带来的巨大冲击，监管策略应当秉持温和渐进的指导思想具体展开。

关键词：数字金融创新；金融科技；经济功能等价性；技术中立

数字技术在金融市场的运用越发普遍，金融科技公司的规模在不断扩大，用户数量也以正指数级速度增长。"Fintech"这一渐趋流行的语词描述了由技术驱动的当代金融市场的加速转型，并折射出其对服务、市场结构和商业模式的各种潜在影响。金融稳定理事会（Financial Stability Board，简称 FSB）曾经这样定义 fintech：它是一个总括性术语，用于描述"金融服务中的技术创新，可能产生新的商业模式、应用程

---

* 周晓冬，中国政法大学民商法学博士研究生。研究方向：新兴数据权利、平台经济等。

序、流程或产品，并对金融服务的提供产生相关的重大影响"①。可以说，金融科技市场的蓬勃发展相当程度上要得益于以 fintech 为标签的金融科技商业模式的指数级增长，以及提供金融科技解决方案的大型科技公司的涌现，这些都是金融业在技术创新大潮中发生深刻变革的重要指标。

然而，创新也意味着新的难题和挑战将源源不断，数字技术的广泛应用也将深刻改变金融风险的实践样态以及传播方式，使得对金融风险的系统化监管遭遇前所未有的困难。有鉴于此，本文将从数字金融创新的本质特征入手，建立数字技术挑战的分析框架，找到评估监管有效与否的关键变量，在此基础上提出最终的监管建议。

一、变革与挑战：数字金融创新的监管痛点

市场参与者已经清楚认识到数字技术的变革力量，并将其日益内化为提供金融服务的多种创新战略和颠覆性商业模式的源生动力。② 新兴技术通过简化流程、加强风险管理、重塑商业模式、为客户提供个性化方案、开发新产品和服务、实现任务和决策的自动化等策略，在改造金融部门方面体现出明显的潜力，确实极大降低了交易成本。③

然而，新技术也必然是一把双刃剑，数字技术的真正影响还没有完全被理解，因此，在监管的针对性和有效性上会遭遇相当大的困难。一方面，尽管金融科技发展迅猛，但为了监管政策的准确和稳定，数字解决方案在金融市场的实际应用仍然是渐进的、不成熟的和不规范的。数据表明，在高预期之下，金融科技解决方案的使用率于 2017 年达到峰

---

① Financial Stability Board. Financial Stability Implications from Fintech ［EB/OL］. Financial Stability Board，2017-06-27.

② PWC. Global Fintech Report （2017）［R/OL］. PwC：Pricewaterhouse Coopers，2017-04-05.

③ 黄韬. 中国互联网金融发展的回顾与法律反思［J］人工智能法学研究，2019（01）：6-7.

值后正处于下降态势。① 这种下降趋势既为数字金融创新的前景蒙上了一层阴影，也导致监管态度将趋于谨慎。监管者需要时间观察市场的具体走向，全面了解金融科技行业的发展态势，在此前提下才能施加有效的监管。

另一方面，人们难以充分捕捉数字创新对金融市场的影响，主要是因为人们对其多层次性缺乏认识。尽管金融监管自始就需要面对一个充满创新变革的市场，但是技术创新的步伐不断加快，大规模应用技术的效果难以预测，这对金融监管机构来说是前所未有的挑战。除了数字创新在金融活动、市场结构、中介和交易方面的不可控所带来的实质性挑战外，时间的紧迫性也使得监管难度倍增：技术变革的加速不仅对法律法规产生了强烈冲击，而且给决策过程、监管策略和监管实践带来了额外的压力。

当前尚处在数字金融创新的初期阶段，现有监管体系似乎可以解决绝大部分问题和挑战，但是数字技术的发展速度超乎想象，不断有新情况、新问题出现。事实上，现今数字金融技术的飞速发展本身就意味着金融监管适应过程中的一个拐点，这一拐点意味着我们需要对数字金融的监管策略和监管方法进行更彻底的反思。之所以如此认为，是因为现代数字金融创新展现的三个较为明显的特征，而这三个特征构成了监管的实际痛点：

1. 多维性

技术对金融市场和服务的影响是多方面的。数字技术有可能改变市场结构和商业模式、产品和服务、商业战略、监管方式等诸多议题，金融部门的所有方面面临着技术的变革性影响，可谓牵一发而动全身。如此广泛而深远的影响使得监管者必须有所作为，但亦很难直接拟定出一个无所不包的监管策略，如此将严重分散监管力量，弱化监管重点，最

---

① KPMG. Regulation and Supervision of Fintech: Ever-Expanding Expectations [EB/OL]. Assets, 2019-03-06.

终使得整个监管策略变得无效。

2. 颠覆性

当前存在普遍的观点是，数字技术的发展只是金融实践发展到一定阶段的自然延续，因此监管策略只需要因循旧例就能跟上步伐。不幸的是，这种理念恰恰是短视的，数字技术创新具有潜在的颠覆性和破坏性。与以往金融市场的渐进式转型过程不同，数字技术对金融市场的基础产生了前所未有的冲击。金融市场的数字化转型既然是多维的、复杂的，也就必然导致它是革命性的、颠覆性的。

3. 持续性

技术创新步伐的加快给监管注入了高度的不确定性，而这种创新是持续的、不间断的。监管策略本质上是为了产生持久的解决方案，然而在技术密集型社会，法律的滞后是监管的永恒难题。监管者必须学会如何在不损害确定性和可预测性的前提下，将灵活性作为监管的一个本质特征。在金融业面临金融科技冲击的情况下，若监管者既想促进创新和竞争，又意图保持市场稳定和完整性，那么把控这二者之间的微妙平衡可能变得尤为困难。

二、分析与解构：数字金融创新的层次理论

数字金融创新是复杂而持续的，监管若要对其做出应对，则必须先对数字金融创新进行透彻分析与解构。因此，一个分析框架必不可少，意图在于明确和系统化金融技术所产生挑战的复杂性，展现数字金融创新的全貌。为此，笔者建立了三个维度的层次理论，即将数字创新对金融市场的影响划分为结构层、活动层和参与者层进行分析，该理论的逻辑基础是：数字技术对金融市场的影响渗透到金融市场的所有层次，并给每一层次带来独特的挑战。我们对数字技术创新的解构能够提供一个更好的结构化框架，用于对新模型、新产品或服务以及新型参与主体进行分类，识别和评估由此产生的风险，并检测传统监管方案里哪些组成部分更易遭受冲击。

（一）结构层：金融市场的两重架构

在数字金融创新的过程中，金融市场的结构正在重塑，数字技术的发展所带来的第一重影响也正是对结构层的影响。它淡化了金融市场和金融服务提供商之间的传统区别，因为使用平台提供金融服务的模式与传统金融市场相比，其结构和运作几乎相同。市场（交易所和类似交易所的模式）、传统金融中介机构和新服务提供商之间的界限越来越模糊，对新兴的数字金融以及传统金融市场相互混杂的现状而言，传统的监管和监督机制似乎过于简单了。尽管之前的经验能够为我们提供一定帮助，但随着金融科技的不断进步，似乎需要更加动态的解决方案来处理大规模的架构转换。

数字创新促进了市场上两种截然相反的结构模型的发展，即平台（platform）和分布式账本技术（Distributed Ledger Technologies，简称 DLT）。一方面，随着数字经济向平台经济转型，基于平台的模式在金融领域大行其道。[①] 众筹、信息汇集（aggregators）、多边交易系统和其他共享金融模式的扩张，在很大程度上得益于平台模式的推动和加速。可以说，平台为金融服务的供给提供了自我监管的、多边且集中的模式。另一方面，与平台不同，分布式账本的使用依赖于去中心化方案、分布式信任和 P2P 操作。[②] 当前两种模型均得到了广泛运用，平台确实与基于分布式账本技术运行的去中心化方案共存并竞争。因此，金融结构的变革是超乎想象的，基于平台和基于 DLT 的体系结构都为新兴金融科技公司以及传统金融机构提供了充足的创新促进因素。市场竞争随着新参与者的进入而增加，而市场集中风险则由于基于网络效应和规模经济的进入门槛提高而逐步提升。

这些新的结构不符合当前的监管框架，因为原先的监管重点无法与

① ZIEGLER T, SHNEOR R, WENZLAFF K, et al. Shifting Paradigms：The 4th European Alternative Finance Benchmarking Report [EB/OL]. Crowdfundinsider, 2019-04-04.

② 刘凤鸣，陈玥彤. 区块链技术研究述评 [J]. 山东师范大学学报（自然科学版），2020, 35（03）：299-311.

之相对应。有趣的是，作为数字经济中占主导地位的模式，平台经济同时穿透了结构层、活动层和参与者层。在平台模式下，新的金融参与者即平台运营商，已经脱颖而出。由于在某些商业模式下，平台运营商并不是金融服务的直接提供者，而仅仅是平台用户进行互动和开展类似金融活动的推动者，因此，我们有理由提出这样的疑问：金融市场监管应如何针对平台运营商实行？平台运营商是新的金融中介机构，还是说只是中介服务提供商（数字中介机构）提供了金融服务？例如，对众筹平台的监管应对表明，监管者是将其作为一个真正的金融运营商来对待的①。然而，其他平台，如社交交易（social trading）②、信息汇集和复制交易（copy trading）③ 并没有引起同样的监管关注，它们是否不值得给予同等的监管回应还有待观察。

　　相反，基于分布式账本的模型对监管者提出了完全不同的挑战。这些模式是在分散和去中心化的基础上运作的。在缺乏可识别的中央运营商的情况下，传统的基于运营商的监管策略就行不通了。分布式账本模型除了去中介化之外，还增加了确定监管方式以及监管机构的复杂性。因为在分散系统中，用以确定准据法的连接点数量并不能确定。在分散系统中，由于节点和用户的多样性，将金融活动与司法辖区联系起来的可能因素是多方面的，并且可能是不确定的（因为它们必须是不相关的、不重叠的或彼此不兼容的）。实际上，考虑基于分布式账本技术的模式既包括公共系统，亦涵盖不同规模的私有系统，分散结构缺乏单一中央运营商的特征实质上影响了有关法律适用、管辖权、责任承担等问题的解决，损害了市场稳定，并产生了新的风险。④

---

① 刘诗瑶. 我国股权众筹平台定位与监管研究［J］. 上海金融，2019（08）：84-85.

② 简单来说，所谓社交交易就是允许人们在某个平台上按比例实时分享和遵循顶级交易员的投资举措。这意味着用户可以在市场中有效地进行交易，而不必花费时间和精力进行他们自己的研究。

③ 关于复制交易，英国金融行为监管局的表述是："复制交易允许投资者通过自动复制其他投资者的交易进行交易。"

④ 郑观，范克韬. 区块链时代的信任结构——从技术去中心化到信任去中心化［J］. 社会科学文摘，2019（11）：12.

（二）活动层：金融活动的内涵重塑

数字技术所带来的第二重影响作用于金融产品及服务的本质和特征，而这些均属于金融活动的范畴，所以在本文提出的分析框架中，第二层被定义为活动层。技术应用于产品和服务可以改变金融活动的特征，使新产品和服务得以配置，但这也意味着需要建立新的规范体系对此加以监管。为什么会说数字技术将重新定义金融活动的边界范围呢？试考虑如下几个例子：

第一，人工智能在整个价值链的前、中、后端以及整个金融服务领域的应用。在此话题下，为讨论方便，我们进一步缩小范围，以智能投顾为例。智能投顾提供定制的、低成本的、高效的算法驱动的财务建议。问题在于，随着智能投顾自动化程度不断提高，是否可以在立法中将其作为"人"来监管？对投顾设置的责任规则和监管要求是否适用于人工智能，或仅适用于软件开发和程序前提条件的建立？如果说，现有的以人为中心的投顾监管规则必须应用于算法驱动的系统之上，在某种程度上，这意味着监管重点将从人的活动转向自动化过程。

第二，如果保险公司采用大数据预测承保风险的可能性，并动态调整保险费用，则通知风险变化的义务是否会发生变化？

第三，加密货币正在全球范围内兴起。所谓加密货币，其实都是虚拟的数字资产，其基本原理就是利用 DLT 技术造成某种物理垄断，本质是一种电子符号。因为这些加密货币并不像黄金一般凝结了人类劳动价值，所以其价值完全由市场决定，暴涨暴跌是家常便饭，与其说是货币，倒更像是击鼓传花的游戏。但不论其价值几何，我们可以肯定的是，由于资产、价值和服务标记化的新兴趋势，市场正在接受具有不确定和复杂法律特征的数字资产和定制代币。对加密货币的监管应当尽快提上日程，否则此类金融产品的风险将随着市场规模的扩大而逐步加大。

这些例子表明，只要算法驱动的解决方案能够实现高度自动化的任务过程以及越来越自主的决策，技术就会影响活动的过程属性，为其带来快速性、自动化和自主性特征。在金融活动的各个阶段广泛使用大数据，则会影响与程度、规模和范围相关的属性。这种规模的转变不是一种渐进的变化，而是一种较为彻底的转变，可能会重新定义信息不对称的问题，并重塑参与者间的权利与义务关系。代币化的可能性和程度问题触及了金融工具法律分类的核心，给金融监管的界限带来了严峻的挑战。令人担忧的是，以上所描述的可能受影响的领域与金融机构对新兴技术的投资兴趣基本一致。随着金融科技的发展，大型金融机构正集中创新力量，大力发展数据分析、移动技术和人工智能，而大型 fintech 公司则将重点放在区块链、人工智能和生物数据上。[①] 不难预见，随着新技术的不断涌现，对依靠这些技术所进行的金融活动的监管将越发困难。

（三）参与者层：金融主体的更新迭代

数字技术的发展对参与者层而言，更多的是丰富和改变了参与者的类型，这是技术发展带来的必然后果，当然也为监管带来了巨大的困难。

首先，一些主体随着技术的发展，其规模日渐庞大，事实上承担了一定意义上的金融机构的功能，但其尚未被监管所定义。例如，天弘余额宝作为世界上最大的货币市场基金，其基金管理下的资产价值接近 2600 亿美元（数据来自 2019 年），但伴随着限额的再次放开，作为不属于法律层面上的金融机构，影响专用货币市场基金的监管规定再无法绑住它。[②]

其次，数字技术不仅改变了现有主体的结构样态，而且促进了与现有主体竞争的新主体的出现。

---

① Pricewaterhouse Coopers. Global Fintech Report [R/OL]. Pricewaterhouse Coopers, 2017-04-05.

② 黄文礼，骆靖宇，杨苑. 金融科技对传统金融体系的影响及来自欧美的监管启示 [EB/OL]. 和讯网，2019-04-22.

再次，金融科技开启了一个去中介化和再中介化的循环①。无论是众筹平台进入信贷市场，还是保险业和银行业出现聚合型机构，抑或是提供科技金融支付解决方案的大型科技公司间的竞争加剧，都是金融中介领域转型的一些例子。这些例子揭示了一个循环过程，即在某些领域里中介机构正在消失，而在其他一些领域里中介又在重新形成。

最后，随着平台模式的大规模使用，基于共享的平台模式引起了人们对平台运营商真正作用的关注，也引起了对与平台相关的法律适用问题的关注，在我国尤为如此。共享经济的发展如火如荼，但随之而来的问题也与日俱增，如 e 代驾②、天猫③等平台遭到了各种各样的诉讼挑战。不仅如此，诸如饿了么、支付宝等还在其 APP 内上线了各种金融产品，从理财到借款不一而足，平台的功能逐渐多元，这显然使得对平台的监管日趋复杂，单一部门的传统监管模式就有些力有不逮了。

（四）小结

整体看来，三维度层次理论全面而又立体地展现了数字金融创新的全貌，在这一理论框架下，既包括以平台和 DLT 技术为代表的金融市场架构的崭新变化，亦涵盖当前金融市场中产品和服务的复杂样态，同时没有忽略数字技术给金融主体带来的巨大冲击。该理论对金融科技领域监管的贡献至少有以下两方面：一方面，它提供了一个分析框架，在每个层次中单独进行分析，以确定和理解技术创新对金融活动不同层面的影响，而不是基于特定的技术发散性地描述金融技术挑战。另一方面，该理论可以充分表明，数字金融创新的颠覆性潜力从根本上源自其影响的多维性，这种交互影响增强了对监管有效性的扰动。物联网设备源源不断地收集大量数据，大数据分析则提供观察和预测的结果，在此

---

① FRENCH S, ANDREW L. The New, New Financial System? Towards a Conceptualization of Financial Reintermediation [J]. Review of International Political Economy, 2004, 11 (02): 263.

② 男子拼车遇车祸索赔 78 万 e 代驾虚假陈述被罚 100 万 [EB/OL]. 搜狐新闻, 2016-05-27.

③ 天猫"霸王条款"被认定无效 [EB/OL]. 北京法院网, 2015-03-18.

基础上平台、DLT 算法以及 AI 驱动的系统三者正朝着融合的方向不断前进。可以说，正是新兴技术的共生互联触发了它们颠覆性的潜力。

因此，借助数字金融创新的层次理论为我们提供的分析框架，我们可以定位受某种数字技术影响的领域范围，识别和分类对三个层次而言可能发生的冲击之性质，并构建金融科技潜在挑战的未来蓝图，在有所准备的基础上制定监管策略。

三、评估与衡量：数字金融创新的监管函数

前文所解决的问题是应当如何定位数字技术带来的冲击和影响，这是进行监管应对的先决条件，但也意味着前文框架无法更进一步，而只能作为监管策略的现实基础。在制定监管策略之前，需要找到独立的参数进行评估和衡量，从而确定监管是否具有针对性以及监管强度是否足够。本文认为，对数字金融创新监管充分性的考察应通过三变量函数进行：（1）经济功能等价性评估；（2）风险/收益评估；（3）技术中立性评估。对这些变量的评估与衡量有助于理解数字金融创新挑战之所在，衡量其对金融风险的影响，并随之制定监管方案。

（一）变量1：经济功能等价性评估

从监管角度来看，金融科技部门的颠覆性潜力不是简单地来源于技术的密集使用和广泛应用，而是来源于提供与现有金融服务类似或不同的经济功能的能力。① 因此，通过对金融科技部门的经济功能分析，我们可以有效地界定数字金融创新的监管范围。

金融科技模式通常是信贷经济中有效配置金融资源的促成因素，它旨在提高效率，填补空白，并为金融市场以经典形式履行的传统经济职能注入创新因素。金融科技行业的高精细化和低门槛证明，数字金融创新已经渗透整个金融行业。金融科技模式渗透传统金融领域，不仅是为

---

① Financial Stability Board. Financial Stability Implications from Fintech [EB/OL]. Financial Stability Board，2017-06-27.

了更新现有企业，更是为了填补金融领域的空白，因此在创新金融模式和经典金融模式之间，总是会存在一些不匹配或不对应。换句话说，以往一些经济职能可能会由单一的金融活动打包实现，如今若干数字金融的创新形式可能会结合起来，共同实现某种或某些功能。

然而，数字创新模式使金融活动和服务能够自由进行不同模式的组合或分拆。一些金融科技模式影响金融核心活动，而另一些模式则通过提供外围服务（如汇集服务、搜索服务、社交交易等）影响市场。如果这些创新性的外围活动与核心金融活动具有相同的经济功能并面临类似的风险，或者这些活动只是集中于金融市场的运作，却可以产生特定的收益和风险，这些情况都会使得监管者难以决断。一些金融科技创新主体明确地作为现有金融参与者的对手方进入市场①，而其他的一些主体则作为合作者协助传统机构掌握数字创新并提供经济附加值②。所以，在评估数字金融创新对市场结构的影响以及界定监管范围时，必须考虑金融科技的这种双重角色。此外，活动的分拆对传统监管的重点提出了挑战，因为单一的金融科技服务可能不需要单独的监管，但如果从整个金融活动的角度来看，它可能会带来市场风险。例如，复制交易中产品或平台的信息汇集或比较（comparator）就是这种金融性质不明确的增值服务的例证。

变量1意图通过监管利益的视角来表达金融科技活动与传统金融活动之间的功能对等程度。与其对创新模式进行复杂烦琐的分析，还不如根据要实现的经济功能对数字金融创新进行实质性评估。功能对等程度越高，制定新规则和开发新监管实践的需求就越低，由此，数字金融创新将在这一意义上受制于现有法规的监管。

（二）变量2：风险/收益评估

变量2关注与金融科技活动相关的风险。如果说数字金融科技与传

---

① DOWNES L, NUNES P. Big-Bang Disruption [J]. Harvard Business Review, 2013 (03): 44-45.

② World Fintech Report (2018) [EB/OL]. CAPGEMINI, 2021-06-02.

统金融活动相比，二者所面临的宏观或微观风险相类似，则对数字金融创新的监管也会八九不离十表现得如同传统金融活动。但事实是，我们无法肯定地认为，金融科技模型与传统金融市场所引发的风险具有相似性或完全等效性。一方面，数字金融作为新兴的朝阳产业，其本身还缺乏定量数据进行评估和研究；另一方面，数字金融创新既强化了部分风险，又缓解了部分风险，因此尚需对风险和收益的净值做出比较。简言之，数字金融创新使金融监管面临若干困境，这些困境似乎体现了与数字金融创新同质的风险和利益的紧张关系。[1]

第一，数字技术的不断创新允许新的基于平台的模式和非传统的数字中介机构（如 fintech 和 techfin 解决方案提供商）与既存参与者竞争。可以想象，竞争激烈程度的不断提高将导致金融服务的集中度降低，提供的金融服务更加精细，换言之，金融活动的分散化和中介日益精细化将是必然趋势。然而与此同步发生的是，规模经济、网络外部性和数据的强大竞争价值巩固了现有企业的市场地位，提高了新企业的进入壁垒，并使寡头垄断市场结构僵化。因此，从竞争和市场结构来看，虽然数字金融创新按下了市场结构转型的两个关键按钮，使得市场有可能变得更具活力，但既有金融机构的集中度和支配地位似乎也在同步提高。

第二，尽管技术可以缓解操作性风险，但新的网络安全风险对市场稳定的影响令人更为担忧。这些风险意味着，新兴数字技术系统本身仍是非常脆弱的。数据依赖性和网络安全风险，如黑客攻击或安全漏洞，使技术生态系统面临高度危险，而数字金融创新依赖于技术生态系统并将其纳入金融体系，这就给金融市场注入了技术固有的脆弱性。

第三，虽然数字创新的内在动力使得监管一直处于高度不确定性的状态，但是同样的技术发展不仅大幅刺激了金融市场的发展，还为监管者和金融机构提供了有效的工具，用于处理大数据、进行预测分析、完

---

[1] BECK T, et al. Financial Innovation: The Bright and the Dark Sides [J]. Journal of Banking and Finance, 2016, 72: 28-51.

成自动化任务，并在复杂环境中有效地确定目标的优先顺序以进行决策。① 这些技术也可以成为监管者的武器，帮助确保金融法规得到遵守，并增强监管的有效性。当金融科技被运用于监管和合规领域时，它就有了新的名称——金融监管科技（RegTech）。② 依据京东金融研究院的报告，监管科技有两大分支，即运用于监管端的监管科技（SupTech）和运用于金融机构合规端的监管科技（CompTech）。③ 从监管端看，RegTech 和 SupTech 的广泛应用将促进实时监管、监管行动的自动审查、动态和先发监管或算法驱动监管。同时，即使在监管要求不断变化、风险管理由人工智能加以主导的环境下，金融机构也可以借助自动化合规（automated compliance）来提高其合规率。④

由上观之，监管政策的制定必须将数字金融创新所体现的内在矛盾予以充分考虑，全有或全无的解决方案很难解决新兴技术带来的复杂困境。因此，一旦采取金融科技监管行动，既可能是由于传统监管模式遇到了新问题，又或者是由于金融市场中技术的风险缓解和风险增加效应之间未能保持平衡，但无论如何其背后的基本原理必须是净风险值为正。总之，在制定监管策略的函数中，第二个风险/收益评估变量应包括数字金融创新产生的净风险和新风险。有趣的是，净风险因素只会影响预期监管的规模，不太需要具体的监管行动或监管调整，但新风险这一因素可能会迫使监管发生一定的改变和发展。

（三）变量 3：技术中立性评估

在 21 世纪开头的这 20 年里，联合国国际贸易委员会所提出的技术

---

① ZETZSCHE D A, et al. Regulating a Revolution: From Regulatory Sandboxes to Smart Regulation [J]. Fordham Journal of Corporate & Financial Law, 2017, 23 (01): 31.

② 黄震，张夏明. 金融监管科技发展的比较：中英两国的辨异与趋同 [J]. 经济社会体制比较，2019 (06): 43.

③ 京东金融研究院发布监管科技报告：Regtech＝Suptech＋Comptech [EB/OL]. 科技快报网，2018-08-16.

④ Luxembourg for Finance. Regtech: Exploring Solutions for Regulatory Challenges [EB/OL]. Luxembourg for Finance，2021-06-05.

中立原则（principle of technological neutrality）对法律规则与技术发展之间的紧张关系进行了巧妙的协调①。在这一原则的基础上，世界各国对新技术的发展仍然采用了传统概念规则加以应对。技术中立原则的含义是：一方面，它禁止立法者以使用技术（如媒介和通信手段）为由进行法律上的歧视；另一方面，它有助于在功能对等的基础上并行应用现有的法律手段做出监管应对。在该原则下，监管基本上被理解为一种促进因素，消除技术上的非中立障碍，确保对新兴技术的非歧视性待遇。从本质上讲，保持技术中立性是监管函数中的一个校准变量，即不应该仅凭技术上的理由就对数字金融创新发展采取监管行动或监管干预。也正如学者袁康所言，技术中立原则常常被用于反对法律对技术的监管，或者为技术服务者免责。②

然而，我们应当清醒地认识到，新兴颠覆性技术的出现已经将数字创新裹挟至第二代浪潮之中。③ 技术发展的加速和积累对现代法律体系构成了难以预见的重大挑战，人工智能、物联网和分布式账本技术等既为人类发展带来了无穷的可能性，亦可能对现有社会秩序造成毁灭性的冲击，这与第一次技术浪潮绝非同等量级。中立方法放在以前，的确可以防止监管行动扭曲市场、干扰竞争或拖慢创新步伐。然而，未来的监管应着重面向应对和解决数字金融创新所带来的挑战，这与之前截然不同，过于严格和僵化的技术中立可能会产生不利甚至适得其反的结果。

具体而言，过于僵化的技术中立原则可能会忽视数字创新的两个重要维度。一方面，数字技术可以通过不同的体系结构（基于区块链的结算系统或交易平台）发挥与传统金融中介机构相同的经济功能，因

---

① Uncitral Secretariat. United Nations Convention on the use of Electronic Communications in International Contracts［EB/OL］. United Nations Commission on International Trade Law, 2005-11-23.

② 袁康. 金融科技的技术风险及其法律治理［J］. 法学评论，2021，39（01）：119.

③ De-Las-HERAS-BALLELL T R. Digital Technology-Based Solutions for Enhanced Effectiveness of Secured Transactions Law: The Road to Perfection?［J］. Law and Contemporary problems，2018（01）：33.

此，中立性不该应用于技术，而要应用于体系结构，传统的技术中立原则应该朝着结构中立原则发展，无论是面对算法驱动的平台结构还是基于分布式账本的分散结构，规则都应该保持中立。当然，结构中立并不意味着完全背离技术中立，前者只是意味着将重心转移至对结构的观察上。因此，监管部门不一定非要对 DLT 技术的多种不同应用保持中立，相反，监管部门必须全面观察结构，然后在每种情形下评估两方面内容：（1）基于分布式账本技术的结构是否意味着执行相同的经济功能；（2）结构变化是否带来了更小的风险暴露。另一方面，数字技术应用可能产生新的风险，并对现有风险进行再分配。因此，只有在产生的净效应（net effect）为零的情况下，才应提倡中立。也就是说，如果效果是近似或等同的，法律上的处理应该是对等的。因此，如果结果是金融科技活动不会增加风险净值，那么就没有理由对其进行更严格的监管。简言之，除去结构中立外，技术中立原则的内涵还应当扩充至风险中立。

我们以分布式账本技术为例，进一步理解第二代数字创新下的中立性原则。从功能的角度来看，分布式账本技术有两个目的：一是令利益或份额的归属和转让具有越来越强的不可撤销性和稳定性，二是提升交易的透明度。鉴于这些技术功能，分布式账本技术与金融市场的传统基础设施不同，它能够在参与者之间直接转移价值，而无须委托管理账户的中央实体参与。因此，涉及价值转移、登记交易、清算和结算的金融市场体系可能会在 DLT 模型下得到重塑。① 实际上，与跨境支付交易、贸易以及清算和结算的多个参与者之间双边对账的复杂性和成本相比，共享数据库可能会带来巨大收益。在这种情况下，分布式账本技术为交易的参与者提供同步可用的经过验证的信息，而这些过程原本需要参与者之间的多方协调，成本高昂且耗时甚久。鉴于 DLT 在证券交易、清

① AVGOULEAS E, KIAYIAS A. The Promise of Blockchain Technology for Global Securities and Derivatives Markets: The New Financial Ecosystem and the "Holy Grail" of Systemic Risk Containment [J]. European Business Review, 2019, 20 (81): 97-98.

算和结算方面提供了更高的透明度，也极大程度地提升了效率，结构中立原则应认可由此产生的分布式和非中介结构，作为金融模式中现有基础设施的可替代方案。如果功能等价性得到确认且净效应是正的或中性的，监管机构就应当从中立的角度来处理新的体系结构。当然，这种结构中立性可能意味着将现有的监管要求应用于新的结构，或根据新的情况调整现有的概念或标准，以确保统一的监管效果。

总之，技术中立原则是调整监管行为的一个重要的校准变量。面对第二代数字创新，技术中立性必须被理解为结构和风险水平上的中立性，这种解释路径与函数中的另外两个变量，即对功能等价性和净风险值的分析是一脉相承的，较好地印证了三个变量之间的相关性：一方面，类似的经济功能（变量1）可以通过不同的技术架构（变量3）来实现，这就支持了技术中立性转变为结构中立性的观点；另一方面，风险中立的方法（变量3）与风险/收益评估（变量2）中体现的净风险值的评估也是紧密相关的。

四、回顾与展望：数字金融创新的监管策略

三维度的层次理论所搭建的分析框架使我们能够识别出金融监管的政策挑战，数字技术进步给金融市场带来的影响可以被定位在这三个层次之中：活动、结构以及参与者。借助这个框架，监管者可以更好地评估金融创新所造成破坏的大小和规模。随后，监管强度的充足与否可以由三变量函数的结果所体现。而在落实到具体的监管策略时，核心的指导思想应当是温和消解数字创新所带来的巨大冲击力，使得数字金融创新在新的监管策略下实现软着陆。据此，对数字金融创新的监管应当遵循如下策略。

（一）以金融服务为中心

系统地使用数字解决方案降低了进入市场的门槛，某些服务和产品变得更易获得，金融活动规模也随之不断扩大，这就导致传统金融市场的界限开始变得模糊。然而，由于数字技术的进步可以轻而易举地转换对应活动的属性，故而服务的自动化或数字化提供并不能简单地认为其

与传统金融活动功能相当。例如，在复制交易和智能顾问的情形中，可能二者只是作为投资者参考的依据之一，其金融属性与传统投顾相比是否一致尚存争议。①

所以，对数字创新的分析不应受困于商业模式，而需要以数字金融服务的属性、特征和风险为中心。如果对新兴金融科技模式下提供的金融服务的本质进行了适当评估，监管者就可以将力量正确地集中在要控制的风险和要保护的利益上。金融监管范围不一定要扩大，决定监管与否只应当着眼于金融服务的本质与特征，对于技术应当保持合理的中立。

（二）以体系结构为面向

如前文所述，数字金融创新重塑了市场结构，因此监管应该关注体系结构如何执行经济功能。"体系结构"一词的内涵不仅指向包括平台与分布式账本技术在内的组织模型，还指向算法驱动的金融服务及RegTech合规应用程序的内部架构。在这些情况下，监管的核心议题是体系结构如何令其核心功能得以实现，以及它们是否符合法规要求，具体可从如下两方面进行考量。

一方面，数字金融创新正通过众筹、交易平台、社交和复制交易模式逐步开发平台经济的多功能性。② 对此趋势，有三种策略可以选择：在新结构之功能与传统主体（提供投资服务或活动以及交易场所）近似的情况下，保持现有法律法规不变；如果其功能与传统金融结构不同，则可设计混合制度；如果此种结构没有进行任何须受金融监管的活动，则无须对其加以考虑。

另一方面，与利用集中式体系结构之信任生成能力的平台模型不同，分散式方案受到分布式信任、共识方法和去中介化的启发，故交易

---

① 郭金良. 我国智能投资顾问发展的法律挑战及其监管应对 [J]. 江海学刊, 2019 (06)：173.

② CCAF. Sustaining Momentum the 2nd European Alternative Finance Industry Report [R/OL]. Eurocrowd, 2016-09-06.

设施、众筹项目和支付服务平台可以采用这种分散配置。但是，随着基于分布式账本技术的去中心化模型的流行，对它的担忧也与日俱增，而在众多潜在的法律问题中，重要的是要考虑：（1）分散的体系结构是否可以被同化为集中的体系结构，并参考受监管的市场、中介机构或多边贸易设施，从监管的角度进行相应的处理；（2）分散体系结构是否可以被监管，如果可以的话，监管什么以及如何监管；（3）在去中心化架构中，合规责任由谁承担；（4）在分布式账本场景中生产、交易或交换的数字资产（加密货币、数字代币）应如何监管。

（三）以算法设计为关键

自动化和自主性活动是否遵守相应的责任和义务［包括适当性、KYC（了解你的客户）义务、利益冲突等］，以及它们是否符合监管要求，都不能通过简单地评估这些过程的结果来验证。真正的关键点在于审查并监控算法的设计及其在更强自主性、机器学习和多源数据收集环境中的运行，算法的设计应符合监管法规且严格照此运行。因此，市场参与者既应当与监管机构密切合作，又应在审查算法设计和运行时展现更为坦诚的态度。但是，要想实现对算法设计的监管，还需要另外两个武器，一个是透明度和可解释性的概念，另一个则是监测义务。

鉴于新兴技术日益复杂和不透明的发展趋势，透明度和可解释性概念将成为应对数字金融创新所带来的监管挑战的关键武器。① 透明度很好理解，其含义等同于披露，但是披露必须通过解释功能、模拟操作场景和旨在验证结果规律性的周期性测试（取决于数据、客户或市场环境）来同步实现。② 从解释基本流程的设计和运行的意义上讲，这样一种特别的披露义务将有效消解监管者和市场参与者之间存在的信息不对称问题。当然，这种披露与解释也将受到商业秘密和知识产权保护的限制，所以内部设计和运行细节的解释和披露将只提供给监管部门。这也

---

① BaFin. Big Data Meets Artificial Intelligence［EB/OL］. BaFin，2018-07-10.
② GOODMAN B，FLAXMAN S. European Union Regulations on Algorithmic Decision-Making and a "Right to Explanation"［J］. AI Magazine，2017，38（03）：55-56.

意味着，在不损害专有算法和大数据的竞争价值的前提下，一旦主管部门行使监管权力，任何"黑箱借口"都是不可接受的。①

除了上述要求外，运营主体自身亦应承担起对算法系统的监测义务。人工智能驱动系统由数据提供，并由机器学习和深度学习技术提供动力，而赋予运营主体以监测义务是一种有效的工具，可以对抗人工智能驱动系统固有的不可预测性。为了符合监管要求，运营主体需要按照监管标准，通过跟踪算法系统的运行情况、检测偏差、纠正错误，充分履行自身的监测义务。另外，鉴于监测机制日益自动化，监管也需要将重点转向为监测系统制定设计和运行标准。

（四）以法定标准为基础

只针对技术或只针对商业模式的监管规则都不可取，因为这两种监管方法都会产生差异化对待，扭曲市场，干扰竞争，最终危害技术进步和创新。② 因此，倒不如采用基于法律标准的监管回应。质言之，新的模式、参与者、产品和服务将参照法律设定的标准，根据其能够履行的核心职能进行分类。因此，由于模型的不同，监管要求可能会有所区别。但一旦法律标准被制定出来，提供相同核心功能的不同模式可以在同等要求和风险水平下竞争。

法律标准不仅应当蕴含原则性的要求，还应提供可供当事人遵守的具体指引，这样数字金融创新的参与者可以在这些准则所框定的范围内自由行事。法律标准能够很好地抵御技术进步的冲击，因为它们能够为各方的行动创造可预测的模式。依其监管方法之不同，法律标准可以分为实质性标准、程序性标准或功能性标准，如为算法系统制定程序性标准，为智能合同的法律认可和执行制定实质性标准，为确保自动执行补

---

① 所谓算法黑箱是指在对算法进行控制学研究时，研究者把整个算法系统作为一个黑色的箱子来对待，不关注系统的内部结构及其相互关系，而仅从其输入和输出的特点去认知和掌握该系统的规律。

② TRELEAVEN P. Financial Regulation of Fintech [J]. Fintech Perspectives, 2015, 3 (03): 115, 118.

救措施公平性制定程序性标准，以及为分布式账本技术模型制定功能性标准等。

（五）以创新求变为方针

要想充分应对数字金融创新所带来的剧烈冲击，监管方法必须同样具有内生活力，必须时刻反思和发展监管手段的灵活性与适当性，以适应汹涌澎湃的技术浪潮。否则，监管实践将永远落于数字金融创新之后。放眼望去，监管沙盒以及其他测试环境已经在世界范围内得到广泛应用①，这种态势也印证了我们的说法，即对数字金融创新的监管必须以创新求变为方针。当然，鉴于数字金融创新有着令人心悸的潜力，则对其做出的监管和应对应当秉持温和渐进的指导思想，在实现监管目标与促进商业模式创新之间建立合理的平衡。

五、结论

本文的出发点在于，数字金融创新体现了第二代数字技术对金融监管的挑战。与第一代不同，第二代技术是颠覆性的、多维的，并且其应用呈现指数级增长的态势。这三个特性的存在，标志着当前的数字技术的不断发展成为金融监管过程中的一个拐点，需要对监管策略、监管方法和实践、概念、原则与规则进行更彻底、更勇敢的反思。

数字金融创新的应用范围渐趋广泛，而其发展速度丝毫没有停滞，因此本文提出了有关数字金融创新的三维度层次理论，帮助定位这种冲击对金融监管的真正影响，预估未来的技术进步，并确保监管具备应对未来挑战的能力。根据这一分析框架，本文叙述了金融市场三个层面的挑战——结构层、活动层以及参与者层，对每一层的观察揭示了金融科技影响的不同后果，并指出了挑战之所在。

观察过数字创新在金融市场三个层面的影响之后，本文提出了五个

---

① U. S. DOT. A Financial System that Creates Economic Opportunities：Nonbank Financials，Fintech and Innovation ［EB/OL］. U. S. Department of the Treasury，2018-07-31.

策略来指引金融科技的监管对策，以有效应对数字技术创新所带来的挑战。这些策略的充分性是通过一个基本的三变量函数来检验的，即经济功能等价性评估、风险/收益评估以及技术中立性评估，依靠它们可以有效检测当前监管是否充分、完备，并为未来的动态应对提供参照和指引。

论云计算交易所得的国际税收管辖权[*]

徐海燕[**]

摘　要：云计算既给高科技企业带来了发展机遇，也给国际税收规则带来了挑战。云计算因常设机构原则的虚化税收管辖权难以确定，并纵容跨国企业把利润由高税率管辖区转移到低税率管辖区。云计算交易所得的性质不是美国《软件法规》第1.186-18条规定的享受版权保护的物品的转让，而应该是《美国国内税收法典》第7701（e）条规定的提供服务的营业利润所得。云计算服务收入的国际税收问题很难从BEPS（税基侵蚀和利润转移）一揽子方案中找到现成答案。云计算交易所得作为积极（营业）收入在服务提供地征税符合赋税受益原则。为堵塞云计算国际税收规则的漏洞，建议采纳"显著经济存在"和"用户参与"方案，赋予云计算客户所在的市场国享有税收管辖权。建议抛弃国际税收中跨国公司与其成员公司各为相互独立法人的旧原则，改采跨国公司集团作为单一整体企业的新原则。建议摒弃转移定价法，采纳全球公式分配法分配云计算跨国公司利润。

关键词：云计算；税基侵蚀和利润转移；数字服务税；显著经济存在；用户参与；单一整体企业；全球公式分配法

---

 * 此论文为国家社科基金重大项目"推动构建更加公正、合理的国际税收治理体系研究"（项目批准号20ZDA104）阶段性研究成果。

 ** 徐海燕，民商法博士（1999年中国社会科学院法学所）、国际税法博士（2018年密歇根大学法学院），对外经济贸易大学法学院教授，博士生导师。

像许多其他技术创新成果一样，云计算既给高科技企业尤其是跨国公司的迅猛发展带来了难得机遇，也给国际税收监管带来了挑战与风险。最近的一项研究表明，云计算对全球总收入的经济贡献在 2016 年为 2092 亿美元，在 2017 年则攀升到 2468 亿美元，增长率为 18%。① 然而，由于云计算将不少有形产品转变为无形数字产品，这给基于实物贸易模式而建立的传统国际税制带来了严峻挑战。因此，国际税法学界与各国税收监管部门必须与时俱进，积极推进税收制度变革。

一、云计算的概念和服务模式

（一）云计算的概念

云计算是指在虚拟环境中提供的一种可以由广大消费者和用户共享计算资源（如软件、存储空间、数据库、IT 人员、硬件和其他基础结构）的信息技术服务。② 此处虚拟环境（"云"），是指远程互联的计算机网络、服务器、数据存储设备和第三方运营的软件应用程序。③在云计算中，消费者和企业用户无须使用自己的硬件和 IT 基础设施，而是通过使用存储在远程第三方云服务器上并由第三方云服务提供商运营的 IT 资源就可以开展经营活动。云计算技术具有以下五个特征：（1）自动的按需自助服务；（2）无处不在的网络访问；（3）虚拟的资源池；（4）快速的弹性服务；（5）可计量的服务。④ 云计算服务所具有的"虚拟灵活、可

---

① DARROW B. Cloud Adoption is Growing but Forecasts Differ on How Much［EB/OL］. Fortune，2017-02-22.

② MELL P，GRANCE T. The Nist Definition of Cloud Computing：Recommendations of the National Institute of Standards and Technology［EB/OL］. U. S. Dep't of Commerce，2011-09-28.

③ MELL P，GRANCE T. The Nist Definition of Cloud Computing：Recommendations of the National Institute of Standards and Technology［EB/OL］. U. S. Dep't of Commerce，2011-09-28.

④ MELL P，GRANCE T. The Nist Definition of Cloud Computing：Recommendations of the National Institute of Standards and Technology［EB/OL］. U. S. Dep't of Commerce，2011-09-28.

被一个或多个用户在任何地方访问、可有偿或免费提供"① 的特征使其可以通过最低限度的管理成本快速配置资源，提供可扩展的量身定制服务，并消除企业建立专属的 IT 基础架构的需求，从而成为企业高效率、低成本获取计算资源的重要方式。云计算在我们现实生活中的应用场景颇为广泛。例如，我们可利用新浪邮箱发送或接收邮件，利用腾讯视频网站收看电视，在苹果云上存储文件等。

（二）云计算服务的模式

虽然云计算提供商可以单独或联合提供几种类型的云服务，并且每种都有其特定特征和功能，但概括起来，云计算服务模式主要有三种。

首先是软件服务模式（Software-as-a-Service，SaaS），该模式是应用最为广泛的一种云计算模式。云服务提供商提供安装、操作以及维护云基础设施的应用软件。用户通过客户端（如台式电脑、笔记本电脑、平板电脑及智能手机）访问，而不需要负责管理或控制底层的云基础架构，包括网络、服务器、操作系统、存储，甚至单个应用程序功能。② 由于软件服务模式的云计算使用起来不需要运用任何底层程序编码或技术架构方面的知识，因此既可为个人用户服务（B2C），也可为企业用户服务（B2B）。电子邮件、谷歌在线文档处理程序为其典型。

其次是基础设施（或硬件）服务模式（Infrastructure-as-a-Service，Iaas；或 Hardware-as-a-Service，HaaS）。该模式旨在为客户提供诸如进入中央处理器（"CPUs"）的计算资源或计算能力的云服务，如数据储存云、计算云。该模式可以让客户通过第三方云服务器在线存储数据，或者运用强大的云计算能力处理数据。基础设施服务模式主要适用于 B2B 商业模式，即软件开发商或服务提供者。例如，Netflix 公司没

---

① HON W K, MILLARD C, WALDEN I. The Problem of "Personal Data" in Cloud Compu-ting-What Information is Regulated？ ［J］. International Data Privacy Law, 2011, 1 （04）: 211-228.

② GUPTA P. "Cloud" —A Technological Odyssey ［J］. Asia-Pacific Tax Bulletin, 2014 （20）: 308.

有自身的硬件设施，而是将其服务托管于亚马逊的云上。

最后是平台服务模式（Platform-as-a-Service，简称 PaaS）。该模式也主要适用于 B2B 商业模式，用户在不购买和管理底层硬件与软件的情况下，利用资源提供者指定的编程语言、部署创建自己的应用程序。① 平台服务模式的典型示例就是谷歌搜索引擎，客户可以在谷歌的基础架构上运行自己的应用程序。使用此应用程序，客户无须维护任何服务器，只需将其应用程序上传到谷歌的云系统即可。

二、云计算交易所得的性质认定

（一）扑朔迷离的云计算跨境交易所得的法律性质

传统电子商务中的软件产品交易，无论是实物商品，还是无形商品（游戏、电子书、照片、视频、音乐或软件程序），都需要将软件产品运用或下载到计算机上，因此软件产品的所有权（或软件的使用权）从软件开发商转移到客户。而云计算交易几乎完全发生在虚拟世界中。在典型的云计算交易中，云服务供应商为用户提供在线访问软件、应用程序、计算能力和其他信息技术（IT）等资源的服务。在传统电子商务模式下的硬件交易关系中，用户为提高数据的额外存储或处理能力，必须购买有形设备（如外部硬盘驱动器、USB 闪存驱动器或 SD 卡），并保留其所有权。而云计算使得用户通过订阅服务，租用云存储服务提供商的虚拟存储空间，进而存储数字数据。因此，云计算跨境交易所得的法律性质是什么，是租赁受版权保护的物品所产生的租金收入，还是基于技术许可所产生的特许权使用费，抑或是基于提供服务所产生的营业收入？② 目前国际税法学界对此见仁见智，莫衷一是。

经济合作与发展组织（Organization for Economic Co-operation and

---

① The Future of Cloud Computing Opportunities for European Cloud Computing Beyond 2010 [EB/OL]. Europa, 2010-01-01.

② SAVIR G. Cloud IT and Tax IT: A Suggested Framework for the Taxation of Cloud Computing [EB/OL]. SSRN, 2016-10-01.

Development，简称 OECD）于 2015 年颁布的《BEPS（防止税基侵蚀与利润转移）一揽子方案》中的第一号行动虽然讨论并分析了数字经济带来的税收挑战（如连接点、数据、多边商业模式、特征描述和潜在选择），但并没有提供数字经济背景下国际税收所面临挑战的解决方案。因此，作为数字经济核心的云计算服务收入的国际税收问题很难从 BEPS 一揽子方案中找到现成答案。目前率先规范计算机程序跨境交易的立法是美国财政部 1998 年颁布的《软件法规》第 1. 861-18 条和《美国国内税收法典》2012 年新增加的第 7701（e）条。云计算虽然不等同于软件，但由于没有专门规范云计算国际税收的法律，只能类推适用与其最为接近的《软件法规》和《美国国内税收法典》。

（二）《软件法规》对软件服务模式（SaaS）的云计算交易性质的认定：受版权保护的物品的转让

1. 软件服务模式的云计算交易不是软件版权的转让

典型的软件服务模式云计算要构成《软件法规》所规范的交易，通常必须同时满足以下两个构成要件：（1）该交易与计算机程序有关；（2）该交易涉及计算机程序的转移，或者提供与开发或修改计算机程序有关的专有技术的服务。① 云计算交易与计算机程序有关，完全满足第一个要件。

就第二个要件中的第一项要求而言，目前尚不能断定软件服务模式的云计算交易涉及计算机程序的转移。因为云计算交易与传统的软件销售不同，传统软件销售是从商店购买软件或将计算机程序以电子方式交付给客户，客户将该计算机程序安装在自己的计算机上。相反，云计算交易的客户既不拥有软件，也不将计算机程序存储在自己的计算机硬件上，仅通过互联网访问软件和数据。就控制权而言，云供应商保留了对计算机程序的大部分控制权，而客户不再拥有对该软件的控制权。就风险承担而言，客户不承担与软件或云基础设施等硬件维护相关的风险，

---

① 参见美国《软件法规》第 1. 816-18（a），（b）一条。

开发者作为云服务提供商必须承担任何损失风险。

就第二个要件中的第二项要求而言，软件服务模式中提供的典型服务（如网页支持、数据库访问和技术支持服务）也不构成软件法规项下的服务提供。① 因为，只有当云计算交易提供的服务涉及用于开发或修改计算机程序或有关计算机程序的专有技术时，软件法规才能将该交易定性为服务。而判断云计算交易提供的服务是否用于开发或修改计算机程序则取决于对交易的所有事实和情况（包括双方当事人关于软件版权的维护、开发或修改程序时当事方承担损失的风险等因素）的综合考量。鉴于云服务提供商在云计算交易中单方面对软件予以修改和维护，并且承担所有损失的风险，云服务提供商为其客户提供的服务并不构成用于开发或修改计算机程序的国际税法中界定的服务。②

综上所述，云计算交易并不构成美国《软件法规》项下的计算机程序的转让，也不构成计算机程序服务的提供。

2. 软件服务模式的云计算交易构成受版权保护的商品的转让

根据美国《软件法规》，倘若交易一方获取了计算机程序的副本，并可以直接或借助机器或设备进行认读复制，则此交易构成受版权保护的物品的转移。③ 该程序的副本可以固定在任何介质中，因此是否托管于软件提供商的服务器之上并不重要。④《软件法规》还规定，如果相关交易事实表明软件交易并未转移计算机程序副本中的实质性利益和所有权负担，则受版权保护的商品的转让就是计算机程序的租赁，而不是出售。⑤ 此处相关的交易事实包括客户的程序复制权、转让权、遗失风险的承担、永久使用副本的权利或程序本身以及协议终止后是否拥有该程序副本的权利。⑥

---

① MAZUR O. Taxing the Cloud [J]. California Law Review, 2015, 103 (02): 66.
② MAZUR O. Taxing the Cloud [J]. California Law Review, 2015, 103 (02): 66.
③ 参见美国《软件法规》第 1. 186-18 (c) (3) 二条。
④ 参见美国《软件法规》第 1. 186-18 (c) (3) 二条。
⑤ 参见美国《软件法规》第 1. 861-18 (c) (2) 二条。
⑥ 参见美国《软件法规》第 1. 861-18 (h) 二条。

　　就软件服务模式的云计算而言，云供应商将其业务管理软件的在线访问权转让给客户，以换取每月的订阅费。一旦客户停止支付订阅费，客户的权利就会终止。因此，客户的在线访问权非常类似于客户获得管理软件实际副本后获得的权利。客户无权拥有、复制或出售软件及其程序，不拥有版权所有者的任何权利。客户无权永久使用该软件，也不承担任何程序损毁灭失的风险。云服务提供商有义务确保软件正常运行，维护运行软件的硬件以及安装软件的任何必要更新。可见，软件服务模式云计算中的客户并不拥有软件程序中的实质利益，也不承担版权所有者的风险。因此，该交易为受版权保护的商品的租赁关系，由此产生的交易所得即租金收入。由于软件服务模式云计算交易的标的并非软件版权本身，因此该交易所得不能视为特许权使用费。

　　（三）《美国国内税收法典》第 7701（e）条：云计算交易所得为提供服务的收入

　　根据云计算（包括 SaaS、IaaS、PaaS 三种模式）的核心技术特征，《美国国内税收法典》第 7701（e）条列出了六项标准来判断某项所得是来源于租金收入，还是来源于提供服务的收入。这六项标准分别是：（1）服务接受者是否实际拥有财产；（2）对财产的控制；（3）服务接受者对财产是否具有重大的经济或占有的利益；（4）服务提供者承担服务器损坏的经济风险；（5）对财产的共同使用；（6）合同价格实质上不超过合同期内该财产的租赁价值。①

　　为增强以上标准的可操作性，美国联合税收委员会又对上述判断标准做了详细解释。② 就第一项标准而言，倘若云计算服务接受者实际拥有实物财产，则构成租赁关系；否则，构成服务提供关系。即使该财产位于接受者的物业之外，但如果由服务接受者的雇员经营，则该财产仍被视为由接受者实际拥有。就第二项标准而言，如果云服务接受者在允

---

① 参见《美国国内税收法典》第 7701（e）条。

② General Explanation of the Revenue Provisions of the Deficit Reduction Act of 1984 H. R. 4170, 98th Congress；Public Law 98-369［A］. Washington：U. S. GPO, 1985：59.

许范围内以经营、维护或改良的方式控制财产，则构成租赁关系。就第三项标准而言，应当综合考虑以下五个主要因素：（1）在财产使用期限内，服务接受者对财产享有专有使用权；（2）服务接受者承担财产价值下降的风险；（3）服务接受者分享财产价值的任何增值；（4）服务接受者共享财产经营成本节约的利益；（5）服务接受者承担财产损坏或损失的风险。如果云服务接受者满足上述五个判断因素，则构成租赁关系。就第四项标准而言，云服务接受者一般不关注服务器是否更换，只关心继续获得相同标准的服务。云计算服务接受者不承担服务器价值折旧或贬损的任何风险，也不分担任何运营成本。倘若需要在同一个月内多次更换服务器，则云服务提供商将独自承担该项意外的运营成本。就第五项标准而言，云计算使得处于不同地点的多个客户可以同时使用服务器。就第六项标准而言，如果服务合同价格超过财产租赁价格，则该交易更有可能被归类为服务（而非租赁）。美国联合税收委员会特别强调，只有在合同价格"实质上超过财产的租赁价值"时，才能将交易行为界定为服务（而非租赁）。

（四）云计算交易所得的性质应认定为企业提供服务的营业利润所得

从研究文献看，早期论文倾向于将云计算交易所得的性质定性为受版权保护的商品，其依据主要是美国 1998 年颁布的《软件法规》。由于《软件法规》颁布时恰逢传统的电子商务兴起之时，《软件法规》的主要调整对象是电子商务。鉴于云计算产业的蓬勃发展是在 21 世纪初，若借助《软件法规》去调整云计算交易，也只能是勉强类推、参照适用。《美国国内税收法典》虽然颁布于 1926 年，但 1954 年、1986 年、2006 年曾多次对其修订，其中的第 7701（e）条是为适应数字经济（包括云计算）的发展而于 2012 年新增的一项法律条款。鉴于云计算客户既不拥有或实际控制云服务器或软件，也不承担云服务器或软件价值贬损的任何风险，还可以和其他客户一道共同使用云服务器或软件，笔者认为，云计算交易的所得应界定为提供服务的收入，而非租赁关系的租金收入。

云计算交易所得既然是提供服务的收入，就应属于积极（营业）收入，而非消极（投资）收入。企业的积极收入和消极收入的划分最早源于1923年四位经济学家的贡献。1923年，四位著名经济学家［包括鹿特丹商业大学的布鲁因斯（Bruins）教授、都灵大学的艾纳迪（Einaudi）教授、哥伦比亚大学的赛利格曼（Seligman）教授和伦敦大学的约西亚·斯泰普（Josiah Stamp）爵士］组成了研究防止双重征税的专家工作组。经过1923年至1928年的多次会议讨论，该专家工作组于1928年向国际联盟（联合国前身）提交了4个双边税收条约范本，即《关于避免在与所得和财产征税有关的直接税方面的双重征税协定》《关于避免在遗产税方面的双重征税协定》《关于在税务方面进行行政管理协助的协定》和《关于在征税方面进行司法协助的协定》，并在1928年在日内瓦召开的、由27国代表出席的避免双重征税和防止国际逃税政府专家大会上通过。以上范本协定确定了赋税受益原则（benefit principle）作为国际税收基本原则，即积极（营业）收入主要在收入来源国征税，消极（投资）收入主要在居民国征税。[1] 做出这种划分的主要依据是，消极（投资）收入最初主要是在居民国积累的，而来源国对收入的贡献很小[2]，而企业的积极（营业）收入即经营所得是个人或公司从事各项生产性或非生产性经营活动所取得的纯收益。根据《美国国内税收法典》第861（a）（3）条，服务收入作为积极（营业）收入应在服务提供地征税。因此，云计算交易所得作为积极（营业）收入在服务提供地征税符合赋税受益原则。

---

① 徐海燕. 国际税法变革中的多边主义：兼评 OECD/G20 的 BEPS 一揽子方案 [J]. 经贸法律评论, 2019 (04)：59-78.

② AVI-YONAH R S. The Structure of International Taxation：A Proposal for Simplification [J]. Texas Law Review, 1996, 74 (06)：1301-1303.

三、云计算交易给国际税收规则带来的挑战

（一）云计算因常设机构原则的虚化税收管辖权难以确定

云计算发生于虚拟世界之中，是一种无边界、跨国界的创新业务模型。由于企业可以通过云基础架构远程执行云计算功能，云计算消除了企业对本地 IT 基础结构的需求，并增加了 IT 资源的移动性。云计算的无边界性使得数据可以在全球各地迅捷传输和自由交易。虽然传统互联网技术同样允许跨境数据交易，但数据的所有者或处理者至少知道数据的存储位置或数据传输的目的地。相比之下，云用户甚至云提供商自己都可能无法知道云基础设施的物理位置以及数据传输的目的地。

云计算又是一种弹性化的业务模型。与传统互联网技术相比，云计算的主要特征之一是具有弹性的计算资源可由多个远程用户同时共享，并可根据用户的个性化需求予以扩展或缩小。① 用户完全可以在线存储音乐、视频、照片和文档，而无须将其存储于家中的个人计算机中。这使得用户只要具备上网的条件，就可以随时随地自由访问其存储资料的网站并找到自己的文档。此种存储不但节约了用户的电脑或手机的内存，而且安全快捷。当然，用户隐私权和商业秘密的保护也已列入议事日程。

根据现行国际税收规则，对跨境交易征税时，通常要求创造的收入与特定经济活动建立连接点，此即常设机构原则。所谓常设机构，是指一个企业进行全部或部分经营活动的固定营业场所。它的范围包括分支机构、管理机构、办事处、工厂、车间、作业场所、建筑工地等。根据常设机构标准，如果一个非居民公司在本国有常设机构，并且通过该常设机构取得了经营所得，那么就可以判定这笔经营所得来源于本国，来源国就可以对这笔所得征税。反之就不能征税。因此，在采用常设机构

---

① HERBST N R, et al. Elasticity in Cloud Computing: What It Is, And What It Is Not [EB/OL]. Research Gate, 2013-01-23.

标准的国家，非居民公司的经营所得是否被课税，关键取决于其在该国是否设立了常设机构。而云计算的无边界性和弹性使得云计算服务器可以位于全球任何地方，并为处于世界任何角落的用户提供广泛的网络访问权限。用户可随时随地利用自己的计算机、平板电脑、智能手机或其他类似设备，通过网络从全球各地访问 IT 资源。云计算的无边界性和弹性不但不影响经济活动的正常进行，而且促进全球范围内信息、商品和服务的自由流动，更会导致国际税收管辖权分配中的常设机构原则在云计算交易领域被虚化、功能日渐式微，最终导致税收管辖权难以确定。

（二）云计算纵容了跨国企业把利润由高税率管辖区转移到低税率管辖区

由于云计算是一种弹性的无边界的业务模型，消除了企业对本地 IT 基础结构的需求，增加了 IT 资源的移动性，跨国公司得以分割其核心 IT 功能，并将其迁移到远离用户物理位置的低税率管辖区。跨国公司可在低税率管辖区安排人员负责管理、维护和支持 IT 基础架构，提供软件技术支持服务。其结果就是，与利润相关的实际经营活动发生于高税率管辖区，利润申报地却在低税率管辖区。具体来说，在典型的云业务模型下，跨国公司的软件及其相应的业务功能保留在云服务器上，而云服务器、数据中心和其他 IT 基础架构几乎可以放置在任何地方，并且不会对经济活动产生不利影响。云服务器和其他云基础架构可能位于多个不同税收管辖区，从而将会员访问的业务功能扩展到众多低税率管辖区，企业利润也随之从高税率管辖区转移至低税率管辖区。

由于目前规范云计算的法律法规尚不完善，即使跨国企业的 IT 人员实际位于高税率管辖区，现行法律也可能将服务收入来源视为产生于其他的低税率管辖区。其结果是，云计算服务器所在地或其他计算机基础结构所在地就被视为员工提供云计算服务的地点。① 在这种情况下，跨国企业可以轻而易举地辩称其 IT 人员执行的业务活动是在低税率管辖区进行的，并将更多的利润分配给该低税率管辖区。简言之，跨国公司集团无须转移人员就可以在全球范围内自由转移其云计算的服务收入。

四、国际社会关于迎接数字经济（包括云计算）税收挑战的税法改革措施

为解决数字经济带来的国际税收难题，20 国集团（G20）领导人2012 年 6 月首倡"税基侵蚀和利润转移（BEPS）行动"，并委托经合组织负责研究起草。该项目自 2013 年正式启动，包含 15 项行动计划，34 个 OECD 成员国、8 个非 OECD 的 G20 成员国和 19 个其他发展中国家，共计 61 个国家参与。2015 年 10 月 5 日，OECD 颁布了 BEPS 一揽子方案。BEPS 一揽子方案融合了发达国家和发展中国家共同的利益需求，是国际税收改革史上的里程碑事件，代表了近一个世纪以来对国际税收标准的第一次实质性改革，成为国际税法史上前所未有的转折点。② BEPS 一揽子方案的使命是"确保跨国公司的利润在经济活动发生地和价值创造地征税"，因此一些普遍被接受的国际税法原则，如单次征税原则、赋税受益原则、反歧视原则和透明度原则在 BEPS 一揽子方案中得到了充分体现。③ 另外 BEPS 行动提出的"确保跨国公司的利润在经济活动发生地和价值创造地征税"也回应了数字经济对国际税收管辖权规则，尤其是常设机构原则的挑战，被认为是数字经济时代在

---

① OECD. Explanatory Statement, OECD/G20 Base Erosion and Profit Shifting Project [EB/OL]. OECD, 2015-10-05.

② OECD. Explanatory Statement, OECD/G20 Base Erosion and Profit Shifting Project [EB/OL]. OECD, 2015-10-05.

③ AVI-YONAH R S, XU H Y. Evaluating BEPS: A Reconsideration of the Benefits Principle and Proposal for UN Oversight [J]. Harvard Business Law Review, 2016, 6 (02): 56.

不同的税收管辖区分配跨国公司营业利润的"黄金标准"①。因为"价值创造地"是一个意思模糊的概念，它既可以指创建和维护知识产权的生产国（居民国），也可以指消费者或用户所处的市场国（来源国）。而用户或消费者所处的市场国，由于跨国公司未必设有常设机构，因此在当前的国际税收管辖权分配规则中并没有得到适当的承认。

为此，BEPS 第一号行动计划报告《应对数字经济的税收挑战》讨论并分析了数字经济带来的税收挑战（如连接点、数据、多边商业模式、特征描述和潜在选择），揭示了在数字经济中产生的、日益严峻的 BEPS 挑战的关键压力区域。② BEPS 第一号行动计划提出了针对某些数字化交易征收"预提税"、引进"衡平税"制度，并针对税收连接点提出了"显著经济存在"概念。这对国际税法学界后续研究应对数字经济的国际税改方案起到了高屋建瓴的顶层设计作用。

（一）预提税方案

预提税方案早在 2015 年 BEPS 行动出台之前就被提出。虽然学者们也提出了解决电子商务征税难题的若干方案，但这些方案主要针对传统电子商务征税而设计，并非针对云计算等数字经济。这些方案的共同点是主张在高科技公司消费市场国征收预提税，以实现资本输出中性。③ 资本输出中性（capital export neutrality）要求税法既不鼓励也不阻碍资本的输出，使得国内投资者和海外投资者适用同等的税收政策。

1997 年，鲁文·S. 阿维-约纳（Reuven S. Avi-Yonah）教授提议在电子商务总所得的基础上，在消费国对 B2B 和 B2C 交易征收预提税，

---

① OLBERT M, SPENGEL C. International Taxation in the Digital Economy: Challenge Accepted? [J]. World Tax Journal, 2017, 9 (01): 3-46.

② AVI-YONAH R S, XU H Y. Evaluating BEPS: A Reconsideration of the Benefits Principle and Proposal for UN Oversight [J]. Harvard Business Law Review, 2016, 6 (02): 56.

③ SAVIR G. Cloud IT and Tax IT: A Suggested Framework for the Taxation of Cloud Computing [EB/OL]. SSRN, 2016-10-01.

预提税率应等于公司税率。① 预提税并不是一个独立的税种，而是按预提方式（由所得支付人在向所得收益人支付所得时为其代扣代缴税款）课征的一种个人所得税或公司所得税。阿维－约纳教授提出的预提税观点旨在确保避免无国籍收入，亦即公司将至少在一个税收管辖区被征税。另外，亚瑟·J. 科克菲尔德（Arthur J. Cockfield）教授，理查德·L. 多思伯格（Richard L. Doernberg）教授和理查德·L. 莱因霍尔德（Richard L. Reinhold）教授等也就预提税率的多寡及是否征收发表了类似观点。②这些学术观点表明，必须在需求/消费（市场）管辖区中承认预提税。承认预提税的主要目的是防止服务提供商滥用传统的来源规则将自己置于避税天堂而侵蚀税基，而并不是改变国家之间的税收分配政策。OECD 2018 年 3 月颁布的《数字化带来的税收挑战——2018 中期报告》（以下简称《2018 中期报告》）再次提出"衡平税"方案，以应对数字经济给国际税收管辖权带来的挑战。此处的衡平税征收方式也采取预提税的方式。

由于高度数字化企业的边际成本通常比较低，总所得在很多情况下可视为净所得，并且预提税还可以缩减税收征纳成本，因此预提税是一种比较好的对常设机构原则的替代解决方案。但是在总所得基础之上的预提税也有一些限制：首先，如果仅对非居民所得收入征收预提税，则有可能违反成员国贸易协定中的国民待遇规定；其次，非居民商品或服务的供应商可以通过"增加"特许权使用费或服务费的方式，将预提税的负担转嫁给客户；最后，如果将预提税用于 B2C（企业对客户）

① AVI-YONAH R S. The Structure of International Taxation: A Proposal for Simplification [J]. Texas Law Review, 1996, 74（06）: 1301-1303.

② COCKFIELD A J. Balancing National Interests in the Taxation of Electronic Commerce Business Profits [J]. Tullrev, 1999（74）: 133; DOERNBERG R L. Electronic Commerce and International Tax Sharing [J]. Tax Notes International, 1998（22）: 1013; REINHOLD R L. Some Things That Multilateral Tax Treaties Might Usefully Do [J]. Tax Law, 2003（57）: 661.

活动时，会增加管理和合规成本。① 鉴于此，预提税方案仅是众多解决数字经济对国际税收挑战的方案之一。

（二）数字服务税方案

数字服务税，是指按一定税率对非居民数字化企业提供特定类型的服务所产生的总所得进行征税。② 第一，数字服务税首先强调用户在价值创造中所起的主要作用，却难以用现行税法进行规范，亦即用户参与了企业的价值创造。第二，该税收仅针对数字企业提供的某些特定类型的服务，如投放在线广告，利用数字中介平台提供服务。第三，该税收不要求非居民企业在税收管辖区拥有常设机构，亦即无论数字（云计算）企业某一税收管辖区是否有常设机构等利润产生的连接点，该税收管辖区都有权对其征税。2018 年 3 月，欧盟通过了《关于对提供特定数字服务收入征收数字服务税的统一标准》，正式提出了"数字服务税"（digital service tax）的概念。欧盟的数字服务税，拟对用户在价值创造中起主要作用，但难以用现行税法规范的活动的总所得征收 3%的税收。欧盟委员会认为，这种收入将包括"通过销售在线广告空间的收入，从数字中介活动中创造的收入"，因为这些活动通过允许用户与其他用户互动并根据用户提供的信息生成的销售数据来促进商品和服务的销售。③

另外，英国也颁布了《英国数字服务税咨询稿》。英国数字服务税的核心概念是"用户参与"，亦即只有用户"积极参与"的行为（如用户的评级与点击等）才会形成企业核心价值。该提案认为，用户参与为企业创造价值主要体现在四方面。其一，用户使用平台软件，提交并生成数字化内容。其二，用户持续投入时间深度参与平台建设。其三，

---

① PLEKHANOVA V. Value Creation within Multinational Platform Firms: A Challenge for the International Corporate Tax System [J]. Tax Research, 2020, 17 (02): 280-320.

② FAULHABER L V. Taxing Tech: The Future of Digital Taxation [J]. Virginia Tax Review, 2019, 39 (02): 145.

③ EC. Fair Taxation of the Digital Economy [EB/OL]. Europa, 2019-10-12.

用户体验具有的网络性与外部性特征为平台企业创造了超额利润。其四，用户参与提供的内容和服务彰显平台企业的核心价值。① 此外，法国联合德国、意大利和西班牙颁布了《关于对数字经营企业征税的联合倡议》。

由于数字服务税强调"用户参与"，因此在适用时也存在一些限制。第一，数字服务税仅适用于提供特定类型服务的社交媒体平台、搜索引擎以及在线商城等高度数字化企业，其他与客户不具有积极持续参与特征的企业不能适用，因此，只有特定类型用户的所在国才有权征税。第二，对高度数字化企业征收数字服务税并非易事。究其原因：一是数字服务税的征收对象是在税收管辖区内没有常设机构等任何利润连接点的非居民企业；二是征收数字服务税的公司将是满足全球年度总收入为 7.5 亿欧元，欧盟总收入为 5000 万欧元的跨国公司。② 第三，以"用户参与"的方式提供的数据，是否创造了价值？如何创造价值？创造了多大的价值？这些问题仍然众说纷纭，莫衷一是。有观点认为，数据只是加工成产品的原材料，其本身并不产生主要价值，是企业分析和加工数据的活动赋予了这些数据以价值。③ 第四，数字服务税违反了税收协定。数字服务税所针对的数字化企业在用户所在国没有常设机构，如果数字服务税属于协定所涵盖的税种，便违反了税收协定中的常设机构原则。虽然欧盟委员会将数字服务税定性为间接税，但各国普遍适用远低于增值税税率的数字服务税税率，可以认为数字服务税已经考虑了

① 廖益新，宫廷. 英国数字服务税：规则分析与制度反思 [J]. 税务研究，2019 (05)：74-80.

② Organisation for Economic Co-operation and Development. Tax Challenges Arising from Digitalisation-Interim Report 2018：Inclusive Framework on BEPS，OECD/G20 Base Erosion and Profit Shifting Project [EB/OL]. Organisation for Economic Co-operation and Development，2018-03-16.

③ Organisation for Economic Co-operation and Development. Tax Challenges Arising from Digitalisation-Interim Report 2018：Inclusive Framework on BEPS，OECD/G20 Base Erosion and Profit Shifting Project [EB/OL]. Organisation for Economic Co-operation and Development，2018-03-16.

成本扣除要素，那么其应属于与所得税相同或实质相似的税种，因此，数字服务税这个税种与税收协定不符。

（三）针对常设机构虚化的"数字化存在"或"显著经济存在"方案

传统的对非居民企业征税的前提条件之一便是该非居民企业在所得来源地税收管辖区拥有常设机构所。为了遏制跨国公司通过不设立常设机构来规避税收，国际社会纷纷提出针对数字经济的虚拟的常设机构概念，如联合国的"虚拟的服务常设机构"概念，以色列、捷克、印度的"数字化存在"或"显著经济存在"概念。

2019 年 2 月，OECD 印发了题为《税基侵蚀与利润转移项目公开咨询文件：应对经济数字化的税收挑战》的公开征询文件。该文件推出的相关提案主要涉及两个亟须解决的问题，一是征税权划分问题，二是防止税基侵蚀问题。关于征税权划分，该文件聚焦如何制定新的征税联结度规则和利润归属规则，以便将更多的征税权分配给那些与数字化交易活动价值创造紧密相关的市场或用户所在国。① 基于此，该文件提出了"用户参与""营销型无形资产"和"显著经济存在"三项政策建议。其中，"显著经济存在"的建议主张，如果相关要素能够证明一家非居民企业通过数字技术等自动化手段而与某个税收管辖区保持着持续的目的性互动关系，即可认定该企业在该税收管辖区具有显著经济存在，进而构成在该税收管辖区的应税存在。就如何确定可分配于显著经济存在的利润而言，公开征询文件主张采用"按比例分摊法"分配，即首先确定有待分割的税基，其次确定分割税基所需的分配因素，然后赋予这些分配因素相应的权重，最终分割税基。税基分配因素除了包括销售、资产和雇员三个因素外，还要考虑对价值创造做出重要贡献的用户因素。

由于"显著经济存在"方案以持续取得收入作为判断一家数字化

---

① 朱炎生. 经合组织数字经济税收规则最新提案国家间利益博弈分析［J］. 国际税收，2019（03）：5-13.

企业在某国是否具备"显著经济存在"的基本要素,该方案的适用范围不限于提供特定类型服务的数字化企业。只要数字化企业在该国具备"显著经济存在",不论其数字化程度之高低,也不论其隶属何种行业,都是应税主体。鉴于"显著经济存在"方案的应税主体非常广泛,这确实是迎接数字化对国际税收管辖权挑战的重要备选方案。

迄今为止,国际社会针对数字经济(包括云计算)的国际税收挑战提出了很多富有创见的解决方案。但这些方案利弊参半,尚无有利无害的灵丹妙药。如以用户参与为核心特征的数字服务税仅适用于提供特定类型服务的社交媒体平台、搜索引擎以及在线商城等高度数字化企业。又如,预提税方案虽造福税收来源国,却不利于税收居民国,因此在发达国家被置于落后于显著经济存在的次级方案的地位。再如,"显著经济存在"方案虽争议较少,但公平精准量化"显著经济存在"的标准难以把握。畸高畸低的武断标准对数字化企业及其市场国均不公。

五、确立云计算国际税收管辖权的制度建议

(一)作为近期改革目标,建议兼采"显著经济存在"和"用户参与"方案,对云计算客户所在市场国赋予税收管辖权

在云计算的三种服务模式中,软件服务模式既可服务于个人用户(B2C 经营模式),也可服务于企业用户(B2B 经营模式);而基础设施服务模式和平台服务模式主要为企业提供服务(B2B 经营模式)。因此,OECD 于 2019 年颁布的《税基侵蚀与利润转移项目公开咨询文件:应对经济数字化的税收挑战》的公开征询文件所提到的三种模式中,"显著经济存在"和"用户参与"的提案最契合云计算的核心商业模式。

首先,基础设施服务模式和平台服务模式比较契合"显著经济存在"提案。需要说明的是,云计算中的平台服务模式不同于面向众多零散用户的电商中介平台。前者是指(企业)用户在不购买也不管理底层硬件和软件层的情况下,利用资源提供者指定的编程语言,部署创

建自己的应用程序，进而在云基础架构上运行自己的网页应用程序。而后者是指在云基础设施上运行的各个电商中介平台的 APP 程序，如婚介 APP 等。根据"显著经济存在"的提案，如果相关要素能够证明一家非居民企业通过数字技术等自动化手段而与某个税收管辖区保持着持续的目的性互动关系，即可认定该企业在该税收管辖区具有显著经济存在，进而构成在该税收管辖区的应税存在。由于云计算是一种弹性的无边界的业务模型，云计算跨国公司可轻而易举地分割其核心 IT 功能，并将其迁移到远离用户住所或居所的低税率管辖区，进而导致与利润相关的实际经营活动在高税率管辖区发生，利润却在低税率管辖区报告。立足于实质重于形式的理念，"显著经济存在"可以克服跨国企业表面上在高税率管辖区没有征税联结度的缺陷，赋予云计算市场国征税权，实现 BEPS 行动所倡导的利润与价值创造地之间的一致匹配。

其次，软件服务模式既可适用"显著经济存在"的提案，也可适用"用户参与"的提案。"用户参与"提案建议修改利润分配规则以及征税联结度规则，以保证用户所在国有权对从事上述商业模式的企业征税，而不论其在用户所在国是否构成有形存在。就"用户参与"创造价值而言，必须明确数字平台经济价值的产生不同于传统厂商单方主导的情形。在厂商单方主导的商业模式中，厂商生产产品并卖给消费者，价值创造过程主要发生在企业内部，利润主要体现为收益减去成本，价值链创造呈线性过程，消费者对价值创造几乎不起作用。而在数字平台经济的商业模式中，价值创造主体由两部分组成：一是提供交易平台与技术规则的数字平台企业（供给侧）；二是用户（需求侧），包括电商服务提供者和消费者。两类主体之间的良性互动越频繁，吸引的用户和眼球就越多，交易量及广告投入也会水涨船高，平台经济产生的价值也越大。换言之，电商平台的价值在于吸引用户，用户越多，创造的价值越大。因此，在数字平台经济中，企业的价值创造源泉可分为两部分：一部分是传统的资产、技术和人员，另一部分是网络效应（用户的广泛参与）。既然网络效应能创造价值，网络所在的国家或地区理应享有征税权。不过，管理和税收遵从成本可控的"用户参与"的提案仅适用于用户参与对价值创造贡献率最高的社交媒体平台、搜索引擎以及在线商城等高度数字化企业。

最后，基于"显著经济存在"和"用户参与"方案而赋予云计算客户所在市场国税收管辖权，仅是解决云计算（数字经济）对国际税收挑战的近期改革目标。因为该方案仅能解决云计算跨国公司在市场国未设立常设机构的情形。而跨国公司避税手段多种多样，除了常设机构之外，还包括转移定价、资本弱化、错配、受控于外国公司等各种策略。即使国际社会能够齐心协力地遏制跨国云计算公司利用常设机构原则避税，跨国云计算公司仍可聘请专门税收筹划人员采取其他避税节税措施。

（二）作为远期改革目标的法理基础，建议抛弃国际税收中跨国公司与其成员公司各为相互独立法人的旧原则，改采跨国公司集团作为单一整体企业的新原则

在公司法视角下，跨国企业集团的各个成员企业之间彼此独立，均具有独立的法律人格，这毫无疑问是正确的。但在国际税法上，如果把跨国企业集团及其子公司视为彼此独立的法人实体，跨国企业集团就可轻而易举地利用税收条约在不同国家设立子公司以达到避税目的。①因此，笔者也力主在国际税法上将跨国企业母公司及其子公司视为单一整体企业予以课税。按照这种以不变应万变的法理构想，无论跨国公司及其子公司之间如何转移利润，也不能逃避其纳税义务。之所以建议把跨国公司与其子公司之间具有相互独立的不同法律主体地位原则改为单一整体企业原则，是因为相互独立的不同法律主体地位原则建立在两个基本假设之上。首先，跨国公司集团的成员被视为平等独立的法人实体。从公司法的角度来看，相互独立的法人地位来源于股东的有限责任和公

---

① AVI-YONAH R S, XU H Y. Evaluating BEPS: A Reconsideration of the Benefits Principle and Proposal for UN Oversight [J]. Harvard Business Law Review, 2016, 6 (02): 56.

司的独立法律人格。其次，公司集团内部关联方之间的合同是按公平原则自由协商拟定的，合同条款也是公平合理的。简而言之，跨国公司集团中的母公司和子公司之间以及子公司之间的交易都是公平合理的，遵循了契约精神，因而是合法、道德的。

然而，这两个貌似合理的理论假设并不存在于商业现实中。从商业实践来看，在母公司的控制权的作用之下，跨国公司集团的实际运转更像步调统一、协同一致的单一整体企业，而不是成员彼此孤立运营、互不搭界的独立企业。由于各国笃信的传统国际税法固执地坚持独立法律主体地位的理念，跨国公司乐此不疲地将其分散于全球各地的子公司调动起来，共同与享有征税权的不同国家开展避税与反避税的"猫鼠游戏"。在激进的逃税避税的跨国大戏中，成百上千的子公司是母公司和跨国集团上下其手、左右腾挪的棋子，而非绝对忠诚于其各自所在的注册国法律、敢于拒绝执行跨国集团逃税避税指令的理性独立法人。

跨国公司家族中的子公司或成员越多，跨国公司集团的整体交易成本越低，盈利能力越强。之所以如此，一方面是因为子公司和关联公司的所有商业活动均接受母公司的直接或间接控制。在母公司统一控制权的作用之下，集团成员之间通过表面上相互独立，但实质上相互协调、步调一致的业务运营，就可有效实现集团利润或利益的最大化。这是仅在一国之内设立一家当地公司的投资者们无法企及的巨大诱惑。另一方面，独立法人实体的原则可以有效地保护跨国公司集团成员免于对包括税务机关在内的善意第三方承担无限连带责任及其他法律风险。

母公司端坐于结构复杂的公司集团金字塔的顶端，如同企业集团网络中心的大蜘蛛，享有和行使对公司集团整体战略、决策和资源的控制力。因此，现实版的跨国集团成员之间很难（如果不是不可能的话）存在真正的、绝对的公平交易（transactions at arm's-length）。事实上，公司集团成员之间开展的关联交易、订立的关联合同很难充分体现合同自由与合同公平原则。从实际情况看，跨国公司家族在绝大多数情形下作为实质意义上的单一企业而开展经营活动，绝大多数决策由母公司拍板定夺。倘若国际税法把跨国企业集团及其子公司视为彼此独立的法人实体，跨国企业集团必然竞相滥用双边税收条约，在不同国家设立子公司以达到双重不征税的不当目的。

笔者认为，在跨国公司全球化经营的 21 世纪，为从根本上奠定国际税收多边主义体制和机制的法理基础，应当确立跨国公司集团作为单一整体企业的新原则，将跨国企业集团及其子公司视为单一整体企业进行课税。无论云计算跨国公司及其子公司之间如何转移利润，也无论跨国公司是否将其子公司设置于低税率管辖区，更无论其是否将利润从高税率管辖区转移到低税率管辖区，跨国企业都将无法逃避其应该缴纳的整体税收。至于税基在国家之间如何分配，可由远期改革目标中的全球公式化分配法予以解决。

（三）作为远期改革目标，建议摒弃转移定价法，采纳全球公式分配法分配云计算跨国公司利润

转让定价是指跨国关联公司企业根据全球战略目标，在母公司与子公司之间、子公司与子公司之间开展有关商品、资本、技术与劳务等交易活动时的价格确定行为。在国际税收中，跨国企业集团的母—子公司之间及子公司相互间转移定价的行为都要遵循公平交易原则。所谓公平交易原则（arm's-length principle），是指将跨国关联企业的母公司与子公司、总公司与分公司，以及子公司或分公司相互间的关系视为没有关联关系的独立经营与公平竞争的企业之间的关系来处理。即按照在同样条件下，从事相同或类似交易的彼此没有关联的独立企业在公开竞争的市场上达成的价格标准，来调整分配跨国关联企业之间产生的收入和费用。通俗地说，自家人之间的买卖定价也要参照陌生人之间的市场交易价格。

有些跨国企业进行转让定价安排乃出于转移资金、调节利润、控制市场等企业整体经营策略或目标的考虑。因此，转移定价的动机与目的很复杂，未必仅限于避税。因此，国际税法领域中的转让定价特指以避税为目的的转让定价，即跨国关联企业之间在进行交易时违背独立各方

在公平市场上的公平交易定价原则，人为地提高或压低交易价格，使利润从高税率国家转移到低税率国家，从而减轻纳税人税负的行为。

传统转让定价规则主要适用于实体经济，并未跟上技术创新的步伐。尽管云计算交易中的 BEPS 问题已经引起广泛的国际关注，但由于云计算等数字经济商业模式的复杂性，目前尚无将转让定价规则应用于云计算交易的税收指南。这一制度漏洞使得跨国企业容易滥用转让定价规则避税，从而导致双重不征税的结果。例如，在确定跨国企业在云计算服务的正常定价时，究竟选择哪种转让定价方法就是国际税法目前面临的最大挑战。目前，很多跨国公司为规避税收而使用成本分摊法或调整税收结构，将无形资产转移到在低税率管辖区运营的关联公司。这些无形资产的合法所有权及其功能、使用资产或承担风险的方式也一起通过合同安排转移到位于低税率管辖区的关联公司。结果，这些无形资产产生的收入被视为在该低税率管辖区产生，而非在实际产生经济收入的高税率管辖区产生。

公式分配法是指汇总公司集团在一个纳税年度内的收入，然后将汇总收入根据特定公式按照一定比例要素分摊到相关国家，由各国按其本国税率就其分得部分征税。① 公式分配法作为处理美国国内各州之间的税收问题的主要手段，早在 20 世纪初就被国际联盟和西班牙等国采用，美国和加拿大更是广泛采用已久。公式分配法以马萨诸塞州三要素公式分配法最为著名，其基本思路是：以跨国（跨州）公司在各国（各州）的各个企业在资产、工资与销售额三要素按一定比例组合起来的总额中的所占份额比例，确定每个企业对跨国公司集团全部所得的贡献率，然后根据贡献率确定每个企业的所得。② 其中，资产用于计算企业使用的资本，包括其拥有或租用的动产和不动产，工资用于计算企业雇佣人员

---

① AVI-YONAH R S, KIMBERLY A. Clausing: A Proposal to Adopt Formulary APPortionment for Corporate Income Taxation: The Hamilton Project [J]. Social Science Electronic Publishing, 2009, 9 (05): 497-553.

② AVI-YONAH R S, BENSHALOM I. Formulary Apportionment-Myths and Prospects [J]. Public Law and Legal Theory , 2011, 3 (03): 371-398.

的工资额占跨国（州）公司集团全部工资额的百分比，销售额（营业额）用于衡量各个企业的市场份额占整个公司集团市场份额的比例。销售既包括有形货物的销售，也包括无形资产的销售，并且无形资产销售的利润应该归属于产生所得的市场国（州）。

全球公式分配法就是将跨国公司集团视为一个法人实体，根据企业占有和使用生产要素的比例来确定企业在跨国公司集团的全部所得或利润中的份额比例，从而确定各个企业的应税所得。由于公式分配法无须计算子公司或附属公司的单独利润，也无须所得来源国（市场国）对汇往国外的资本利得征收预提税，因此可从根本上破解位于不同国家的母—子公司之间的转移定价难题。

笔者认为，要从根本上预防云计算跨国公司在全球范围内侵蚀税基与转移利润的乱象，必须尽快摒弃转移定价法，采纳全球公式分配法分配云计算跨国公司利润。具体说来，就是将云计算跨国公司集团在全球范围内取得的全部收入，按照资产、工资、销售和用户参与四要素分配给各个成员企业，然后由各个成员企业分别在其资产所在国或经营活动所在国纳税。按照全球公式分配法，公司集团内部成员之间的交易将被忽略不计。全球公式分配法不仅要充分考虑资产、工资、销售在跨国公司集团利润中的贡献，而且要格外关注用户参与对集团利润的贡献，因此是有效遏制云计算跨国企业规避常设机构原则、滥用转移定价措施，将利润从高税率管辖区转移到低税率管辖区的治本之策。

六、结论

富兰克林曾言：纳税与死亡是人生无法躲避的两件事。对开展云计算等数字经济业务的跨国公司而言也是如此。跨国公司既然从全球用户与消费者等利益相关者方面获得利润，当然应通过纳税方式回馈人类社会。这既是跨国公司担当的社会道义，也是必须履行的国际税务义务。因此，从扑朔迷离的技术创新与商业模式创新中确定云计算交易所得的国际税收管辖权，既践行国际税收正义，也激励跨国公司不断创新科技为全球用户提供良好的云计算服务，是一项固根本、稳预期、立长远、惠全球的系统性国际税法工程。

新挑战呼唤新规则，但新规则离不开新理论。要推进国际税收规则的深刻变革，离不开国际税法理论的颠覆性创新。当务之急是，深刻总结跨国公司在全球范围内避税与反避税之间长期博弈的经验与教训，与时俱进地采取实质重于形式的穿透式思维，彻底抛弃传统国际税收中跨国公司与其成员公司各为相互独立法人的旧原则，改采跨国公司集团作为单一整体企业的新原则。

全球公式分配法是确保单一整体企业新原则落地生根的有效方法论。云计算跨国公司集团及其子公司被国际税法确定为单一整体企业，在合并公司利润后按全球公式分配法确定各企业应税所得，再由成员公司分别向其资产所在国或经营活动所在国纳税。这一新方法公平合理、简便易行，既排除了对云计算跨国公司的双重征税，也预防了跨国公司双重不征税的道德风险，让跨国公司与其赖以成长与发展的东道国、居民国以及用户所在国都能各得其所，堪称多赢共享之举。因此，立足于单一整体企业新原则的全球公式分配法既是回应云计算等数字经济新型商业模式对国际税法挑战的有效对策，也是根治各类跨国公司滥用转移定价、常设机构、避税港、资本弱化与受控外国公司等避税顽症的广谱性国际税法新规则。

平台垄断与欧盟竞争法的新发展

朱国华　王　璇*

摘　要：近年来，数字经济和网络平台的蓬勃发展，既为欧盟的社会和经济发展带来了许多积极影响，也引发了新的监管挑战和问题，如大型平台的崛起削弱数字市场竞争力、消费者的基本权益保护力度不足、数据和算法产生的风险等。为了应对数字经济时代的一系列新挑战，促进欧盟数字市场和平台经济的进一步发展，实现"单一数字市场"的建立，欧盟实施了一系列立法举措。本文旨在介绍欧盟专门针对数字经济实施的三项关键立法举措，即《平台企业法》（*The Platform-to-Business Regulation*）、《数字服务法》（*Digital Services Act*）提案和《数字市场法》（*Digital Markets Act*）提案，讨论和分析欧盟在网络平台规制方面的新发展以及对中国平台反垄断规制的启发和意义。

关键词：数字经济；网络平台；欧盟《平台企业法》；《数字服务法》；《数字市场法》

2015 年，欧盟通过了《欧洲单一数字市场战略》（*A Digital Single Market Strategy for Europe*，简称"DSM 战略"），该战略旨在实现货物、人员、服务和资金在欧盟成员国之间的自由流动，确保个人和企业能够

---
* 朱国华，同济大学法学院教授、博导，中国商业法研究会常务理事，同济大学商会行业协会发展研究中心主任，浦江法治论坛副主席兼秘书长，上海市锦天城律师事务所律师；王璇，同济大学法学院法律硕士研究生。

基于公平竞争条件无障碍地参与和开展网络活动，提高对消费者和个人信息的无歧视保护力度。DSM 战略以三大支柱为基础：（1）通过消除线上和线下之间的障碍，确保欧洲的消费者和企业能够更好地获得数字产品和服务；（2）为数字网络和创新服务的繁荣发展创造有利条件和公平竞争环境；（3）最大化释放欧洲数字经济的增长潜力。①《欧洲单一数字市场战略》中特别分析了网络平台在社会经济生活中扮演的角色，平台在促进欧洲经济发展和提升欧洲人民生活质量的同时，引发了新的监管挑战，包括部分平台拥有过于强大的市场力量，平台与交易相对方之间力量悬殊，平台数据使用规则、定价政策、销售条件缺乏透明度及实施自我优待，平台处理非法网络内容的责任与义务等，这些问题促使欧盟立法者意识到欧盟现有的竞争法已经难以完全有效适用。2017年，欧盟颁布了一份关于 DSM 战略实施的中期回顾，其中提出平台已经成为互联网的关键守门人（key gatekeepers）及信息、内容和网络交易的中间通道，并且特别强调中小型企业对平台的依赖程度越来越高，同时欧盟立法者注意到平台实施了许多不公平的交易行为，包括未经适当通知下架经营者的产品或服务、用户缺少提出异议和争议解决渠道、平台区别对待不同供应商和卖家等。因此，欧盟立法者认为有必要促使平台承担创造公平网络生态系统的责任，并且将采取进一步行动实现公平且充满创造力的平台经济。根据 2021 年欧盟颁布的一份"网络平台如何塑造我们的生活和商业发展"手册②，网络平台的影响力已经渗透到欧盟公民日常生活和商业活动的诸多方面，在为欧洲公民的生活和经济发展创造福利的同时带来了许多全新的风险与挑战，包括但不限于非法或负面内容和信息的传播（如恐怖主义、知识产权侵权、仇恨言论等），损害欧盟公民的言论自由、信息自由、个人数据权，大型平台滥用市场支配地位、削弱数字市场竞争力，消费者遭到不公平待遇，平台

---

① Shaping the Digital Single Market［EB/OL］. Europa，2020-10-29.

② How do Online Platforms Shape Our Lives and Businesses? ——Brochure［EB/OL］. Europa，2021-03-08.

服务监管力度不足。由此可见，欧盟对网络平台的关注和重视程度不断增加，对数字经济和网络平台产生的各类问题的认识也逐步加深。

一、《平台企业法》概述

随着中小型经营者对提供网络中介服务和网络搜索引擎服务的网络平台的依赖程度不断增加，这些网络平台在交易中的优势地位和权力不断增强，实施了许多不公平的交易行为，导致处于相对弱势地位的经营者合法权益受到损害，从而使得消费者的合法权益遭到间接损害，但同时这些中小型经营者缺少有效解决网络平台单方行为所致争议的途径。① 为了解决前述问题，更好地促进欧盟市场的正常有序运行，欧盟针对网络平台出台了《平台企业法》（2019 年 6 月 20 日生效），该法旨在为网络平台上的中小型经营者（包括法人和自然人）和交易者创造更加公平、透明且可预测的经营环境。②

《平台企业法》适用于符合以下条件的网络中介服务（online inter-mediation services）和网络搜索引擎（online search engines）：在欧盟境内设立的企业用户或公司网站用户通过该网络中介服务和网络搜索引擎向位于欧盟境内的消费者提供产品或服务，而该网络中介服务和网络搜索引擎是否在欧盟境内设立以及相关合同适用的法律均不予考虑。该法进一步解释，此处的消费者仅需位于欧盟境内即可，不要求在欧盟拥有居住地或任何成员国的国籍③，可见其保护范围之广。

一方面，《平台企业法》要求网络平台须确保，由平台单方确定、管辖平台与使用平台服务的经营者之间的条款和条件必须符合该法的相

① Regulation（EU）2019/1150 of the European Parliament and of the Council of 20 June 2019 on Promoting Fairness and Transparency for Business Users of Online Intermediation Services（Text with EEA relevance）［EB/OL］. Europa, 2019-06-20.

② Platform-to-business Trading Practices［EB/OL］. Europa, 2021-06-09.

③ Regulation（EU）2019/1150 of the European Parliament and of the Council of 20 June 2019 on Promoting Fairness and Transparency for Business Users of Online Intermediation Services（Text with EEA relevance）［EB/OL］. Europa, 2019-06-20.

关规定，包括：以简洁易懂的语言书就；至少提前 15 天通知任何变动；载明所有可能暂停、限制或终止服务提供的理由；列明确定排名的主要参数；载明平台自我优待自身产品或服务的相关信息；载明平台的数据政策（包括数据收集范围、数据共享等）。违反前述规定的条款和条件均属无效。该合同条款和条件是否由平台单方确定将基于个案进行整体评估，合同双方的相对规模、是否进行磋商、经营者是否参与条款和条件确定过程均不能作为认定平台与经营者共同商定交易条款和条件的因素。此外，无论经营者是否能够参与条款和条件的磋商，平台均有义务在整个合同过程中（包括合同订立前的阶段）确保该条款和条件的公开透明。①

另一方面，《平台企业法》向使用平台服务的经营者提供了有效的争议解决途径。该法要求平台必须基于透明、相同情况同等处理、处理方式与争议重要性和复杂性相称的原则，设立免费解决经营者投诉的内部机制。平台还必须指定至少两名中立公正的独立调解员，在法院不介入的情况下，负责处理平台与经营者之间的争议，包括无法通过前述内部机制解决的问题；平台须承担该调解服务的部分合理费用，选择通过调解解决争议且不影响双方在任何时候启动司法程序。此外，代表经营者集体合法权益的非营利组织和团体可以根据欧盟成员国的相关法律法规，针对平台不遵守《平台企业法》要求的行为向欧盟境内有管辖权的国家法院起诉。②

综观《平台企业法》，可以发现整部法案以保护使用网络平台服务的中小型经营者利益为主，大部分条款更为倾向于强调保护经营者的权利以及向平台施加义务和要求，这与该法案旨在创造公平交易环境、平

---

① Regulation（EU）2019/1150 of the European Parliament and of the Council of 20 June 2019 on Promoting Fairness and Transparency for Business Users of Online Intermediation Services（Text with EEA relevance）[EB/OL]. Europa，2019-06-20.

② Regulation（EU）2019/1150 of the European Parliament and of the Council of 20 June 2019 on Promoting Fairness and Transparency for Business Users of Online Intermediation Services（Text with EEA relevance）[EB/OL]. Europa，2019-06-20.

衡平台与经营者之间的权利和义务相一致。但是,《平台企业法》主要针对提供网络中介服务和网络搜索引擎服务的平台,适用范围和保护范围较为有限,特别是近年来网络平台涉及的领域愈加广泛,经营的商业模式更加多样化,引发的竞争和垄断问题也更加复杂,《平台企业法》显然无法有效应对平台经济带来的各种类型的挑战和问题。

二、《数字市场法》与《数字服务法》概述和分析

2020 年 12 月,欧盟颁布了两部专门针对数字经济和平台经济的法案提案,即《数字市场法》和《数字服务法》,这两部法案属于平行法案,旨在规制欧盟境内的所有数字服务①,《数字市场法》是在《平台企业法》的基础上制定的②;《数字服务法》中也强调,其与《平台企业法》相协调,并且《平台企业法》应当作为特别法适用③。这两部法案显示欧盟应对数字经济和网络平台产生的一系列挑战的野心和决心,充分反映了欧盟对于平台经济竞争与反垄断规制的最新思考与探索。

(一)《数字市场法》概述

根据"网络平台如何塑造我们的生活和商业发展"手册④的数据统计,2020 年,欧盟网络平台相较于传统商业模式发展势头迅猛。尽管欧洲境内的网络平台数量已超过 10000 家,但是其中大部分为中小型企业和初创企业,其价值仅占全球总价值的 2.7%,而少数大型网络平台占有极高比例的市值。欧盟数字服务主要具有以下三大特征:(1) 高

---

① How do Online Platforms Shape Our Lives and Businesses? ——Brochure [EB/OL]. Europa, 2021-03-08.

② Proposal for a Regulation of the European Parliament and of the Council on Contestable and Fair Markets in the Digital Sector (Digital Markets Act) [EB/OL]. Europa, 2020-08-25.

③ Proposal for a Regulation of the European Parliament and of the Council on a Single Market For Digital Services (Digital Services Act) and Amending Directive 2000/31/EC [EB/OL]. Europa, 2020-08-25.

④ How do online platforms shape our lives and businesses? [EB/OL]. Europa, 2020-03-08.

度集中的多边平台服务，少数大型数字平台成为商业规则的制定者；
（2）少数大型数字平台成为连接经营者与最终用户的通道或守门人，
形成以其核心平台服务为中心的集团型生态系统，市场进入壁垒提高；
（3）大型数字平台滥用"守门人"地位，对依赖平台的经营者和消费
者实施了诸多不公平的商业操作，导致数字市场竞争力严重削弱。进一
步而言，少数提供核心平台服务（core platform services）的平台引发的
竞争问题更为突出和严重，因此欧盟提出了《数字市场法》提案，该
法案仅针对提供核心平台服务的少数大型平台，其目的旨在：在欧盟层
面解决大型数字平台引发的不公平商业操作和数字市场竞争力削弱问
题，避免各成员国分散立法，难以形成统一且有效的规制；确保依赖于
"守门人"平台的经营者和消费者能够在公平竞争、富有创造力的环境
中充分参与数字经济，享受平台经济的优势与福利。①

　　具体而言，《数字市场法》的适用对象是向设立于或位于欧盟境内
的经营者和最终用户（自然人或法人）提供"核心平台服务"且被认
定为符合该法规定的"守门人"要求的核心平台服务提供者，并且
"守门人"的设立地或住所地以及适用于服务提供的法律均不予考虑。
《数字市场法》中的"核心平台服务"是指在线中介服务（online inter-
mediation services）、在线搜索引擎（online search engines）、社交网络
（social networking）、视频分享平台服务（video sharing platform services）、
与号码无关的人际电子通信服务（number-independent interpersonal elec-
tronic communication services）、操作系统（operating system）、云服务
（cloud services）、广告服务（advertising services）。核心平台服务具有一
系列独特特征，包括超级规模经济（平台吸引用户几乎零边际成本）、
强大的网络效应、多边市场、用户锁定效应、纵向整合、数据驱动优势
等。凭借这些特征和优势，少数大型平台获得强大的市场力量，甚至控

---

① Proposal for a Regulation of the European Parliament and of the Council on Contestable and
Fair Markets in the Digital Sector（Digital Markets Act）［EB/OL］. Europa，2020-08-
25.

制了数字经济的整个平台生态系统，难以被其他市场主体取代或挑战，市场进入壁垒进一步提高。①

就《数字市场法》认定"守门人"平台的具体标准，既可以根据平台达到预先设定的定量指标推定平台拥有"守门人"地位（平台可以通过举证说明自身不拥有"守门人"地位，从而驳回该推定），也可以基于市场调查进行个案定量评估。核心平台服务提供者符合以下三个要求②即可被视为"守门人"平台。（1）该平台对欧盟市场具有重大影响。如果平台最近三个财务年度在欧洲经济区的年营业额不低于65亿欧元，或该平台最近一个财务年度的平均市值③或同等公允市值不低于650亿欧元，并且其至少向三个成员国提供核心平台服务，则该平台将被推定符合要求（1）。（2）该平台提供的核心平台服务是连接经营者和最终用户的重要通道。如果最近一个财务年度，在欧盟使用该平台提供核心平台服务的月活跃最终用户超过4500万，且年活跃经营者用户数量超过10000，则该平台将被推定符合要求（2）。（3）该平台已经拥有或者在不久的未来预计将会拥有牢固且持久的市场地位。如果平台在最近三个财务年度的每一年均达到要求（2）的门槛值，则该平台将被推定符合要求（3）。

由此可见，《数字市场法》实质上是将"守门人"平台分为两类。一类是事实上已经符合该法预设认定要求的平台，因此必须遵守该法规定的所有相关义务，其中多数义务属于要求"守门人"平台不得实施限制竞争行为或不公平行为的禁止性义务，具体如下。（1）禁止将源自核心平台服务的个人数据与其他来源的个人数据相结合，或出于个人

---

① Proposal for a Regulation of the European Parliament and of the Council on Contestable and Fair Markets in the Digital Sector（Digital Markets Act）[EB/OL]. Europa, 2020-08-25.

② 欧盟委员会有权根据技术和市场的发展定期调整"守门人"平台的认定要求。欧盟委员会认定"守门人"平台时不仅会考量平台的营业额、市值、用户数量，还会考量网络效应和数据优势产生的市场进入壁垒、数据规模、用户锁定情况及其他结构性市场特征，不仅考量这些因素的当前情况，也会考虑这些因素的预期发展状况。

③ 欧盟委员会认为，即使平台当前的营业额较低，但是平台的市值可以在一定程度上反映平台未来的市场前景和地位。

数据聚合目的将最终用户迁移至"守门人"平台的其他服务，除非根据欧盟《通用数据保护条例》告知最终用户具体选项并获得其同意。（2）允许经营者以不同于"守门人"平台在线中介服务的价格和条件，通过第三方在线中介服务向最终用户提供相同产品或服务，换言之，不得限制"守门人"平台上的经营者的经营自由权。（3）允许经营者向通过"守门人"核心平台服务获得的最终用户进行推广和交易（无论其是否出于该目的使用该核心平台服务），并允许最终用户通过"守门人"核心平台服务访问和使用经营者软件应用程序提供的各种内容和功能（即使最终用户并非通过该核心平台服务从相关经营者处获得这些内容和功能），即禁止平台建立封闭的生态系统，而是应当保持开放，允许与第三方兼容，从而为消费者提供更多便利。（4）不得妨碍或限制经营者向任何公共权力机构反映"守门人"平台的行为。（5）不得要求经营者在其通过核心平台服务提供的服务中必须使用、提供"守门人"平台的身份识别服务或与之交互操作。（6）不得要求经营者或最终用户必须订购或注册符合该法规定的核心平台服务，作为使用"守门人"平台的其他核心平台服务的条件。（7）应当在广告商和发行商提出要求后，提供与"守门人"平台广告服务相关的信息，从而避免限制广告商和发行商的迁移自由，并避免提高最终用户就网络宣传的产品和服务所支付的价格。可见欧盟试图通过施加前述义务以避免平台利用数据积聚效应扩大其竞争优势，要求平台尊重经营者和用户的自由意志和合法权益，保护个人数据安全，这也与欧盟促进人员、服务、货物等自由流动的 DSM 战略相一致。另一类则是当前尚未但是预计在不久的将来会拥有"守门人"地位的平台，因此须遵守为防止此类平台拥有"守门人"地位而施加的合理且必要的义务，具体如下。（1）不得利用经营者或最终用户因使用核心平台服务生成的非公开数据与经营者展开竞争。（2）允许最终用户卸载核心平台服务预安装的软件应用程序，但是"守门人"平台可以限制用户卸载对于平台操作系统或相关设备运行至关重要且在技术层面无法由第三方另行提供的软件应用程序。(3) 允许安装和有效使用利用"守门人"平台操作系统或与之交互操作的第三方软件应用程序或软件应用程序商店，并且允许通过"守门人"核心平台服务以外的渠道访问该应用程序或商店，前提是其不会危及"守门人"平台的硬件或操作系统的完整性。(4) 禁止"守门人"平台在服务和产品排名中实施自我优待，必须确保排名公正无歧视。(5) 禁止通过技术手段限制用户通过"守门人"的操作系统在不同软件应用程序和服务之间的自由迁移和切换。(6) 允许辅助服务①的企业用户和提供者使用与"守门人"平台提供辅助服务所用的相同操作系统、硬件或软件功能，并与之实现交互操作。(7) 经要求，向广告商和发行商免费提供业绩衡量工具和必要信息，以便广告商和发行商能够对网络广告服务进行独立审核。(8) 确保经营者和最终用户就其自身活动生成的数据有效行使携带权，包括提供持续实时访问权限。(9) 允许经营者和其授权第三方免费、持续、有效、高质量、实时获取该经营者或其最终用户使用核心平台服务生成的聚合或非聚合数据，允许经营者或其授权第三方免费、持续、有效、高质量、实时获取和使用就该经营者及其产品和服务的最终用户使用核心平台服务提供或生成的聚合或非聚合数据。对于个人数据，仅在以下情形下方可提供和使用：个人数据与最终用户使用经营者通过核心平台服务提供的产品或服务直接相关联，并且根据《通用数据保护条例》获得最终用户同意数据分享，经营者通过核心平台服务提供的产品或服务直接相关联并且根据《通用数据保护条例》在获得最终用户同意的情况下，方可提供。(10) 以公平、合理且非歧视的条款，与第三方网络搜索引擎提供者分享最终用户免费或有偿使用"守门人"平台网络搜索引擎生成的排名、问询、点击和浏览相关的数据，但前提是其中构成个人数据的部分须经匿名化处理。(11) 对使用"守门人"平台软件应用程序商店的所有经营者适用公平且无歧视的通用条款。

---

① 在《数字市场法》中，"辅助服务"定义为在核心平台服务项下或与核心平台服务一同提供的服务，如支付服务。

若平台提供多项服务，其仅须就被认定为该法项下的核心平台服务遵守相关义务。另有两项"守门人"平台义务也值得注意：一是若"守门人"平台拟实施符合欧盟第 139/2004 号条例第 3 条定义且涉及其他核心平台服务提供者或数字市场其他服务提供者的集中行为，其有义务主动通知欧盟委员会，这将有助于欧盟更广泛地监测欧洲数字市场的竞争趋势，避免寡头垄断的出现；二是"守门人"平台须就其核心平台服务所使用的消费者画像技术向欧盟委员会定期提交独立审计报告，这将可以在一定程度上迫使平台避免过度利用其自身数据优势增强竞争力，从而为潜在市场进入者和初创企业提供相对公平的竞争环境。就《数字市场法》认定"守门人"平台的流程，当平台的某项核心平台服务满足该法规定的上述标准时，平台应当在三个月内主动通知欧盟委员会；即使平台没有主动通知，欧盟委员会也有权根据该法规定随时认定平台属于"守门人"①。

欧盟委员会是实施和监督《数字市场法》适用的主管机构，其有权确定、重新审核、变更或撤销认定"守门人"的决定，并有权颁布、更新、暂停、豁免平台应履行的义务。若平台因故意或过失未能遵守施加的义务、决定或承诺，欧盟委员会将会对平台处以一定金额的罚款，罚款金额按照平台上一财务年度总营业额的一定比例计算。②

（二）《数字服务法》概述

2000 年，欧盟颁布了第 2000/31/EC 号《电子商务指令》（*E-com-merce Directive* 2000/31/EC），该指令确定了单一市场运行和数字服务监管的核心框架，并规定了适用于数字服务的各项原则性要求。经过数年施行，欧盟发现该法难以有效应对数字服务领域的许多新问题和挑战，特别是网络平台引发的问题。因此，欧盟认为有必要制定一部在欧盟层

---

① Proposal for a Regulation of the European Parliament and of the Council on Contestable and Fair Markets in the Digital Sector（Digital Markets Act）［EB/OL］. Europa，2020-08-25.

② Proposal for a Regulation of the European Parliament and of the Council on Contestable and Fair Markets in the Digital Sector（Digital Markets Act）［EB/OL］. Europa，2020-08-25.

面施行的法规，即《数字服务法》，旨在为欧盟境内创新数字服务提供最佳环境，确保网络安全和基本权利保护，实现对中介服务提供者的持久有效治理和监管，促使各成员国在数字服务监管上采取统一协调行动，特别是加强对超级大平台的监管。《数字服务法》仅适用于与欧盟存在实质关联、向欧盟境内提供服务的中介服务（intermediary services）提供者，即该服务提供者在欧盟境内设有实体机构，或者（若未设立实体机构）向一个或一个以上成员国的众多用户提供服务或者经营活动面向一个或一个以上成员国，或者基于其他事实标准的评估认定。该法项下的"中介服务"是指纯粹管道（mere conduit）服务、缓存（caching）服务和托管（hosting）服务。① 《数字服务法》在欧盟现有电子商务法律框架基础上进行了改革，主要体现在监管机构设置和监管措施设置两大方面。

1. 监管机构设置

考虑数字服务的跨境属性，为确保《数字服务法》在欧盟层面得到统一有效的施行，《数字服务法》要求欧盟各成员国指定国内现有或新设的一个权力机构担任完全独立运作的"数字服务协调员"（digital services coordinator），作为该成员国就与《数字服务法》相关的所有事项和欧盟进行沟通的中间联络人。同时，欧盟层面还将特设一个独立咨询组"欧洲数字服务委员会"（European Board for Digital Services），负责就《数字服务法》的实施向数字服务协调员和欧盟委员会提供意见和建议。欧盟委员会则是针对特定平台进行直接监管的最终权力机关。同时，支持信息交流的欧洲平台也将全面运行。就具体管辖权而言，中介服务提供者设立地的成员国享有管辖权；未在欧盟境内设有实体机构

---

① Proposal for a Regulation of the European Parliament and of the Council on a Single Market For Digital Services（Digital Services Act）and Amending Directive 2000/31/EC［EB/OL］. Europa, 2020-08-25.

的，则该中介服务提供者任命的法定代表人①所在成员国享有管辖权；未任命欧盟境内法定代表人的，所有成员国均享有管辖权，但是应当遵守"一事不再理"原则②。

前述监管机构的设置反映了欧盟希望通过《数字服务法》设立一个覆盖全欧洲的合作监管机制，一方面调动各成员国参与数字服务监管的积极性，提高对数字经济的重视程度和监管力度；另一方面改善之前各国立法分散、执法力度参差不齐的现状，促进欧盟 DSM 战略的进一步可持续发展。相较于《数字市场法》赋予欧盟委员会统一规制平台的主要集中权限，《数字服务法》则赋予了各成员国更多的自由裁量空间和权限，如各成员国可以自行指定数字服务协调员和制定各自的罚款规则等。

2. 监管措施设置

在监管措施方面，《数字服务法》主要分为三个层次递进式规定了中介服务提供者应当承担的与其服务性质和规模相称的尽职调查义务。

首先，为创造透明安全的网络环境，所有中介服务提供者都应当承担如下义务：（1）设立单一联络点，负责就该法的实施与成员国权力机关、欧盟委员会和欧洲数字服务委员会直接沟通；（2）在欧盟境内无实体办事处但是在欧盟境内提供服务的，须指定其在欧盟境内的法定代表人，授权其处理与该法相关的事宜（如接收和执行根据该法作出的决定等），但是该义务并非要求中介服务提供者在欧盟境内设立实体办事处；（3）明确公开其针对服务接受者在使用平台服务时所提供信息施加的限制条款（包括内容审查的政策、流程、工具和措施等，如算法决策、人工审查），并且要求中介服务提供者在实施这些限制规定

---

① 因为该法要求，未在欧盟境内设有实体机构但是在欧盟境内提供服务的中介服务提供者都应当在欧盟境内指定一名拥有充分授权的法定代表人，负责监督平台对该法的实施与遵守情况。

② Proposal for a Regulation of the European Parliament and of the Council on a Single Market For Digital Services（Digital Services Act）and Amending Directive 2000/31/EC［EB/OL］. Europa, 2020-08-25.

时应当遵守审慎、客观和相称性原则，保护所有相关方的基本合法权益；（4）至少每年履行透明报告义务一次，详细汇报其内容审核相关事项，但欧盟建议第 2003/361/EC 号定义的小微企业除外。①

其次，该法特别要求托管服务提供者（包括网络平台）还须设置用户友好的"通知—行动"机制，即允许认为存在非法内容的第三方个人或实体向托管服务提供者发出通知，托管服务提供者可以自行决定是否采取行动处理该内容并说明理由。若托管服务提供者决定删除或禁止访问其服务接受者提供的信息，其有义务最迟于采取删除或禁止访问措施前，向该服务接受者通知相关决定并阐明理由；托管服务提供者还有义务在欧盟委员会管理的公开数据库中发布前述决定和理由。②

最后，根据该法规定，所有网络平台（不包括符合欧盟建议第 2003/361/EC 号定义的小微企业的网络平台）除须遵守上述义务外，还须遵守更为严格的额外义务，包括：（1）设立内部投诉处理系统，以确保能够快速公允地解决网络平台与平台服务接受者之间就平台针对该服务接受者所提供内容所做决定产生的争议。（2）实施法庭外争议解决机制，即网络平台服务接受者就其与平台之间的争议亦可选择符合该法要求的庭外争议解决机构解决争议；该庭外争议解决机构由其所在成员国的数字服务协调员依法认定。若该机构作出有利于服务接受者的决定，网络平台须承担服务接受者因解决争议发生的所有合理费用；若该机构作出有利于网络平台的决定，服务接受者无须承担网络平台因解决争议发生的任何费用。前述（1）和（2）机制不影响相关方在相关成员国另行诉诸司法救济。（3）采取必要的技术和组织措施，确保优先及时处理被数字服务协调员授予"可信赖举报人"（trusted flagger）身

---

① Proposal for a Regulation of the European Parliament and of the Council on a Single Market For Digital Services (Digital Services Act) and Amending Directive 2000/31/EC [EB/OL]. Europa, 2020-08-25.

② Proposal for a Regulation of the European Parliament and of the Council on a Single Market For Digital Services (Digital Services Act) and Amending Directive 2000/31/EC [EB/OL]. Europa, 2020-08-25.

份的实体①通过"通知—行动"机制发出的通知。（4）采取措施处理滥用网络平台服务的行为（利用平台频繁发布明显非法内容，以及利用"通知—行动"机制和内部投诉处理系统频繁提交明显缺乏依据的通知或投诉），同时给予平台一定的自由裁量权和空间，可以自行制定和实施更为严格的条款和措施应对这些滥用平台服务的行为。（5）及时通知相关成员国的主管执法或司法机构其发现的危及人身安全且涉嫌严重刑事犯罪的情况。（6）消费者和商家进行远程交易的网络平台应当在合理范围内核实和确保商家提供信息真实可靠（包括要求商家更正不准确或不完整信息）并存储相关信息，网络平台设计的在线界面须确保商家能够遵守相关欧盟法律项下有关合同前信息和产品安全信息的义务，但是网络平台的前述义务不应当超过必要限度，也不应当增加平台的额外成本和负担，不要求平台就信息可靠性向消费者和利益相关方作出保证。（7）针对网络平台推送广告的行为，网络平台必须在每条广告中明确载明其广告属性，并且告知用户有关广告推送的必要信息（如广告推送时间、广告投放人、确定广告投放对象的主要参数信息等），确保用户能够理解广告推送的逻辑。另外，网络平台在履行透明报告义务时，须额外报告以下信息，包括但不限于争议解决情况、滥用平台服务行为的处理情况、内容自动审核方法；网络平台还有义务至少每六个月报告其在各成员国的平均月活跃用户。②

　　欧盟境内使用平台服务的月活跃用户人数达到 4500 万（欧盟总人口的 10%，该门槛值可能会不断更新）的网络平台，其将会被数字服

---

① 根据《数字服务法》第 19 条，"可信赖举报人"（trusted flagger）是指符合以下所有条件的实体：具有检测、识别和通知非法内容的专业能力；代表集体利益且独立于任何网络平台；其开展活动的目的旨在及时、审慎、客观地提交相关通知。各成员国的数字服务协调员有权确定和撤销具有可信赖举报人地位的实体。

② Proposal for a Regulation of the European Parliament and of the Council on a Single Market For Digital Services（Digital Services Act）and Amending Directive 2000/31/EC［EB/OL］. Europa，2020-08-25.

务协调员认定为超级大平台①，并且需要承担与其社会影响力和经营方式相对应的最为严格的尽职调查义务，具体而言：（1）考虑到超级大平台的商业模式和行业影响力，该法要求超级大平台对使用平台服务引发的系统性风险和潜在滥用行为（特别是涉及传播非法内容、损害欧洲公民基本权利、影响选举、公共安全、未成年人保护等方面的风险）进行识别、分析和评估，并采取必要且适当的缓释措施；（2）超级大平台每年应当自费聘请外部独立审计师对其遵守该法的情况进行合规审计至少一次；（3）超级大平台必须明确公开其推荐机制的主要参数，允许用户自主选择和变更不同的参数（须至少提供一项非基于用户画像分析的选项）；（4）通过在线界面展示广告的超级大平台须通过应用程序接口向公众提供一个包含广告推送相关信息的数据存储库，该存储库的存续时间截至相关广告最后一次展示后满一年之时止；（5）数字服务协调员或欧盟委员会有权要求超级大平台提供特定数据以监督和评估该平台遵守该法的情况，符合该法相关资质要求的研究员被该法赋予了获取超级大平台数据的权限，该研究员仅可使用平台数据研究平台系统性风险，但是，超级大平台可以其不拥有相关数据权限或提供数据将影响其服务安全或保密信息保护为由，请求数字服务协调员或欧盟委员会变更数据提供要求；（6）超级大平台应任命合规专员负责独立监督平台遵守该法的情况等，合规专员应当直接向平台最高管理层汇报工作。在履行透明报告义务时，超级大平台须额外报告其风险评估结果、相关风险缓释措施、审计报告等，但是，若报告中涉及平台或服务接受者的保密信息披露，或者涉及可能会损害平台安全、公共安全或服务接受者的信息披露，该法允许超级大平台仅将完整报告提交给数字服务协调员和欧盟委员会，并随附一份在公开报告中删除相关信息的理由说明。各成员国有权对不遵守该法规定的行为制定处罚（包括罚款和定

---

① 数字服务协调员将定期审核，确定相关平台是否应被认定为本法项下的"超级大平台"并通知欧盟委员会。

期罚金，但不得超过该法规定的上限）规则。①

此外，欧盟委员会鼓励和支持相关欧洲和国际标准化机构自发制定和实施与该法相关的行业标准。欧盟委员会和欧洲数字服务委员会还鼓励和支持在欧盟层面起草旨在促进正确实施该法的行为准则；若涉及重大系统性风险和超级大平台，欧盟委员会可以邀请包括网络平台在内的所有利益相关方参与起草过程，并在行为准则实施后定期审核评估实施效果。另外，欧盟委员会鼓励和支持在欧盟层面起草针对网络广告的行为准则，旨在进一步促进信息有效传播，创造富有竞争力、公平透明的网络广告环境。为应对影响公共安全或公共健康的特殊危机情况，欧盟委员会可以鼓励和支持超级大平台（在适当情况下，包括其他网络平台）参与起草、测试和应用解决该危机的协议，该危机协议仅在发生这些特殊危机后的必要期限内施行，其主要目的是确保在网络环境中协调各方跨越边界迅速采取统一行动应对危机。设置该条的理由在于欧盟意识到网络平台在此类特殊情形中发挥着不可忽视的"双刃剑"作用，特别是超级大平台既可能被滥用于快速传播非法内容或虚假信息，又有助于快速传递可靠信息，可见欧盟希望引导超级大平台尽可能发挥其积极社会价值。②

（三）《数字市场法》与《数字服务法》分析

《数字市场法》和《数字服务法》均是基于欧洲数字经济和平台经济的独特属性和特征（如跨区域属性、巨大网络效应、动态竞争、多边市场、寡头垄断等）设计具有针对性的监管要求和措施。

第一，《数字市场法》和《数字服务法》整体属于事前规制，两项法案中针对平台规定的义务和责任主要是对平台日常经营过程中的合规

---

① Proposal for a Regulation of the European Parliament and of the Council on a Single Market For Digital Services（Digital Services Act）and Amending Directive 2000/31/EC［EB/OL］. Europa，2020-08-25.

② Proposal for a Regulation of the European Parliament and of the Council on a Single Market For Digital Services（Digital Services Act）and Amending Directive 2000/31/EC［EB/OL］. Europa，2020-08-25.

要求，如定期报告义务、定期接受独立合规审计等。两项法案中涉及处罚措施的条款占比较低，并且处罚目的主要是督促和确保平台妥善履行与遵守相关合规义务。《数字市场法》提案中提到，数字经济和平台经济会产生巨大网络效应，处于时刻快速变化的动态竞争之中，而欧盟现有竞争法主要是在特定相关市场发生竞争或垄断问题后才会介入，并且往往耗费大量调查时间，个案分析一系列复杂因素，界定相关市场、判断是否拥有市场支配地位，这导致传统竞争法难以及时有效应对数字平台经济的各类竞争和垄断问题。① 因此，欧盟现在考虑加强对平台的事前持续监管和规制，如不要求平台具有市场支配地位、不要求以界定相关市场为反垄断分析的起点等，而是要求平台持续履行合规义务，从而预防不正当竞争或垄断问题的发生；若发生相关竞争或垄断问题，欧盟则可以根据已有的竞争法规实施事后规制，这两部法案与欧盟现有竞争法规相衔接，进一步延展和完善了欧盟对网络平台的规制和监管流程，有助于创造一个相对稳定公平的数字经济环境。

第二，《数字市场法》和《数字服务法》均以《欧洲联盟运行条约》（Treaty on the Functioning of the European Union）第 114 条②作为其法律依据，并遵循欧盟"辅助性原则"（subsidiarity）③，在欧盟层面采取统一的协调措施对平台进行规制，以及遵循"相称性原则"（proportionality），确保对平台施加的举措与平台的行为相称，避免平台承担不合理的过高成本和负担。这反映欧盟委员会希望在欧盟层面构建一个涵盖整个欧洲的合作监管网络，调动各成员国参与数字平台经济规制的积

---

① Proposal for a Regulation of the European Parliament and of the Council on Contestable and Fair Markets in the Digital Sector (Digital Markets Act) [EB/OL]. Europa, 2020-08-25.

② 《欧洲联盟运行条约》第 114 条规定欧洲议会与欧洲理事通过的措施应当与各成员国规定的法律、法规和行政措施相协调，其均应以欧盟市场的建立与运行为目标。

③ 《欧洲联盟条约》第 3b 条规定欧洲共同体应当在本条约赋予其的权力和目标范围内行事。在超出其专属权限范围的领域，欧洲共同体应当根据辅助性原则，仅在以下情况下可采取行动：各成员国无法有效实现拟议行动目标，并且鉴于拟议行动的范围或效果，由欧洲共同体采取行动能够更好地实现拟议行动目标。欧洲共同体采取的任何行动不得超出为实现本条约目标所要求的必要范围。

极性，统一监管标准和要求。这一方面契合了平台具有的天然跨境属性，平台的经营范围和影响力通常涉及数个成员国，而欧盟各成员国各自施行国内法进行规制会导致监管力度分散，不利于欧盟单一市场的发展；另一方面也有利于避免加重平台的合规成本和负担，防止对平台的可持续发展产生负面影响，同时避免监管重叠。

第三，《数字市场法》和《数字服务法》在规制对象认定上体现了"本身违法规则"与"合理规则"①的结合，在监管措施上体现了以行为性救济为主、结构性救济为辅的特征。《数字市场法》中预先规定了"守门人"平台的认定标准（如营业额、用户数量等门槛值），只要平台符合预设标准且不存在可以推翻认定结论的证据，则平台即被认定为"守门人"平台；《数字服务法》中预先规定了"超级大平台"的认定标准（以达到一定用户数量为依据），前述规定在一定程度上体现了"本身违法规则"。同时，欧盟委员会可以基于市场调查②进行个案分析，综合考虑各项因素，以对平台作出认定和确定相应监管措施，此种做法则是"合理规则"的体现。《数字市场法》强调，尽管欧盟委员会有权决定对"守门人"平台施加行为性救济或者结构性救济，但是结构性救济（如分拆、业务剥离等）仅在无法实施同等有效的行为性救济或者实施同等有效的行为性救济相较于结构性救济会增加平台负担的情况下实施③；《数字服务法》针对平台规定的义务以实施具体行为的义务为主，如要求平台定期报告、处理非法内容等，较少涉及对平台整体结构的要求或规定。

第四，《数字市场法》和《数字服务法》均试图在欧盟与平台之间

---

① 本身违法规则（per se rule），是指某些行为因其明显的反竞争性而被依法确定为违法，凡发生这些行为就认定其违法，而不再根据具体情况进行分析判断。合理规则（rule of reason），是指对某些行为是否在实质上构成限制竞争并在法律上予以禁止不应一概而论，而需要对经营者的动机、行为方式及其后果加以慎重考察后做出判断，予以认定。

② 《数字市场法》和《数字服务法》均规定欧盟委员会有权对平台进行调查。

③ Proposal for a Regulation of the European Parliament and of the Council on Contestable and Fair Markets in the Digital Sector (Digital Markets Act) [EB/OL]. Europa, 2020-08-25.

寻求双方权利与义务的平衡，既需要保证法案能够充分发挥预期规制和震慑效果，又希望不会对网络平台的发展产生不必要的干预和负面影响，从而影响欧洲数字经济的繁荣发展。一方面，两项法案均赋予了欧盟委员会在平台规制方面较大的权力，如欧盟委员会有权认定哪些平台属于"守门人"并确定相应合规义务；另一方面，两项法案中的许多条款具有一定的灵活操作空间，并且明确规定平台享有的合理权益应当受到保护，如允许平台对"守门人"认定提出异议和反驳，允许平台与欧盟委员会进行对话协商拟实施的监管措施等。[1] 这反映了《数字市场法》和《数字服务法》的实质目的并非打击或压制数字经济和网络平台的发展，而是尝试矫正当前数字经济中存在的不公平竞争和垄断问题，恢复和推动公平有序的数字经济市场秩序。

第五，《数字市场法》和《数字服务法》均强调对欧洲公民基本权益的重视与保护，包括言论自由、基本人权、隐私权、知情权等，如要求平台将算法机制告知用户、保障用户的自主选择权利、允许用户自由切换到第三方软件应用程序和服务等，并且支持消费者通过各种合法途径寻求救济与保护。这符合欧盟当前的法律框架和基本原则，积极回应了普通民众对于强势平台实施不公平操作或强制要求的担忧，有助于促进欧洲数字经济的健康发展。

第六，《数字市场法》和《数字服务法》均反映了欧盟企图加强对平台数据的监管和控制。在数字经济蓬勃发展的时代，数据已经成为关键性生产要素，平台可以利用数据聚积优势获得巨大的竞争优势，因此各方均试图掌握数据的主导权。《数字市场法》要求"守门人"平台向用户和经营者持续提供数据，欧盟委员会有权在一定情形下要求平台提供相关数据；《数字服务法》也规定，数字服务协调员或欧盟委员会有权为特定目的要求超级大平台提供相关数据等。可见，欧盟委员会在争夺数据主导权方面的态度较为强势，希望在数字经济发展中掌握更多的

---

① Proposal for a Regulation of the European Parliament and of the Council on Contestable and Fair Markets in the Digital Sector（Digital Markets Act）[EB/OL]. Europa，2020-08-25.

主动权和话语权，这也符合欧盟 DSM 战略的主旨和目的。

三、欧盟竞争法新发展对中国的启示

根据中国通信院颁布的《中国数字经济发展白皮书》①，2020 年我国数字经济的发展势头迅猛，整体规模已经达到 39.2 万亿元，占 GDP 的比重达到 38.6%，数字经济增速已经超过同时期 GDP 名义增速的 3.2 倍。根据《平台经济与竞争政策观察（2021）》②，中国大型数字平台数量已达到 36 家，总价值达到 3.1 万亿美元，占全球总量的比重达到 24.8%。这表明数字经济和平台经济已经成为中国经济中不可忽视的重要部分，因此实施合理有效的平台监管和规制、促进数字经济健康有序发展已然成为我国近年来发展规划的重要目标。为实现前述目标，同时考虑数字经济和平台经济的跨境属性和规模效应，有必要学习和借鉴他国在平台规制方面的经验，并结合我国数字经济和平台企业的发展现状和特点，形成适用于中国国情的平台规制和监管策略。欧盟在数据保护、数字经济发展、竞争与反垄断规制领域一直是积极的先行者和探索者，其推出的相关立法举措值得我国借鉴和参考。

（一）加强事前监管，丰富监管工具

欧盟推出《数字市场法》和《数字服务法》的重要原因之一，即欧盟意识到其传统竞争法的适用效率偏低，以事后监管为主，无法及时有效应对快速发展且呈现竞争新形态的数字经济和平台经济，我国当前的反垄断规制政策亦存在相类似的问题。（1）传统反垄断分析较为复杂冗长。根据我国目前的反垄断立法规定，反垄断分析需要界定相关市场、判断经营者是否具有市场支配地位、分析具体竞争行为等，这就要求反垄断执法机构收集大量信息和数据，综合运用经济学、法学等多种

---

① 中国通信院. 中国数字经济发展白皮书 [EB/OL]. 中国信息通信研究院网站，2021-04-25.

② 中国通信院. 平台经济与竞争政策观察（2021）[EB/OL]. 中国信息通信研究院网站，2021-05-28.

学科知识甚至技术手段进行全面细致的论证，因而须投入大量精力和时间。（2）规制措施偏重事后监管且较为单一。根据我国已颁布的反垄断执法案例，特别是近期涉及平台的案例（如阿里巴巴行政处罚案、上海食派士行政处罚案等），目前多为在经营者实施了违反竞争法的行为后，反垄断执法机构才会介入并开展调查，最终多以责令停止违法行为并处以相应罚款结案。因此，我国也应当考虑重构传统反垄断规制框架，创新监管工具和措施，加强对平台企业的事前合规监管。具体而言：（1）为提高反垄断监管效率，可以考虑学习欧盟的做法，在事前监管中突破相关市场界定、市场支配地位分析的要求，按照一定标准确定和更新应当接受反垄断执法机构监管的平台企业名单，根据具体行业和市场的发展特征确定适合具体平台企业的合规义务（如要求平台定期提交合规报告、接受合规审计等），并对这些平台企业进行长期持续监控，从而确保平台在日常经营过程中始终遵守合规要求，避免实施违反竞争法的行为。（2）构建反垄断执法机构与平台企业之间的沟通对话互动协调机制，采取更为灵活的合规监管措施。反垄断执法机构可以通过出台平台企业合规指引或指导意见，及时管理平台企业经营过程中出现的涉及竞争法但尚未违反竞争法的行为，并且允许平台企业提出自身的意见和建议，从而尽量实现监管机构与平台之间权利与义务的平衡。（3）动员各种社会力量，鼓励和支持社会相关行业机构、媒体和公众参与平台规制及竞争行为监督。平台企业的经营活动已经渗透到社会生活的各个方面和各大领域，对公众日常生活影响巨大，因此，反垄断执法机构可以考虑加强平台企业合规方面的知识宣传和教育，提高社会对此方面的认识和意识，允许社会团体、行业机构、公众通过合法渠道就平台不合规行为进行反映和投诉，从而充分保护公众的基本合法权益。

（二）完善反垄断机构的组织结构，提升执法能力

如前所述，我国目前的反垄断案件需要反垄断执法机构投入大量时间和精力，而数字经济的规模效应、巨大网络效应、多边市场、动态竞

争等特征属性进一步增加了反垄断监管的难度，对反垄断执法人员的专业素质和执法能力提出了更高的要求。根据《平台经济与竞争政策观察（2021）》①，目前全球数字平台市场价值占比美国排名第一（71.5%），中国位居第二（24.8%），其他国家和地区（包括欧洲）总共占比仅为3.8%，可见我国的数字经济和平台经济体量远超过欧洲。但是，在反垄断规制领域，一方面，中国涉及平台的反垄断案件往往规模大、涉案金额高（如阿里巴巴被国家市场监督管理总局处以高达人民币182亿元罚款②）；另一方面，中国的反垄断执法机构人员数量远低于欧盟，目前我国市场监督管理总局反垄断局编制总人数不足50人，而欧盟竞争总司拥有747名工作人员③，《数字市场法》将会进一步授予欧盟委员会在平台监管和规制方面更多的权力，《数字服务法》将要求各成员国指定数字服务协调员，进一步扩大欧盟数字经济监管队伍，并且两法案均强调统一监管标准，避免监管分散。面对如此体量的数字经济规模，我国有必要扩大国家和地方层面的反垄断执法队伍，特别是加强培养数字经济领域的反垄断监管和执法人员，可以考虑从相关部门（如市监局、网信办、安全部、工信部等）抽调人员组成专门负责数字经济监管的团队，并授予其在数字经济和平台企业监管方面更多的权力，提高执法威慑力以及执法效率和效力。

（三）加强平台数据监管，完善数字经济领域的立法

数据是平台获取和增强竞争实力的关键要素，欧盟试图通过《数字市场法》和《数字服务法》进一步加强对于平台数据的监管，如要求平台在特定情形下公开相关数据以及向使用平台服务的经营者和用户提供数据等，以创造公平竞争的数字经济市场，保护个人数据权益。我

---

① 中国通信院.平台经济与竞争政策观察（2021）［EB/OL］.中国信息通信研究院网站，2021-05-28.
② 参见国家市场监督管理总局国市监处〔2021〕28号行政处罚决定书。
③ 黄莉玲，李玲，黄慧诗.市场监管总局开启反垄断大年：亿级罚单频出，执法力量待增［Z/OL］.反垄断前沿，2021-04-30.

国也应当进一步加强对于平台数据的重视和监管力度，可以学习欧盟的做法，通过立法向符合一定条件的平台施加透明报告义务和数据公开义务。此外，《数字市场法》和《数字服务法》均是在欧盟现有法律法规的基础上（如数据、消费者保护、人权等方面的规定）专门针对数字平台经济制定的法案。综观我国现有的法律框架，可适用于数字平台经济的法律规定散见于多部法律法规，如《中华人民共和国民法典》《中华人民共和国电子商务法》《中华人民共和国反垄断法》《中华人民共和国反不正当竞争法》《中华人民共和国个人信息保护法》《中华人民共和国数据安全法》等，尚未制定专门针对数字平台经济的法律规定，而《国务院反垄断委员会关于平台经济领域的反垄断指南》仅是具有指导意义的文件，效力层级较低，无法成为司法实践中的法律依据，因此无法解决数字经济领域的监管和执法尺度统一的问题。因此，我国可以考虑借鉴欧盟的做法，出台一部专门针对数字经济的立法，或者完善现有的《国务院反垄断委员会关于平台经济领域的反垄断指南》并提高其法律效力层级，从而在立法和司法层面为推动我国数字经济健康有序发展提供法律保障。

四、总结

《平台企业法》《数字市场法》和《数字服务法》是欧盟专门针对数字经济和平台经济制定的三部法案，三者之间互不冲突且互相补充，在欧盟现有竞争法的基础上加强了对数字经济和网络平台的规制和监管，是进一步推动欧盟 DSM 战略的重要举措。《数字市场法》和《数字服务法》中特别针对达到相当规模的大型平台规定了相当严格的合规要求和监管措施，这被普遍认为是欧盟为应对美国几大超级平台企业（谷歌、脸书、亚马逊、苹果等）占领和主导欧洲数字市场做出的积极回应，欧盟尝试通过立法加强对大型网络平台的规制和监管，重新掌握数字经济发展的自主权和优先话语权，扶持欧洲境内数字平台的兴起和发展。尽管《数字市场法》和《数字服务法》尚未正式通过并生效，许多议题仍在进一步讨论和完善的过程中，但是两部提案代表了欧盟关于平台反垄断规制的最新思考和探索，包括加强事前监管、"守门人"平台概念的提出、突破传统的市场支配地位认定、强制要求平台公开数据和算法等，这些具有先进和探索意义的举措可以为世界其他国家开展数字经济和平台经济反垄断规制提供有价值的启发和借鉴。

企业数据合规框架与制度检视

——以《数据安全法》为起点[*]

白牧蓉　李其贺^{**}

摘　要：2021 年 7 月，经过网络安全审查的"滴滴出行"APP 因违规收集个人信息被下架，企业数据合规问题引起广泛关注。2021 年 9 月《中华人民共和国数据安全法》（以下简称《数据安全法》）正式实施，更完善的法律体系对企业合规提出了更高的要求。以该法为起点，企业亟须在培养数据安全理念、明确数据运营权利边界、构建内部制度、提升技术能力等方面对现有数据合规框架进行适应性调整和完善。同时，在数据要素市场化配置背景下，企业数据的交易流转及由此创造价值的活动应当得到制度层面的鼓励，这不仅是数字经济发展的需要，更是营商环境优化的需求。数据法治的进一步完善应考量企业的需求和发展，探寻安全与效率的权衡进路，在法律体系构建、监管与司法实践及配套制度完善等方面降低企业数据合规的成本，提高企业实现数据合规的便利度。

关键词：企业数据；数据合规；数据安全法；制度检视

---

* 本文系 2020 年度国家社科基金青年项目"我国区域营商环境协调发展的法治化路径研究"（项目批准号 20CFX048）的阶段性研究成果。

** 白牧蓉，兰州大学法学院副教授，法学博士；李其贺，兰州大学法学院硕士研究生。

一、问题缘起

2021 年 7 月 2 日，国家网络安全审查办公室宣布对"滴滴出行"APP 实施网络安全审查，成为《网络安全审查办法》出台后首次被启动网络安全审查的企业。国家互联网信息办公室（以下简称"网信办"）7 月 4 日通报指出："根据举报，经检测核实，'滴滴出行'APP 存在严重违法违规收集和使用个人信息问题。国家互联网信息办公室依据《中华人民共和国网络安全法》（以下简称《网络安全法》）相关规定，通知应用商店下架'滴滴出行'APP，要求滴滴出行科技有限公司严格按照法律要求，参照国家有关标准，认真整改存在的问题，切实保障广大用户个人信息安全。""滴滴出行"被下架的第二天，"运满满""货车帮""BOSS 直聘"也被网信办颁布公告要求接受网络安全审查，通过网信办的公告对比可以得出，本轮针对数家互联网企业的审查工作由网络安全审查办公室依据《中华人民共和国国家安全法》（以下简称《国家安全法》）、《网络安全法》展开，目的均为"防范国家数据安全风险，维护国家安全，保障公共利益"，直指企业数据合规问题。

随着互联网产业的革命，数据的容量、运算能力、处理速度都发生了日新月异的变革，企业与数据的联系也日益密切，在收集用户个人信息过程中，出现公民个人信息被违法收集、泄露的风险；作为关键信息基础设施运营者（CIIO）的企业，出现信息处理过程中影响国家安全、经济安全、社会稳定、公共利益的风险；在竞争环节的数据不正当攫取和泄露也会导致企业的财产风险。企业合规本质上是公司治理的问题①，但是数据合规风险跨度已经超越了企业自身，企业对数据合规的需求表面来源于相关法律法规、政策的直观压力，实际上恰恰源于法律法规、政策背后保护公民个人信息、国家重要数据，维护公平竞争环境

---

① 陈瑞华. 企业合规的基本问题 [J]. 中国法律评论, 2020 (01)：178.

的考虑。从 2019 年 11 月 6 日工业和信息化部宣布开展 APP 侵犯用户权益专项整治行动以来，相关的检查整治工作一直稳步推进，截至 2021 年 7 月 19 日，已经通报 15 批侵害用户权益行为的 APP，下架 11 批未按期整改的侵害用户权益行为的 APP。这些 APP 大多存在违规收集个人信息和违规使用个人信息的问题，如 2021 年 7 月 12 日下架"极速体育""不鸽"等 48 款 APP，其中 38 款存在违规收集个人信息问题，5 款存在违规使用个人信息问题。在关键信息基础设施（Critical Information Infrastructure，以下简称"CII"）方面，2017 年实施的《网络安全法》首次在法律层面明确 CII 的概念，并对 CII 安全防护提出专门要求，2020 年实施的《网络安全审查办法》则是专门针对影响或可能影响国家安全的 CIIO 的审查办法，本轮"滴滴出行"等 APP 被国家网络安全审查办公室依据该办法审查，体现了国家对 CIIO 审查的稳步推进。企业之间的数据财产权益保护领域，司法实践中多依据《中华人民共和国反不正当竞争法》（以下简称《反不正当竞争法》）进行纠纷解决，如"新浪微博诉脉脉案"①。

监管与司法活跃的前提是立法的完备，监管与司法的发展方向也源于域内外数据立法的趋势。欧盟的数据立法的大事件包括 1995 年通过《关于涉及个人数据处理的个人保护以及此类数据自由流通的第 95/46/EC 号指令》（以下简称《指令》）和 2018 年《一般数据保护条例》（General Data Protection Regulation，简称"GDPR"）生效，从《指令》到 GDPR，欧盟数据立法提升了统一性。区别于《指令》下成员国可以选择具体的方式方法指定国内法予以执行的模式，GDPR 对成员国与当事人均具有广泛的约束力。② 同时，GDPR 对个人数据权利的保护力度增强，如通过加重数据控制者收集数据的告知义务来提高数据收集的透

---

① 北京微梦创科网络技术有限公司诉北京淘友天下技术有限公司、北京淘友天下科技发展有限公司不正当竞争案，参见北京知识产权法院（2016）京 73 民终 588 号民事判决书。

② 张敏，马民虎. 欧盟数据保护立法改革之发展趋势分析［J］. 网络与信息安全学报，2016，2（02）：9.

明度；增加被遗忘权与删除权、数据携带权等权益；要求在企业管理架构中增设数据保护官（Data Protection Officer，DPO）以强化企业数据安全保护义务。美国的数据立法则因联邦立法和各州立法而不同，联邦立法采取了分行业的分散立法模式，涉及健康医疗数据、金融数据、儿童数据、消费者数据、政府数据、教育数据等多领域的专门数据保护立法，见表1。GDPR颁布后，欧盟的统一立法模式成为全球个人数据保护立法范式。① 法典化的数据保护法案已经在州立法中得以实践，加利福尼亚州制定的《加州消费者隐私法案》（CCPA）为消费者个人数据的全面保护提供了完整的法律保障，成为美国当下具有代表性的个人数据保护法律。CCPA不再细分领域，而是建立一致规则和框架，通过立法统一概念，授予数据主体统一的权利，并设定较严格的处罚措施。

表1　美国联邦数据立法概况

文件名称	生效年份	立法目的及特点
《联邦贸易委员会法》	1914年	禁止不公平或欺骗性交易行为
《公平信用报告法》	1971年	规范对用户报告中数据的收集和使用
《家庭教育权和隐私权法》	1974年	保护教育机构收集的教育信息和记录
《计算机欺诈与滥用法》	1986年	禁止未经授权访问计算机
《电子通信隐私法》	1986年	规制窃听行为，是美国关于电子信息最全面的立法
《视频隐私保护法》	1988年	规定视频租赁和播放中的隐私保护
《儿童线上隐私保护法》	2000年	保护在线收集的儿童信息
《金融消费者保护法》	2010年	禁止与金融产品和服务有关的信息不公平及滥用

我国的数据立法包括法律、法规、规章等多种形式，2012年全国人大常委会通过《关于加强网络信息保护的决定》，确立了个人信息收集使用规则以及网络服务提供者保护个人信息安全的义务等规范，此

---

① 魏书音. 从CCPA和GDPR比对看美国个人信息保护立法趋势及路径［J］. 网络空间安全，2019，10（04）：103.

后，有多部法律直接或间接对数据保护进行了规定，详见表2。作为数据法律体系的重要环节，行政法规如《网络安全等级保护条例》，地方性法规如《贵州省大数据安全保障条例》，部门规章如《儿童个人信息网络保护规定》《网络安全审查办法》等也在相关行业、区域发挥着重要作用。如前文所述，个人信息保护的统一立法是国际立法趋势，我国也制定了统一的《中华人民共和国个人信息保护法》（以下简称《个人信息保护法》），自2021年11月1日起施行。在我国数据立法过程中，个人信息保护、CII 安全保护、分类分级保护等成为关键词汇，目前已有《网络安全法》《数据安全法》《个人信息保护法》及配套行政法规、部门规章搭建起体系化的数据保护框架。

表2　我国已生效的部分涉数据法律

法律	生效年份	相关规定及特点
《中华人民共和国刑法修正案（七）》	2009年	增设出售、非法提供个人信息，非法获取计算机信息系统数据，非法控制计算机信息系统等罪名
修正后《中华人民共和国消费者权益保护法》（以下简称《消费者权益保护法》）	2014年	通过第14、29、50、56条保护消费者的个人信息
《中华人民共和国网络安全法》	2017年	规定收集使用个人信息的规则及网络运营者保护个人信息的义务，成为我国网络和数据安全框架性的立法
《中华人民共和国电子商务法》（以下简称《电子商务法》）	2019年	通过第5、23、25、32条规定电子商务运营者的信息保护义务和责任
《中华人民共和国民法典》	2021年	通过第六章专章规定保护隐私权和个人信息
《中华人民共和国数据安全法》	2021年	规范数据安全的专门法律

但同时，随着数字经济的发展以及在我国国内生产总值中的比重逐年增大，对于数据流转、数据创造价值的需求也日益明显。早在1996年，美国经济学家尼古拉·尼葛洛庞帝（Nicholas Negroponte）就在其编写的《数字化生存》一书中描绘了他所设想与理解的信息化时代的

图景，并在书中指出数字经济是利用比特而非原子的经济。① 数字经济依赖于互联网信息技术，其概念也随着信息技术的快速变革和发展不断变化，学界对于数字经济的内涵与外延并无统一认识。2016 年颁布的《二十国集团数字经济发展与合作倡议》中提出"数字经济是指以使用数字化的知识和信息作为关键生产要素、以现代信息网络作为重要载体、以信息通信技术的有效使用作为效率提升和经济结构优化的重要推动力的一系列经济活动"②。数字经济作为一种基于数字技术手段运转的新型经济形态③，一个显著特征是数据成为生产要素④。数据资源作为生产要素包括其自身作为资源的价值、对数据进行管理的增值以及对数据进行深度挖掘和分析的价值。⑤ 我国在国家层面对数据作为生产要素进行了确认，详见表 3。作为数据流转重要一环甚至核心环节的企业，更需要在合规框架下充分利用数据、流转数据以促进生产。在此背景下，我们更需要针对企业对数据的权利义务及企业数据合规框架进行学理探讨与制度设计。

表 3 我国数据作为生产要素的规范历程

时间	相关事项
2019 年 10 月	中共十九届四中全会指出"健全劳动、资本、土地、知识、技术、管理、数据等生产要素由市场评价贡献、按贡献决定报酬的机制"
2020 年 3 月	《中共中央 国务院关于构建更加完善的要素市场化配置体制机制的意见》（以下简称《意见》）指出"加快培育数据要素市场"
2021 年 6 月	《中华人民共和国数据安全法》："促进以数据为关键要素的数字经济发展"

① [美] 尼古拉·尼葛洛庞帝. 数字化生存 [M]. 胡泳，范海燕，译. 海口：海南出版社，1997：12.

② 二十国集团数字经济发展与合作倡议 [EB/OL]. 中国网信网，2016-09-29.

③ 陈若芳，周泽红. 数字经济新特征及发展逻辑：一个政治经济学的分析框架 [J]. 改革与战略，2021，37（03）：41-50.

④ 蓝庆新. 数字经济是推动世界经济发展的重要动力 [J]. 人民论坛·学术前沿，2020（08）：80-85.

⑤ 王芳. 关于数据要素市场化配置的十个问题 [J]. 图书与情报，2020（03）：9-13.

作为数据安全保护的专门法律，《数据安全法》将在我国的数据保护法律体系中发挥举足轻重的作用。该法尚未被纳入立法计划前，学界已经聚焦数据安全保护的相关研究。初期成果以厘清数据与信息、资料等概念的区别为主，认为保护数据的目的在于保护数据中蕴含的个人信息。如梅绍祖①、张振亮②、夏燕③、张新宝④认为个人数据和个人信息在研究领域和内容上具有一致性，可以通用。史卫民则认为数据与信息不应混淆，数据主要适用于技术领域，司法领域应使用采集信息更为恰当。⑤ 纪海龙认为数据含有数据文件与数据信息这两重含义，同时对数据私法保护进行了探讨。⑥ 之后一个阶段，学者一方面探究数据权属的难题，另一方面从保护路径方向切入。涉及企业权利义务的重要成果如郑佳宁认为对用户个人信息的保护应当以规制企业收集、处理和利用信息的行为为主要内容⑦，邓丽宏指出数据权利的保护要着重规范数据使用过程中数据主体的行为⑧，程啸特别指出企业数据权利的保护⑨，徐伟则从企业数据获取规则角度出发，认为应当增设企业间数据流通规则。⑩ 自《数据安全法》立法工作开展以来，学者开始对其与《国家安

① 梅绍祖. 个人信息保护的基础性问题研究 [J]. 苏州大学学报, 2005 (02): 27.

② 张振亮. 个人信息权及其民法保护 [J]. 南京邮电大学学报 (社会科学版), 2007 (01): 42.

③ 夏燕. "被遗忘权" 之争——基于欧盟个人数据保护立法改革的考察 [J]. 北京理工大学学报 (社会科学版), 2015, 17 (02): 133.

④ 张新宝. 从隐私到个人信息: 利益再衡量的理论与制度安排 [J]. 中国法学, 2015 (03): 39.

⑤ 史卫民. 大数据时代个人信息保护的现实困境与路径选择 [J]. 情报杂志, 2013, 32 (12): 157.

⑥ 纪海龙. 数据的私法定位与保护 [J]. 法学研究, 2018, 40 (06): 74.

⑦ 郑佳宁. "谁动了我的信息?"——快递服务信息的归属与保护 [J]. 兰州学刊, 2016 (08): 152.

⑧ 邓丽宏. 大数据权利属性的法律逻辑分析——兼论个人数据权的保护路径 [J]. 江海学刊, 2018 (06): 144-150, 255.

⑨ 程啸. 论大数据时代的个人数据权利 [J]. 中国社会科学, 2018 (03): 102-122, 207-208.

⑩ 徐伟. 企业数据获取 "三重授权原则" 反思及类型化构建 [J]. 交大法学, 2019 (04): 38.

全法》《网络安全法》之间的定位体系关系进行研究，许可提出"下位法说"，认为《数据安全法》和《网络安全法》均为《国家安全法》的下位法，两者发挥互补效果①；朱雪忠与代志在2020年提出"特别法说"，认为《网络安全法》《数据安全法》是《国家安全法》的特别法②；翟志勇提出安全体系协调说，认为《网络安全法》与《数据安全法》应考虑国家安全法律体系的协调，主张《数据安全法》颁布之后，《网络安全法》中有关数据安全的规范除确有必要外应当删除，以保持网络安全规范和数据安全规范在国家安全体系中相互独立且自成体系。③

企业是数据流转及价值实现的核心主体，也是数据安全保护中受到规制监管的重要对象。数据立法的完善对企业数据合规提出了新要求，在《数据安全法》即将正式实施的时点，有必要考察《数据安全法》下企业面临的数据合规挑战，厘清企业数据合规的原理与框架，进一步推动我国企业数据合规制度的构建。

二、《数据安全法》对企业的规范之述评

数据保护与数据流转的平衡是数据法学的重要议题。数字经济时代，数据是创造价值、实现增值的重要资源，越来越多的企业通过掌握、管理、处理分析数据实现技术创新，数家互联网企业依靠数据优势成为独角兽，但数据泄露、数据滥用等问题也体现了技术"双刃剑"的另一面，对于数据活动的规制势在必行。在数据保护相关立法的完善进程中，为避免企业合规风险，有必要对《数据安全法》进行解读，考察其对企业的规范，掌握企业的合规要求。

① 许可. 数据安全法：定位、立场与制度构造 [J]. 经贸法律评论, 2019 (03)：54.

② 朱雪忠，代志在. 总体国家安全观视域下《数据安全法》的价值与体系定位 [J]. 电子政务, 2020 (08)：90.

③ 翟志勇. 数据安全法的体系定位 [J]. 苏州大学学报（哲学社会科学版）, 2021, 42 (01)：74.

（一）设置企业数据权利义务

广义的企业数据是指由企业实际控制和使用的数据，既包括财务数据、运营数据等商业数据，也包括企业合法收集、利用的用户数据。[①]数据安全保护语境下的企业数据仅是指企业合法收集、利用的用户数据。企业数据权利本身面临权利来源和权属性质的争议，对于企业数据权利来源，学界存在"用户授权说"[②] "法律赋权说"[③] "采集取得说"[④] 等观点。有关权利来源的不同学说也导致了对于企业数据权属及保护路径的争议，主要包括财产权保护[⑤]和反不正当竞争保护[⑥]两种方案。由于权利来源、性质与归属问题的解释困境，企业数据权利义务并无体系化定论。现行制度规避了这些问题，以《数据安全法》为代表的法律规范从实用主义角度出发，对企业数据权利义务进行了一定的具体配置，一方面保障企业的合法数据权益，如数据安全法中的保障、支持类条文，具体见表4；另一方面对企业数据处理活动提出了新的要求，详见表5。

表4　《数据安全法》具体条文对企业数据权益的保障

相关条文	核心内容
第七条	保护个人、组织与数据有关的权益，鼓励数据依法合理有效利用，保障数据依法有序自由流动
第十四条	鼓励和支持数据在各行业、各领域的创新应用
第十五条	支持开发利用数据提升公共服务的智能化水平

---

① 石丹. 企业数据财产权利的法律保护与制度构建 [J]. 电子知识产权，2019（06）：60.

② 徐伟. 企业数据获取"三重授权原则"反思及类型化构建 [J]. 交大法学，2019（04）：25.

③ 龙卫球. 再论企业数据保护的财产权化路径 [J]. 东方法学，2018（03）：59.

④ 程啸. 论大数据时代的个人数据权利 [J]. 中国社会科学，2018（03）：118.

⑤ 梅夏英. 在分享和控制之间　数据保护的私法局限和公共秩序构建 [J]. 中外法学，2019，31（04）：851.

⑥ 王镭."拷问"数据财产权——以信息与数据的层面划分为视角 [J]. 华中科技大学学报（社会科学版），2019，33（04）：108.

相关条文	核心内容
第十六条	支持数据开发利用和数据安全技术研究，鼓励数据开发利用、技术推广和商业创新
第二十条	支持数据开发和数据安全教育和培训

表5　《数据安全法》具体条文对企业数据义务的规定

相关条文	核心内容
第二十七条	数据处理依法依规
第二十八条	数据处理及技术研发符合社会公德和伦理
第二十九条	数据处理加强风险监测，对风险应当及时补救，对安全事件立即处置，及时告知
第三十条	数据处理应当定期开展风险评估，并报送风险评估报告
第三十一条	数据出境的安全要求
第三十二条	数据收集的要求
第三十三条	数据交易中介服务机构的义务
第三十四条	行政许可的要求
第三十五条	配合有关机关侦查犯罪调取数据
第三十六条	非经批准不得向外国司法或者执法机构提供境内数据

数字经济时代，企业数据权利和义务面临新的语境。正如《意见》中既明确了数据要素市场化配置的方向，又提出了加强数据资源整合和安全保护的要求。[①] 可以说《数据安全法》对《意见》的这一要求进行了回应。对比之后可以看出，一方面《数据安全法》充分体现了数字经济的重要性，对企业正常使用数据、流转数据、数据创新给予了支持；另一方面贯彻了总体国家安全观，配合其他法律对企业的数据活动

---

① 《中共中央　国务院关于构建更加完善的要素市场化配置体制机制的意见》（二十二）：加强数据资源整合和安全保护。探索建立统一规范的数据管理制度，提高数据质量和规范性，丰富数据产品。研究根据数据性质完善产权性质。制定数据隐私保护制度和安全审查制度。推动完善适用于大数据环境下的数据分类分级安全保护制度，加强对政务数据、企业商业秘密和个人数据的保护。

提出了义务性的要求，将促进合理配置数据要素市场，进而保障数字经济健康发展。

当然，《数据安全法》对于企业数据权利和义务的规定并非尽善尽美，首先，权利义务比重不对等，权利相关条文数目少，而且多是鼓励、支持类条文，需要通过其他规范进一步细化，而义务类条文非常明确具体，当然，这与《数据安全法》以保障数据安全为导向的定位不无关系。其次，义务部分缺少对于不正当竞争和垄断的相关规定，目前有关企业数据不正当竞争和垄断行为的规范主要依靠《反不正当竞争法》和《反垄断法》进行，但实践中还是存在数据权属不清晰、数据的人格权益属性得不到保障等问题。[①] 如前所述，该问题根源于数据权属的理论难点。最后，《数据安全法》部分义务指向"重要数据的处理者"，根据第 21 条，重要数据的目录需要国家数据安全工作协调机制统筹协调有关部门制定，地区、部门、行业、领域的具体目录须各地区、各部门按数据分类分级保护制度确定，"重要数据的处理者"义务条文的落实前提是重要数据目录的制定。

（二）明确数据安全基本原则

数据安全的基本原则应当是规范数据收集、存储、传输、处理、使用、共享、流转等全周期活动的基本准则，也是指导数据安全保障和监督管理的公理性要求。数据安全基本原则与数据特性有关，同时内含法理基础和数据价值观。作为史上最严格的统一数据法典，GDPR 第 5 条确立了一系列数据安全的基本原则，具体要求见表 6。[②]

---

① 何渊. 数据法学［M］. 北京：北京大学出版社，2020：155.
② 欧盟《一般数据保护条例》（GDPR）［M］. 瑞柏律师事务所，译. 北京：法律出版社，2018：44-45.

表 6 GDPR 第 5 条所规定的数据安全基本原则

原则	具体要求
合法、公平、透明原则	数据以对数据主体合法、公平和透明的方式被处理
目的限制原则	数据为特定、明确和合法目的而被收集和后续处理
存储限制原则	数据保存时间不得长于数据处理的必要时间
数据最小化原则	数据以实现该个人数据处理目的所需为限
准确性原则	数据应准确且在必要情形下不断更新，应采取一切合理手段让对实现数据处理目的而言不准确的个人数据被及时删除或修正
完整性与保密性原则	数据应以能够确保数据安全的方式而被处理，包括使用适当的技术性或组织性措施以防止未经授权的或者非法的处理、意外遗失、灭失或损毁

在此基础上，国内学者通过进一步的归纳整理，得出数据安全的基本原则包括合规性原则（合法性原则）、合理性原则（比例原则）以及平衡原则。① 合规性原则是指数据控制者、数据处理者等主体要遵守法律、法规、规章及监管政策，同时要遵守相关标准、合同以及伦理准则。合规性原则的前提和基础是合法性原则，此外还包括合标准原则与合伦理原则。合理性原则又称比例原则，是指法律须评价收集和使用数据所欲实现目的的正当性，以及实现目的与其采取手段之间的利益衡量关系，包括适当性原则、必要性原则与均衡性原则。平衡原则则是从保护与发展的平衡性出发，要求实现数据保护与数字经济发展之间的平衡。具体原则的要求和在《数据安全法》中的体现见表 7。

表 7 《数据安全法》及其他法律对数据安全基本原则的落实

基本原则	分原则及对企业的要求	我国法律文件中的体现
合规性原则	授权原则：企业对数据的控制和处理经授权或同意	《数据安全法》：第 27 条要求开展数据处理活动应当依照法律、法规的规定

---

① 何渊. 数据法学 [M]. 北京：北京大学出版社，2020：12.

续表

基本原则	分原则及对企业的要求	我国法律文件中的体现
合规性原则	公开透明原则：企业以公开透明的方式处理数据	《网络安全法》：第41条要求网络运营者公开收集、使用规则 《消费者权益保护法》：第29条要求经营者公开收集、使用消费者个人信息的规则
	目的限制原则：企业应当基于具体、明确、合法的目的收集、处理个人数据	《数据安全法》：第32条要求收集、使用数据的目的、范围应当符合法律、行政法规的规定 《网络安全法》：第41条要求明示收集、使用信息的目的、方式和范围
	准确性原则：企业保证数据的准确性，适时更新，及时处理错误数据	《网络安全法》：第43条规定个人发现网络运营者违反法律、行政法规的规定或者约定收集、使用其个人信息的，有权要求网络运营者删除其个人信息；发现网络运营者收集、存储的其个人信息有误的，有权要求网络运营者予以更正
	存储限制原则：企业对数据的存储时间不能长于实现数据处理目的所需时间	已颁布法律无体现 《个保法草案（二审稿）》：第20条要求个人信息的保存期限应当为实现处理目的所必要的最短时间
	完整性和保密性原则：企业处理数据应当确保安全，保护数据免受丢失、销毁、破坏和泄露	《网络安全法》：第10条要求建设、运营网络或者通过网络提供服务，应当维护数据完整性、保密性和可用性
	可追责原则：企业处理数据须承担法律义务，对数据泄露、损害等情形承担法律责任	《网络安全法》：第49条要求网络运营者应当建立网络信息安全投诉、举报制度，颁布投诉、举报方式等信息，及时受理并处理有关网络信息安全的投诉和举报
	合标准原则：企业控制、处理数据符合相关标准	《数据安全法》：第17条提出国家推进数据开发利用技术和数据安全标准体系建设
	合伦理原则：企业控制、处理数据符合社会伦理	《数据安全法》：第28条要求开展数据处理活动以及研究开发数据新技术，应当符合社会公德和伦理

基本原则	分原则及对企业的要求	我国法律文件中的体现
合理性原则	适当性原则：企业收集处理数据目的合法且适当	《数据安全法》：第32条要求应当在法律、行政法规规定的目的和范围内收集、使用数据
	必要性原则：适当性满足的前提下采用使数据主体损失最小的技术手段	《网络安全法》：第41条要求网络运营者不得收集与其提供服务无关的个人信息
	均衡性原则：对数据主体的损害不能超过数据处理目的所带来的收益	《数据安全法》：第21条要求根据数据在经济社会发展中的重要程度和潜在的危害程度，对数据实行分类分级保护
平衡原则	平衡原则：实现数据保护和数字经济发展的平衡，保障企业的权利与义务对等	《数据安全法》对数据处理者的权利和义务都作出了规定，强调促进以数据为关键要素的数字经济发展的同时，注重对于数据安全的保护

通过对表7的进一步分析可知，几部法律的协同配合将进一步完善数据安全基本原则在我国法律中的相关规定和体现，提高数据安全保护的科学性，充分协调数字经济的创新发展与数据保护之间的平衡关系，也将对作为数据控制者、处理者的企业提出更高的要求。

（三）强化数据合规要求

企业合规概念的出现与金融机构风险管理有关，最早可以追溯到20世纪30年代金融危机中美国银行业的监管。[①]但企业合规在不同语境下的概念并不完全相同，理论观点认为合规含有三重含义：一是企业在运营过程中要遵守法律法规，二是企业要遵守商业行为守则和企业伦理规范，三是企业要遵守自身所制定的规章制度。根据原国家质量监督检验检疫总局与国家标准化管理委员会联合颁布的国家标准《合规管

---

① 陈永安，刘汉，齐宇. 合规与公司绩效：促进还是抑制？——基于上市公司合规指数的计量和实证检验［J］. 证券市场导报，2020（10）：24.

理体系指南》（GB/T 35770—2017），合规意味着组织遵守了适用的法律法规及监管规定，也遵守了相关标准、合同、有效治理原则或道德准则。比照这一概念，企业数据合规指的是企业在数据活动中，遵守了适用的数据法律法规及监管规定，也遵守了数据相关标准、合同、有效治理原则或道德准则。《数据安全法》的颁布首先明确了对企业数据活动的合法性要求，其次体现了对于企业遵守合同、遵守伦理的数据合规要求。如第 40 条要求受委托建设、维护电子政务系统或存储、加工政务数据的企业，应当依照合同约定履行数据安全保护义务；又如多处条文提及数据活动应当尊重社会公德和伦理。

大数据时代，数据在生产生活中的利用率骤升，涉及数据活动的频率激增，加之数据活动环节繁多，企业面临更高的数据合规风险。同时，近年来国际数据立法活跃，并且采取日渐严格的立法模式和罚则设计。GDPR 一经颁布，就因其严格的数据保护标准与跨境流动规则，成为全球隐私保护的标杆①，GDPR 管辖范围内的监管机构、数据主体和数据控制者对数据保护的重视程度也在不断提升。2018 年 6 月起英国航空公司网站发生了数据泄露事件，攻击者收集了客户详细信息，包括客户个人信息和银行卡信息，如姓名、地址、邮箱，以及信用卡的号码、有效期和背面的验证码（CVV）等，根据 GDPR 统一适用的规定，英国数据保护监管机构（ICO）依据 GDPR 第 32 条对英国航空处以2000 万英镑的罚款。GDPR 于生效后的一个月，美国加州议会通过 CC-PA，同样设置了严格的罚则，对每次违法行为最高可以处 7500 美元的罚款②，并且未设置次数上限，按美国沿用习惯上的"每次违法行为""每人每事件"罚款公式，如果案涉多个消费者，企业将承担多人次的叠加罚款。事实上，在 CCPA 实施之前，美国早已对侵犯隐私案件秉持重罚态度，如 2019 年 7 月，美国联邦贸易委员会对 Facebook（脸书）

---

① 裘韵. 试析 GDPR 影响下奥运赛事承办方跨境传输个人数据的合规义务——以 2022 年北京冬奥会为例［J］. 体育科学，2019，39（07）：80.

② 参见 Cal. Civ. Code § 1798. 155。

处以 50 亿美元的天价民事罚款，要求其对未履行足够数据保护义务的行为负责。① 诚如前文分析，我国的数据立法脉络也日益严格化，这一趋势在《数据安全法》中体现得尤为明显，详见表 8。

表 8　《数据安全法》相比于《网络安全法》的合规差异

比较事项	合规差异所在
数据范围	保护范围不止网络数据，还包括其他方式对信息的记录
数据处理流程	对于数据处理的界定，包括数据的收集、存储、使用、加工、传输、提供、公开等，形成了对数据全生命周期的覆盖
管辖权范围	进行了扩大，涵盖了在境外开展数据处理活动，损害国家安全、公共利益或者公民、组织合法权益的情形
分类分级保护义务	提出分类分级的标准
重要数据与核心数据保护	规定重要数据目录制定主体，强调对核心数据进行严格管理
数据跨境合规义务	增加了对于数据跨境的相关规制
数据安全保护义务	第四章专章明确企业开展数据活动的安全保护义务
数据处理服务资质	强调数据处理相关服务应当取得行政许可的，服务提供者应当依法取得许可
处罚力度	处罚加重，对于危害国家主权、安全和发展利益的情形，最高可处 1000 万元罚款

《数据安全法》所加强的企业合规义务主要包括以下类型：首先是领域的扩大，包括合规数据范围、数据流程及管辖范围；其次是合规义务的增设，在该法下企业需额外关注分类分级保护、重要与核心数据保护、数据跨境合规、数据安全保护义务等，其中数据安全保护义务相关条文还对企业建立风险监测机制、风险评估机制提出了要求；再次是数据处理服务资质的要求，对于应当取得行政许可的事项需取得行政许可；最后是处罚力度的增大。由于企业数据合规的体系性，企业在现有的合规设计中应当融入《数据安全法》的新规定，规避合规风险。

---

① Federal Trade Commission Imposes ＄5 Billion Penalty and Sweeping New Privacy Restrictions on Facebook ［EB/OL］. Federal Trade Commission，2019-07-24.

（四）建立分类分级保护制度

《网络安全法》第一次在法律层面规定了数据分类，该法第 21 条指出网络运营者应当按照网络安全等级保护制度的要求，采取数据分类、重要数据备份和加密等措施保障网络免受干扰、破坏或者未经授权的访问，防止网络数据泄露或者被窃取、篡改。尽管该条要求网络运营者采取数据分类，但并未明确数据分类的标准和要求。《数据安全法》首次在法律层面完整提出了分类分级的双重保护要求，在第 21 条规定了数据分类分级保护制度，详见表 9。

表 9　《数据安全法》第 21 条详情

第 21 条规定事项	具体内容
提出数据分类分级保护的两个标准	标准 1：数据在经济社会发展中的重要程度 标准 2：数据发生安全事件造成的危害程度
明确国家核心数据的概念	关系国家安全、国民经济命脉、重要民生、重大公共利益等数据属于国家核心数据
规定相关主体职能划分	1. 国家数据安全工作协调机制统筹协调有关部门制定重要数据目录 2. 各地区、各部门确定本地区、本部门以及相关行业、领域的重要数据具体目录

数据分类分级的概念实际上来源于广义的数据分类（data classification）概念，不同学者对其理解并不相同。数据敏感度说认为数据分类是定义各种数据级别并决定其敏感程度的过程，体现在数据被创建、修改、存储或传输的各个阶段。数据可以根据与公开相关的风险分类，分为公共、内部、机密（或高度机密）、限制、监管或最高秘密等；也可以根据数据被创建的方式、使用模式分类[①]。数据识别说认为数据分类提供了数据保护的基线指标，并最终通过数据是什么、数据在何处、何

[①] SHAIKH R, SASIKUMAR M. Data Classification for Achieving Security in Cloud Computing [J]. Procedia Computer Science, 2015 (45): 493-498.

人使用数据、何时使用数据、如何使用数据这五个基本问题对数据进行识别，侧重于在信息生命周期管理（Information Lifecycle Management，ILM）中处理数据问题。① 概念间的主要差异是关注维度的不同，其目的都是对数据进行高效管理和保护。我国目前所采纳的数据分类分级概念更倾向于数据敏感度说，分类强调数据根据属性、特征、种类的划分，分级则侧重于对分类后同一类别数据的级别划分，一般遵循先分类后分级的顺序。如贵州省在 2016 年颁布的地方标准《政府数据 数据分类分级指南》（DB52/T 1123—2016）中对政府数据分类分级进行了定义，强调政府数据分类是通过多维数据特征准确描述政府基础数据类型，政府数据分级则指通过政府数据的敏感程度为政府不同类型数据的开放和共享策略的制定提供支撑。《数据安全法》颁布前，已经出现一些地区或行业有关数据分类分级的标准指南；该法颁布之后，其加速了标准的制定，详见表 10。

表 10 我国现行数据分类分级相关标准

标准名称	颁布主体	颁布与实施时间
贵州省地方标准《政府数据 数据分类分级指南》（DB52/T 1123—2016）	贵州省质量技术监督局	2016 年 9 月颁布 2016 年 9 月实施
金融行业标准《证券期货业数据分类分级指引》（JR/T 0158—2018）	中国证券监督管理委员会	2018 年 9 月颁布 2018 年 9 月实施
国家标准《信息安全技术 大数据安全管理指南》（GB/T 37973—2019）	国家市场监督管理总局、国家标准化管理委员会	2019 年 8 月颁布 2020 年 3 月实施
《工业数据分类分级指南（试行）》	工业和信息化部	2020 年 2 月颁布 2020 年 2 月实施
金融行业标准《个人金融信息保护技术规范》（JR/T 0171—2020）	中国人民银行	2020 年 2 月颁布 2020 年 2 月实施

---

① ［美］普雷斯顿·吉兹. 数据保护权威指南［M］. 栾浩，王向宇，吕丽，译. 北京：清华大学出版社，2020：18-22.

标准名称	颁布主体	颁布与实施时间
互联网金融团体标准《互联网金融组织数据分类分级指南》（T/ZAIF 1002—2020）	浙江互联网金融联合会	2020 年 7 月颁布 2020 年 9 月实施
通信行业标准《车联网信息服务用户个人信息保护要求》（YD/T 3746—2020）	工业和信息化部	2020 年 8 月颁布 2020 年 10 月实施
金融行业标准《金融数据安全　数据安全分级指南》（JR/T 0197—2020）	中国人民银行	2020 年 9 月颁布 2020 年 9 月实施
通信行业标准《基础电信企业数据分类分级方法》（YD/T 3813—2020）	工业和信息化部	2020 年 12 月颁布 2020 年 12 月实施
国家标准《信息安全技术　健康医疗数据安全指南》（GB/T 39725—2020）	原国家质量监督检验检疫总局、国家标准化管理委员会	2020 年 12 月颁布 2021 年 7 月实施
通信行业标准《基础电信企业重要数据识别指南》（YD/T 3867—2021）	工业和信息化部	2021 年 5 月颁布 2021 年 7 月实施

可见，2020 年颁布了多部数据分类分级标准，尤其是集中在金融行业和通信行业，2020 年标准制定的勃兴和《意见》与《数据安全法（草案）》的颁布有直接关系，照此趋势，《数据安全法》第 21 条的要求会驱动各地区、各部门进一步加快地区、行业数据分类分级标准的制定与颁布，标准的增多和细化也将对企业合规提出更高的要求。

（五）安排具体机制

相比于《网络安全法》，《数据安全法》构建了更为完备的数据安全保护架构，其中包括数据安全工作具体机制的安排。《数据安全法》所规定的机制可以类型化为对国家提出要求的国家数据安全机制与对数据处理主体进行规制的主体数据义务机制两类，前者集中在第三章，后者则主要体现在第四章，详见表 11。

表 11　《数据安全法》关于数据保护的具体机制

	相关机制	具体要求
国家数据安全机制	第 22 条：预警机制	加强对数据安全风险信息的获取、分析、研判、预警工作
	第 23 条：安全应急处置机制	采取应急处置措施，防止危害扩大，及时向社会发布与公众有关的警示信息
	第 24 条：数据安全审查机制	对影响或者可能影响国家安全的数据处理活动进行安全审查①
	第 25 条：数据出口管制机制	对与维护国家安全和利益、履行国际义务相关的属于管制物项的数据依法实施出口管制
	第 26 条：数据对等反制机制	向对我国采取歧视性的禁止、限制或者其他类似措施的国家或地区采取对等措施
	第 31 条：数据出境管理机制	数据出境需符合相关规定
主体数据义务机制	第 29 条：数据风险监测机制	加强风险监测，对后续处置提出要求，并要求及时告知用户、报告主管部门
	第 30 条：数据风险评估机制	定期开展风险评估并向主管部门报送风险评估报告
	第 33 条：数据交易中介机制	数据交易中介服务机构应当要求数据提供方说明数据来源，审核交易双方的身份，并留存审核、交易记录

　　国家数据安全机制的设定主要集中于数据活动监管，具体的机制安排仍需细化。如在数据安全审查机制的规定中，并未明确数据安全审查的主体、对象、流程、期限、内容，需要法规规章的配套完善。对企业来说，国家数据安全机制的设立将加强对企业数据活动的限制，但在一定程度上也对企业给予了保护，如安全应急处置机制的设立可以有效防止损害进一步扩大，也可以降低数据安全事件对企业的损害。主体数据

---

① 值得注意的是，《网络安全法》第 35 条规定了网络安全审查的要求，从现有规定来看，数据安全审查和网络安全审查有可能在具体网络数据安全事件中并行适用，存在交集。

义务机制则要求企业内部建立诸如数据风险监测、数据风险评估的机制，进一步规范企业的数据活动。

三、企业数据合规的框架设计

数据保护法律的出台无疑会对企业合规提出新的要求，《数据安全法》要求企业除认真研读法条、应对监管、熟稔相关的权利义务之外，还要进行内部审视，及时进行合规框架设计，规避合规风险。

（一）培养数据安全理念

1. 掌握数据安全的相关概念

《数据安全法》第 3 条划定了数据范围并规定了数据安全的核心概念。数据安全贯穿于数据保护的全生命周期，在数据的收集、存储、访问与使用、加工、传输、提供、公开等环节都需要关注数据安全隐患，同时，大数据下的数据安全概念除了传统信息安全强调的保密性、完整性、可用性之外，还应该包括防滥用和防误用。前者关注数据的正当利用，防止出现诸如掌握数据的企业内部成员无目的、非工作场景下肆意访问用户个人数据，导致泄露用户隐私等情况；后者专门用于防止数据在处理流程中出现的过失性安全问题，比如，设置了识别新老用户的算法以实现新人优惠，但是算法的盲目适用导致出现了熟客利益受损，即"大数据杀熟"现象的出现。

2. 树立分类分级数据保护理念

《数据安全法》的主要特色之一在于对分类分级保护制度的构建，尽管该法中涉及分类分级的内容更侧重于以监管机构的视角对不同地区、行业的不同类型数据进行目录清单的制作，但该制度势必影响企业自身按照标准和目录对数据进行分类分级，以更好地应对法律规定与监管要求。《数据安全法》时代，企业数据分类分级应该分为被动回应和主动划分两种。前者指分类分级相关标准和重要数据目录清单的出台要求企业依法依规整理其控制的数据和数据产品。后者包括两种情形，一是在企业数据尚无分类分级标准时，出于科学、高效的保护目的，企业自主进行分类分级，同时可以为衔接日后出台的国家、地区、行业标准做好准备；二是相关标准已经出台，企业在被动回应整理之后，对数据内部进行细化，在标准框架下提高分类分级的可操作性。

3. 关注消费者数据安全

企业数据的相当一部分是收集处理的消费者数据，一方面需要保证自身读取、处理消费者数据的合规；另一方面要尽到对消费者数据的保护义务，防止数据被恶意获取、泄露。企业在掌握消费者数据的全流程中应当关注以下几方面：首先，开发者和管理者应当分离，使掌握技术的开发者不能轻易获取用户数据，可以获取数据的管理者不接触数据处理技术，通过信息不对称规范开发者和管理者的权利，降低数据库整体泄露和非法传播的风险[①]；其次，获取数据应当经过消费者的实质同意，正如 GDPR 第 4 条的要求，同意应当是在知情基础上自愿、明示做出的明确的真实意思表示，有具体的指向性而非"一站式"同意；再次，对消费者数据按照涉密安全等级、数据敏感程度等进行分类分级；最后，关注相关法律、法规及政策要求，如《消费者权益保护法》确立了消费者个人信息保护告知和同意原则、安全保护原则、发送商业性信息须合法原则。在贯彻这些原则的基础上，企业还应查阅解读《电子商务法》《网络安全法》《数据安全法》的相关规定，优化服务条款和隐私获取及保护政策。

（二）明确数据运营的权利边界

1. 遵守数据安全法律规定的义务与原则

数据安全法律为数据运营规定了较为直观的义务，如《数据安全法》第四章专章规定的数据安全保护义务及第六章的对应罚则。如前所述，我国有关数据保护的法律、行政法规较多，对于其中必须遵守的禁止性规定，企业应特别关注。同时，企业应当遵守数据安全原则，否

---

① 高潮. 大数据时代用户消费型数据的分级分类隐私保护策略研究 [J]. 广东通信技术，2016，36（09）：11.

则很可能在监管与司法案件中得到否定性评价裁决。另外，在目前颁布的法律条文中未涉及的储存限制原则等规定，已在《个人信息保护法（草案）》中得到体现，企业应当予以关注并为将来适应新法的规定做好准备。

2. 识别企业是否为特定主体

《数据安全法》中的很多条文指向了特定主体，具体包括：重要数据的处理者、关键信息基础设施的运营者、从事数据交易中介服务的机构，详见表12。具体而言，作为重要数据的处理者的企业，首先应关注国家有关部门及各地区制定的重要数据目录，比对自己所处理的数据，特别设置数据安全负责人和管理机构对列入目录中的数据进行重点保护，同时定期开展风险评估并报送报告；作为 CIIO 的企业，应特别关注《网络安全法》的义务设置，该法第 31 条对关键信息基础设施进行了概念界定，规定关键信息基础设施包括公共通信和信息服务、能源、交通、水利、金融、公共服务、电子政务等重要行业和领域，以及其他一旦遭到破坏、丧失功能或者数据泄露，可能严重危害国家安全、国计民生、公共利益的关键信息基础设施。按照这样的定义，"滴滴出行"这样掌握国家地图、交通信息的企业就应当属于 CIIO。《网络安全法》第 34—38 条已经对 CIIO 规定了诸如安全保护义务、保密义务、境内存储等义务，《数据安全法》实施之后，CIIO 除需要关注前述义务外，还应额外关注数据出境的相关要求。另外，2021 年 9 月 1 日起施行的《关键信息基础设施安全保护条例》对于 CIIO 提出了新要求；从事数据交易中介服务的企业，则需要关注第 33 条的相关义务。

表 12 《数据安全法》特定主体义务情况

特定主体	涉及条文	相关义务
重要数据的处理者	第 27 条	明确数据安全负责人和管理机构，落实数据安全保护责任
	第 30 条	定期开展风险评估并报送风险评估报告
关键信息基础设施的运营者	第 31 条	数据出境安全管理适用《中华人民共和国网络安全法》规定
从事数据交易中介服务的机构	第 33 条	要求数据提供方说明数据来源，审核交易双方的身份，并留存审核、交易记录

3. 关注数据处理全流程权利边界

数据处理本身有其生命周期，包括数据的创建（获取）、使用（处理）、删除，《数据安全法》规定了数据处理包括数据的收集、存储、使用、加工、传输、提供、公开等活动，企业应当在数据全生命周期中明确自己的权利边界。首先，企业数据流程设计要合规。传统做法经常将合规与业务流程设计相分离①，合规更多的是应对监管、检查，内部流程设计不考虑合规将导致数据风险。《数据安全法》时代，企业应当将数据保护的理念贯彻到产品和服务中，在数据处理全流程关注自己的权利和义务。其次，企业应当对数据进行识别、分类分级。正如前文分析，对于不同类型、不同级别的数据，企业所享有的权利也不同。再次，企业应当明确各流程的权利边界，在获取环节，应当注重合法性、必要性并征得实质同意。存储环节应注意分类分级存储、存储期间最小化、存储方式安全化，对个人信息应当采取去标识化处理。数据使用环节应当注重对企业人员访问、处理数据权限的分配和管理。最后，充分尊重用户的权利，响应用户合理的删除数据、更正数据、注销账户等需求。

---

① 周汉华. 探索激励相容的个人数据治理之道——中国个人信息保护法的立法方向 [J]. 法学研究，2018，40（02）：14.

4. 避免数据恶性竞争和垄断

数据权属在理论和实务界尚存争议，实践中常见擅自抓取和利用他人数据而引起的纠纷，大多作为不正当竞争案件进行裁决。① 同时，数字经济领域存在网络效应、"马太效应"，容易造成赢家通吃的现象，互联网巨头往往占据绝大部分市场份额，并挤压现实或潜在竞争者的生存空间，在利益驱使下拒绝开放共享相关数据，实现垄断。企业应避免违法使用爬虫技术窃取其他企业的非公开数据，避免恶性竞争，同时要防止数据不当集中，造成垄断。

（三）数据合规的内部制度构建

1. 建立完善《数据安全法》要求的各项机制

例如，在风险监测机制的建立中，企业应当结合自身所处的行业领域、所涉数据的应用场景和流转路径等，细化风险监测的负责部门、监测范围、监测时段及应对措施，可以参考 DPO 的设置，安排专门的数据安全负责人或部门，做到权责一致，同时优化该负责人或部门与其他部门的协调配合，还应关注新建机制和既有机制的配套衔接，避免冲突和不必要的内耗。

2. 建立分类分级管理制度

根据 2015 年 Bloor 对欧美 200 家超 1000 人企业的调查报告（*Practices for Enhancing Data Security—A Survey of Organizations in the UK and the US*），分类分级具有确保数据安全保护和治理的重要功能，样本企业的 74% 有数据分类分级政策，13% 正在计划实施分类分级政策。如图 1 所示，样本企业认为数据分类分级管理可以提高用户对敏感数据的认识、遵循最佳实践建议、符合数据保护法规、害怕声誉或品牌受到伤害、符合行业标准等。实际上，数据分类分级已经被视为数据保护的重要工具，帮助企业用可视化或者大数据分析的形式对文件和信息附加不同的

---

① 丁晓东. 数据到底属于谁？——从网络爬虫看平台数据权属与数据保护 [J]. 华东政法大学学报，2019，22（05）：72.

保护标记，有利于员工识别敏感数据①，建立分类分级管理制度不只是《数据安全法》的硬性要求，也是企业的理智选择。具体的制度设计中，企业首先应确定分类分级的标准，国家、地区、行业标准已经有规定的，依规定执行并进行细化。没有相关标准的，按照保护需求、保密级别等标准建立起适用于自身的数据保护标准体系。其次，针对不同类别和保护层级的数据设立不同的保护模式，负责不同级别数据保护的人员应该权责一致。② 再次，企业需要审查自己现有的数据保护体系，适时更新技术以配套数据分类分级所要求的数据识别、归类能力。最后，企业应针对分类分级数据建立应急响应机制，针对不同种类和级别的数据采用不同的响应速率和处置程度。

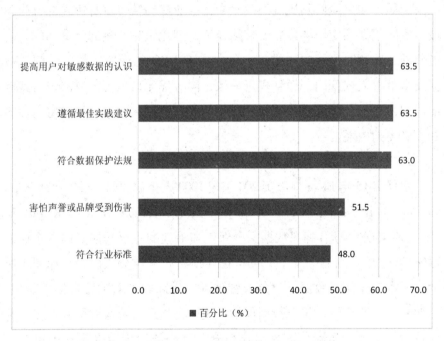

图1　企业选择数据分类分级的动机（数据来源：Bloor）

---

① TANKARD C. Data Classification－the Foundation of Information Security ［J］. Network Security，2015（05）：9.

② 赵万一，樊沛鑫. 大数据时代个人隐私权保护的法律原则及其实现机制［J］. 人工智能法学研究，2021（01）：63.

3. 优化内部数据治理体系

一是组织建设方面，在既有架构中安排数据安全负责人或部门，并使负责制定数据安全目标、抉择数据安全保护和企业发展平衡的决策层，制定数据安全策略的管理层，具体落实数据安全工作的执行层做到权责清晰，有效衔接；二是流程规范方面，围绕梳理数据相关法律法规、识别自身数据并建立分类分级数据库、分析各环节数据风险，依照数据生命周期定义安全控制措施、明确访问控制目标和流程、制定定期核查策略、明确技术支撑规范等。对于数据资产体量庞大的公司，还需要强大的技术支撑，需完善技术团队人才选择培养机制、整合技术工具，与企业现行业务和信息系统协同。

4. 针对数据处理特定场景建立相关管理制度

企业应关注《数据安全法》予以特别规定的数据处理场景，如数据跨境、出口、中介服务等。企业日常数据处理活动如果经常涉及以上特定场景，可考虑建立常态化管理制度。例如，对于数据出境场景，企业应当建立内部审查机制，审查重点应包括企业数据出境的必要性，出境数据在分类分级框架下的保护级别，出境数据是否涉及相关标准规定的重要数据、国家核心数据或者 CII，数据接收方所依据数据法律的相关要求，数据出境过程中的安全风险与保护措施，数据出境及再转移后被泄露、毁损、篡改、滥用的风险等具体内容。

（四）保护数据安全的技术能力提升

1. 企业应当优化数据保护技术能力

数据保护是主动式及被动式规划、技术和活动的融合，有效保证数据持续性。[①] 主动式技术旨在避免数据丢失，主要包括备份、独立磁盘冗余阵列（Redundant Array of Independent Risks，RAID）、静态数据存储保护、快照、复制、持续可用性等技术；被动式技术旨在应对数据丢

---

① ［美］普雷斯顿·吉兹. 数据保护权威指南［M］. 栾浩，王向宇，吕丽，译. 北京：清华大学出版社，2020：5.

失或可能导致数据丢失的情况，主要包括还原和恢复、重建和重构、复制等。企业应根据自身数据处理活动的特点、数据安全风险发生的阶段，合理选择数据保护技术，评估并选择可靠的技术产品，尽可能避免产品出现崩溃、故障的风险。在技术具体运行过程中应建立持续监测和报告机制，监控数据保护方案的安全运行。同时分类分级等企业内部制度的设立对企业的数据保护能力提出了新的要求，企业应当针对性进行技术革新。

2. 企业应当采取多技术共同配合实现数据安全

根据 Bloor 的调查报告（*Practices for Enhancing Data Security—A Survey of Organizations in the UK and the US*），样本企业倾向于采取数据加密、网络访问控制、数据分类分级、数据存档与处置、数据泄露防护（DLP）、数据恢复、基于角色的访问控制、数据治理、数据活动监控等多种技术手段实现数据安全。由于美国电子存储技术起步较早，相关的电子存储法也较早生效，美国企业对于数据存档与处置技术格外重视，如图 2 所示。企业应当根据自身数据特点综合使用多种数据保护技术手段，并力求实现技术之间的相互配合与协作。

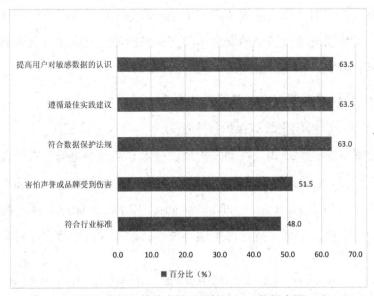

图 2　企业对于数据保护技术的重要性认识（数据来源：Bloor）

3. 企业还应当应对数据变更带来的诸多挑战

非结构化数据的兴起改变了企业数据保护的重点，由于结构化数据在同一节点保存全部数据，可以将数据整理并压缩到可预测的位置，并以支持高速流或数据传输的方式存储数据，企业数据保护只需关注核心数据库系统。近年来，非结构化数据逐渐增多，由于其难以预测、结构性差且可感知性较低，因此更加难以保护。对此，企业应当引入国际主流的非结构化数据保护技术，即横向扩展式网络连接存储，并及时调整数据保护产品、保护方案。另外，大数据高容量、高速率、多样、准确的特征也对数据安全保护提出了新的要求，其特征也需要更高速的数据处理设备、更大容量的数据存储设备。另外，云计算技术、虚拟化技术的出现需要企业更新数据保护手段和技术。

四、企业数据合规的法治路径探索

以《网络安全法》《数据安全法》《个人信息保护法》为核心的数据法律体系的构建，意味着企业作为最主要的数据处理控制者，需要应对数据合规的重要挑战。与此同时，数据法治的进一步完善应充分考量企业的需求和发展，降低企业数据合规的成本，提高企业实现数据合规的便利度。

（一）兼顾安全与效率的制度进路

1. 促进数字经济发展与数据保护之间的平衡

数据安全、数据权利保护与数据流动及以此为基础的数字经济发展之间的平衡，是数字社会不可回避的议题，也是数据安全法平衡原则的基石。实践中非法收集、贩卖个人信息，个人信息泄露等情形较为泛滥，法律基于遏制此等行为的目的，对企业主体作出规制确有必要，同时作为收集、掌握了大量消费者信息的商业主体，相对于消费者处于强势地位，应当履行更为严格的义务。但数据要素市场化配置的背景下，企业数据的共享、交易、产品创新及由此创造价值的活动应当得到规则层面的鼓励和保障，这不仅是数字经济发展的需要，更是营商环境优化的需求。欧盟 GDPR 强调了个人数据权利保护与数据流动平衡问题的解决，在第 1 条第 3 款明确"个人数据在欧盟境内的自由流通不得因为在个人数据处理过程中保护自然人而被限制或禁止"。因此，我国未来的数据法律框架应当寻求安全与效率的权衡，在安全和权益保护前提下促进数据的利用及其对经济发展的作用。

2. 力求手段与目的平衡

作为数据时代的产物，数据法不属于传统的部门法，更接近领域法的范畴，即秉持实用主义立场，打破部门法及其桎梏，以问题意识为起点，综合运用法学及其他社会科学的成熟方法进行研究。① 数据法的研究对象非常广泛，既涉及私法，也涉及公法。如前所述，现有数据法律框架对于企业多采取规制态度，规范企业处理数据的正当性，目的是保护个人数据不被企业非法收集，重要数据不被企业恶意或善意泄露等。如此一来，法律所采取的规制手段应该遵循作为公法"皇冠条款"的比例原则，不应超过实现目的所必需的手段。GDPR 实施之后，伴随企业合规引起重视的还有合规成本，根据国际隐私专业协会联合安永（TIPP-EX）发布的 2018 年度隐私治理报告②，GDPR 发布后的两年内，相关企业为应对该条例要求付出的合规成本平均增加了 300 万美元，成本分布如图 3 所示。而且由于 GDPR 有设立 DPO 的要求，DPO 设立之后也会出现人员和预算的增加。对中小企业来说，这样的成本显然是过高的。依据《数据安全法》的要求，企业数据合规机制的设立、运行、维护都将增加成本，未来的制度设计中应当充分权衡手段与目的的利益对等情况，避免企业数据合规成本激增。

---

① 刘剑文. 论领域法学：一种立足新兴交叉领域的法学研究范式［J］. 政法论丛，2016（05）：10.

② 安永联合 IAPP 发布 2018 年度隐私治理报告［R/OL］. 安永会计师事务所，2018-05-04.

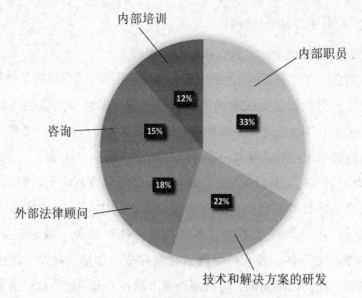

内部培训

内部职员

咨询

12%

33%

15%

18%

22%

外部法律顾问

技术和解决方案的研发

图 3　企业实现 GDPR 的合规成本分布

3. 兼顾营商环境，简化程序性要件

数据立法倾向于加长程序链条，对企业附加前置性报批义务、接受审查义务、建立内部治理机制的义务。首先，对数据处理的规制监管应该考虑实效。信息时代，个人与企业之间的数据本来就难以对等，复杂化信息处理活动，设定烦琐的程序性要件有可能流于形式，个人点击"同意"并不意味着信息权益得到了实质保护。① 另外，程序过度复杂会不合理地增加企业成本，影响数据自由流动。其次，大数据时代，数据流动速度快，时效性对于企业的竞争力至关重要，过于烦琐的程序链条会导致企业接受漫长的审批、审查、等待流程，丧失市场时机。最后，优化营商环境要求"放管服"（简政放权、放管结合、段化服务，简称"放管服"）改革，平衡简政放权与数据监管日益严格之间的冲突也是未来法律框架需要关心的重点。

---

① 周汉华. 个人信息保护的法律定位［J］. 法商研究，2020，37（03）：55.

（二）司法与监管的协同

1. 企业数据活动的监管要素应得到明确

数据立法方兴未艾，距形成完整体系尚有距离，《网络安全法》《数据安全法》等数据基本法律规范了监管框架，但对于监管的主体、监管的程序等具体事项并无详细规定，需要靠其他行政法规、规章具体落实。目前数据保护的监管部门主要包括网信部门、工信部门、公安部门以及市场监督部门等行政执法主体，尽管部门间有其法定的职责权限，其行政执法的对象和范围也各有侧重，但在具体开展行政执法的过程中，仍然存在一些权责不清、各自为战、执法推诿、效率低下等问题。①《数据安全法》提出建立国家数据安全工作协调机制，该机制具体包括哪些部门尚需明确，该机制协调下的各个部门应当权责清晰、配置得当，贯彻统一监管标准，保障相关的监管工作得以落实，同时避免针对同一单位、同一事项的重复检查、不同标准下的检查，避免增加执法成本和企业负担。另外，《数据安全法》与《网络安全法》在数据安全审查和网络安全审查方面存在字面冲突，目前网络安全审查具体办法已经实施，数据安全具体内容应该也需相关的实施办法落实，两个种类审查之间难免存在重叠，故而未来的数据安全审查的实施细则应该在立法层面降低冲突可能性，在监管层面做到合理配置，避免对同一事项的网络安全审查和数据安全审查并行。

2. 企业数据活动的司法保障应予以完善

对于企业数据的保护存在前述数据确权问题，司法实践中对于企业间数据纠纷多用《反不正当竞争法》或《反垄断法》进行裁判，但此两法并非规范数据保护的专门法律，相关条文在适用中存在较大的自由

---

① 2017年12月24日举行的十二届全国人大常委会第三十一次会议上，关于检查网络安全法、加强网络信息保护的决定（"一法一决定"）实施情况的报告明确指出网络安全监管存在权责不清、各自为战、执法推诿、效率低下等尚未得到有效解决的问题。

裁量空间。例如，继"2010年大众点评诉爱帮网系列案件"① 之后，大部分典型案例认定依据主要集中在《反不正当竞争法》第2条对不正当竞争行为侵害"经营者的合法权益"的一般规定。而后几年里，"新浪微博诉脉脉案"②"酷米客诉车来了案"③ 裁判文书中体现出了司法观点认可数据财产权益的发展趋势。2017—2018年经过两次审理的"淘宝诉美景案"④ 的司法观点首次对用户信息、原始数据、数据产品在物理性质和法律性质上的区隔做出界分，认为淘宝公司对"生意参谋"数据产品享有竞争性财产权益。实践中的司法观点沿革对于企业数据纠纷在司法实践中的解决具有重要意义，在一定程度上支撑了《反不正当竞争法》的修订及其他数据立法与司法的方向，为企业数据活动合规做出指引。

3. 构建信息公益诉讼机制

《个人信息保护法》中规定："个人信息处理者违反本法规定处理个人信息，侵害众多个人的权益的，人民检察院、法律规定的消费者组织和由国家网信部门确定的组织可以依法向人民法院提起诉讼。"信息公益诉讼是信息公共性的必然产物，尤其是对于具有社会属性的公共数据⑤，以及在大量个人数据被收集的情形下，数据安全与权益救济的公

---

① 原告汉涛公司（经营大众点评网）发现爱帮网经营中大量复制甚至直接摘取大众点评网上的商户简介及用户点评内容，遂以不正当竞争为由将爱帮聚信公司（经营爱帮网）诉至法院。一审与二审法院均认定：被告未付出劳动、成本，未做出贡献，直接利用垂直搜索技术手段展示大众点评网收集、整理的商户简介和用户点评，并以此获得商业利益，属于"不劳而获"和"搭便车"行为，违反了诚实信用原则和公认的商业道德，构成不正当竞争。参见北京市海淀区人民法院（2010）海民初字第24463号民事判决书、北京市第一中级人民法院（2011）一中民终字第7512号民事判决书。

② 参见北京市海淀区人民法院（2015）海民（知）初字第12602号民事判决书、北京知识产权法院（2016）京73民终588号民事判决书。

③ 参见深圳市中级人民法院（2017）粤03民初822号民事判决书。

④ 参见杭州铁路运输法院（2017）浙8601民初4034号民事判决书、杭州市中级人民法院（2018）浙01民终7312号民事判决书。

⑤ 李扬，李晓宇. 大数据时代企业数据边界的界定与澄清——兼谈不同类型数据之间的分野与勾连 [J]. 福建论坛（人文社会科学版），2019（11）：43.

益路径是较为恰当的选择。公益诉讼的具体制度安排，公益诉讼主体如何实现诉讼职能，应当在日后的相关文件中予以落实。个人信息公益诉讼的具体规则的细化、举证责任的分配也应该进行特殊的设置。另外，涉及数据活动的司法实践应当实现与监管的衔接和协同。一方面，数据监管的规范性文件可以作为数据纠纷的参考依据，监管查处的依据与结论亦可在司法案件中发挥作用。另一方面，企业对于数据执法部门的监管有异议的，应当能够通过申请行政复议、提起行政诉讼等方式获得司法救济。值得注意的是，《数据安全法》第24条规定了"依法作出的安全审查决定为最终决定"①。针对这样的最终决定，司法救济渠道的设置有待进一步解释明确。

（三）配套制度的完善

1. 进一步完善数据安全法律体系

根据现在的数据立法趋势，数据法律领域已具备基本框架，未来力求对个人数据、企业数据、国家数据进行体系化规范保护。在这一过程中，首先要提高立法质量。数据立法的独特性在于，其与数据技术密不可分，除了立法本身的技术之外，还需要数据行业、数据领域的技术引入和固化，如《数据安全法》中规定的数据分类分级保护，就是电子信息领域的重要数据保护技术手段，今后的数据立法中也不可避免要适应大数据、云存储时代的数据特点、技术手段。提高立法质量还需要体现数据安全法的基本原则，GDPR提出的数据安全基本原则已经在各国得到普遍遵循适用，我国数据立法既要借鉴其中科学性较强的原则，又要反映我国本土数据发展特点。其次，数据安全法律体系的完备需要关注不同部门法之间数据理念、制度的协调。如前所述，数据法涉及多个法律部门的多部法律，除作为核心的《网络安全法》《数据安全法》外，《民法典》《消费者权益保护法》《反不正当竞争法》《反垄断法》

---

① 《数据安全法》第24条：国家建立数据安全审查制度，对影响或者可能影响国家安全的数据处理活动进行国家安全审查。依法作出的安全审查决定为最终决定。

等多部法律及法规、规章提出了数据保护的精神指引，或细化安排了具体类型数据的保护。《个人信息保护法》全面审查各部门法中的数据保护条款，力求避免不同法律规范的冲突，构建完整的法律体系，节约企业等主体的守法合规成本，对各种活动可能存在的法律风险建立稳定的预期。最后，如前所述，法律体系的完善需要重视对数据流动的促进以及相关主体权利义务的平衡，避免单一的义务性规制型立法，使作为生产要素的数据要素产能充分健康释放。

2. 完善国家数据安全机制

数据安全法律中涉及监管及规定国家层面建立相关机制的条款应当得到充分落实，以《数据安全法》规定的监测预警、应急处置等机制为例，首先，明确相关机制的主管部门，涉及多个主管部门的，需要在国家数据安全工作协调机制的统筹协调下畅通沟通协调渠道。其次，机制的建立应当注重科学性，建立相关监测、处置、审查机制时，恪守比例原则，将对企业日常数据活动的影响降到最小，对于明显会给企业带来较重负担的机制设置，原则上应当征求企业意见并进行调整。最后，应当畅通企业在相关机制中的投诉举报渠道，充分保障企业的合法权利。

3. 落实分类分级保护制度

国家数据安全工作协调机制应当统筹有关部门制定重要数据目录，各地区、各部门应当按照数据分类分级保护制度，确定本地区、本部门以及相关行业、领域的重要数据具体目录，保证数据分类分级有章可循。同时，分类分级应当包括对企业的识别和分级，CIIO 以及涉及国家核心数据的企业应当提高规制等级，频繁数据跨境企业也应设置较高等级，普通企业次之。在优化营商环境背景下，还需注意对于中小企业数据活动便利度的提升与成本的节约，对于涉数据级别较低的中小企业，应当降低级别，适当给予宽限。

我国纳税人信息权与涉税信息
管理权间的冲突与平衡协调*

曹　阳**

摘　要：纳税人信息权与税务机关的涉税信息管理权在日益增多的互动与博弈中产生不少冲突，这可体现在涉税信息管理的多个细分领域中，故有必要对它们加以平衡协调。但当前我国在对纳税人信息权与涉税信息管理权加以平衡协调的过程中，尤其是在立法和法律适用实践层面还存在不少问题。针对这些现存问题，应站在促进我国纳税人信息权与涉税信息管理权平衡协调的高度，从纳税人涉税信息保护、税务机关管理涉税信息、相关诸权利（力）间互动等不同场景下的对策出发，以确保我国纳税人信息权与涉税信息管理权间平衡协调的顺利实现。

关键词：纳税人信息权；涉税信息管理权；冲突；平衡协调

纳税人涉税信息是指纳税人拥有与税收征纳有关且能为税务机关或相关第三方主体掌握的信息。而纳税人信息权是指纳税人享有的能对其涉税信息不受税务机关等主体侵犯或滥用、可加以积极控制和保护的权利。由此纳税人信息权可形成一个权利束，以纳税人对其涉税信息的有效控制与保护为束点。另外还应明确，基于纳税人信息权的权益属性，

　＊　本文系中国人民大学 2019 年度拔尖创新人才培育资助计划、国家社科基金重大项目"'互联网+'背景下的税收征管模式研究"（项目批准号 17ZDA052）的阶段性成果。

　＊＊　曹阳，中国人民大学法学院经济法学专业博士研究生。研究方向：财税法。

有必要对纳税人信息权采取一体但分层的法律保护观。对纳税人信息权施以法律保护，不仅在较短的域外历史演进历程中得以加强，而且获得了必要性与现实基础等方面的有力支持，从而为其在国内的进一步发展与完善奠定了较坚实的基础，但国内对该权利的法律保护往往易失之偏颇。另因涉税信息管理工作异常艰巨和复杂，涉税信息管理权本身也是一个权利束，以税务机关对纳税人涉税信息的合理使用与有效管理为束点，可具体分为涉税信息采集权、涉税信息存储权、涉税信息使用与分析权、涉税信息共享与公开权等诸多子权力，由于上述两项权利（力）束间存在客体的同一性和行使方式的对立（乃至互斥）性等诸多特质，故而它们之间时常存在博弈和冲突，因此需要对纳税人信息权与涉税信息管理权间的关系妥善加以调适，使之更趋平衡协调。就此笔者拟先从对纳税人信息权与税务机关涉税信息管理权间的冲突及其表现的解析入手，就我国对纳税人信息权与涉税信息管理权加以平衡协调过程中的现存问题予以深入探究，从而自多重维度探讨促进我国纳税人信息权与涉税信息管理权间平衡协调的对策和建议。

一、纳税人信息权与涉税信息管理权间的冲突及其表现

作为税收征纳领域公权力与私权利对向冲突必然规律的具体体现，纳税人信息权与税务机关的涉税信息管理权间的矛盾冲突具有深刻的必然性。[1] 这可充分表现在税务机关近乎所有的涉税信息管理环节中，纳税人信息权与税务机关对应权力间均存在矛盾冲突（后者往往被概括为税务机关的涉税信息管理权）。进而这种冲突可体现为后述相关诸权利（力）间平衡协调的反面，如对纳税人信息权在保护程度、范围等方面的度量有失偏颇，即对该权利呈现过度保护或保护不足以致失衡等态势。

---

[1] 闫晴. 税务信息管理权与保护权的冲突与平衡 [J]. 北京理工大学学报（社会科学版），2018, 20（04）：152-153.

（一）纳税人信息权与涉税信息采集权间的冲突

涉税信息采集系查明应税事实的关键性前提，故而其在税收征纳过程中具有举足轻重的基础性地位，现行相关实定法对此也予以肯认。但税务机关力求取得的这些涉税信息恰恰又落入纳税人信息权的保护客体范围，这使得二者难以避免在其本源层面产生冲突。一方面，税务机关往往会超出必要限度，直接或间接地获得纳税人涉税信息，由此产生侵犯纳税人信息权的风险。根据现行《中华人民共和国税收征收管理法》（以下简称《税收征管法》）等各层级立法的规定，不但纳税人有义务向税务机关主动申报其相关涉税信息，而且税务机关有权检查与纳税人涉税信息高度相关的资料、应税商品或场所；相较而言，这方面的法律保护机制就显得颇为匮乏，如何确保税务机关能全面落实其不收集与税收征纳无关的纳税人信息等庄严承诺犹未可知。另一方面，对纳税人涉税信息不成比例的过度保护也易造成对税务机关征管（尤其是涉税信息管理）职责履行方面相当程度的阻碍。纳税人涉税信息固然属于应受保护的信息范畴，另外因其范围很广、信息量极大、与税收征管事项高度关联，故其对税收征管的重要作用不可低估，这也成为税务机关实现查明应税事实、确定各纳税人税负等职能的必要和关键依据。若纳税人信息权及其保护范围过度扩张，则会导致税务机关所需涉税信息难以取得、相应的税收征纳活动难以为继的窘境，由此更易引发税款大量流失、纳税人税收遵从率走低和征管成本高企，进而导致不同纳税人之间税负的横向不公及征管效率低下等后果。

（二）纳税人信息权与涉税信息存储权间的冲突

税务机关应依法存储和妥善保护被其收集的纳税人涉税信息，这在税收征纳过程中亦显得颇为重要。详言之，首先，这表现在对近乎所有的涉税信息税务机关采用的是高度中心化的信息管理方式，加上涉税信息汇聚在一起具有较高经济价值，致使涉税信息存储的潜在风险高度集中并被放大。而税务机关对此的安全防护水平与管控能力不尽如人意，因此相关涉税信息难免沦为某些不法分子觊觎已久的"唐僧肉"。其次，这表现在税务机关工作人员等个人有机会接触到涉税信息，并存有不当外泄或侵害纳税人涉税信息之虞，从而会显著增加纳税人经济上的风险，这在"金三"工程推广至全国后显得尤为突出。而国内税务机关工作人员泄露乃至贩卖纳税人个人信息的案例也时有发生①，这不仅直接侵犯了纳税人信息权，而且给广大纳税人带来了巨大的经济损失风险。最后，这表现在假如过度保护涉税信息，则纳税人不愿更新其已过时的涉税信息，会导致税务机关征管活动精准度的显著降低。尽管纳税人享有对其涉税信息的更正与删除权，但鉴于涉税信息较显著的公益性和法定性②，以及对税收征纳活动全程的不可或缺性，相关私权利应向公益做必要让步，并承受相应的必要拘束。另外由于纳税人在市场经济中交易活动频繁，涉税信息瞬息万变，纳税人应承担向税务机关提供其更新后的涉税信息等必要义务，但纳税人作为经济理性人的逐利性决定其更倾向于怠于乃至断然拒绝提供其更新后的涉税信息，这直接导致税务机关对相关涉税信息的掌握相对滞后甚至阙如，从而对征管效率提升及公正税收征管秩序的建构造成一定程度的阻碍。

（三）纳税人信息权与涉税信息使用和分析权间的冲突

对涉税信息的使用和分析系税务机关涉税信息管理的最终归宿和立足点。基于其所具备的精准分析其掌控的海量涉税信息的能力，税务机关可完成与税收征管工作相关的众多任务，因此其应在法定范围内妥善使用和分析涉税信息，但基于税收征管实践的复杂性、涉税信息边界远未明确等主客观因素，纳税人与税务机关在涉税信息分析与使用方面也时有冲突。这主要表现在税务机关对纳税人涉税信息的滥用及不当分析等问题上。一方面，对涉税信息的分析与使用确有其充分利用和挖掘的价值，这对税收征管等活动均大有裨益，但现实中，相比其他政府部门

---

① 马云云. 地税人员泄露他人信息被判刑 [N]. 齐鲁晚报, 2016-02-28 (B01).
② 闫海. 论纳税人信息权、税务信息管理权及其平衡术 [J]. 中国政法大学学报, 2019 (06)：190.

而言，税务机关的信息化水平尚待提升，这便成为进一步优化涉税信息使用与分析工作的瓶颈。另一方面，基于对纳税人信息权妥善保护的通盘考虑，税务机关应积极权衡乃至主动限缩其对涉税信息的使用与分析权，这在国际税收情报交换日趋活跃的时代背景下显得尤为突出。这既表现在税务机关应慎重对待经其分析处理后的纳税人涉税信息，如对其对外披露工作须审慎拿捏其风险，即便应予公开也应提前对上述信息做去识别化等处理，以免损害纳税人相关合法权益；也表现在为了更妥善地保护国内纳税人信息权等相关合法权益，税务机关应对涉税信息的跨境使用等工作施以必要控制，以免纳税人涉税信息被滥用或不当外泄。

（四）纳税人信息权与涉税信息共享和公开权间的冲突

首先，尽管涉税信息共享与信息不对称前提下税源联动管理及协同共治、综合治税体系中流程再造等新形势下的多项合理需求高度契合，并已获得 2015 年《中华人民共和国税收征收管理法修订草案（征求意见稿）》中相关条款的认可，但此类行为不但恣意扩张了涉税信息的传播风险与扩散范围，并且与税务机关等相关主体所应恪守的涉税信息保密义务存在明显抵牾，进而会滋长侵害纳税人信息权之虞，故相关诸权利（力）间亦存在较严重的抵牾，对此应予必要限制：这集中表现在税务机关若与其他相关主体不当交换或过度分享纳税人涉税信息，将会加剧纳税人涉税信息泄露等风险，进而将明显有损对纳税人信息权的保护水平。尤其是基于纳税人涉税信息承载的显著经济价值，假如其为其他主体所轻易获取或充分利用，将很可能为后者带来颇为可观的不当经济利益，但由此会侵犯纳税人信息权，对纳税人如实提供其涉税信息的积极性也将造成严重冲击，进一步激化纳税人与税务机关在此方面本已存在的矛盾冲突，乃至破坏市场资源的公平合理配置格局。①

其次，依据我国政府信息公开立法中的相关规定，涉税信息显然属

① 赵万一，樊沛鑫. 大数据时代个人隐私权保护的法律原则及其实现机制［J］. 人工智能法学研究，2021（01）：63.

于政府信息范畴，对此税务机关等相关政府部门有依法公开的职责。但涉税信息保护相关立法界定的纳税人涉税信息涉密范围与我国政府信息公开中例外情形涵盖的涉非公第三方个体信息范围高度契合，二者均精准指向个人隐私和商业秘密这对范畴，由此可见，其内在逻辑是一致的，即对商业秘密与个人隐私等应保密的涉税信息应予体系化的周密保护。上述实定法规定看似为税务机关信息公开权与纳税人信息权规定了较明晰的边界，但验之于实践则不尽然。税务机关如实公开纳税人涉税信息可确保公众知情监督权及社会公益的顺利实现，但若公开失当，则可能造成纳税人本人及相关第三人合法权益受损等较严重后果。

二、我国对纳税人信息权与涉税信息管理权加以平衡协调过程中的现存问题

（一）我国涉税信息保护中与纳税人信息权和涉税信息管理权间平衡协调相关的现存问题

首先，当前在立法层面我国涉税信息保护还存在与诸权利（力）间平衡协调不太相符的情况。一是与涉税信息保护相关的现行立法位阶大多较低、彼此易发生抵牾。二是与我国纳税人信息权相关的制度供给稍显匮乏。三是即便在低层级法律规范中，也存在相关规定不全面或不周延、立法罅隙较多等软肋。

其次，当下我国涉税信息保护在重视与贯彻前述一体但分层的法律保护观方面存在较明显缺失。另外当下我国对涉税信息的法律保护大多集中于涉税信息采集与存储方面，未能充分重视其他涉税信息管理和流通阶段的涉税信息保护工作，加上相关环节或多或少存在相当程度的保密风险，这易导致涉税信息披露、共享与使用等环节成为涉税信息保护的瓶颈和短板，进而影响整体保护成效的彰显。

再次，当下我国立法对纳税人接受税务机关等相关主体处理时对本人涉税信息的知情权与不完全意义上的选择权等规定也存在较多缺憾，实务中往往易受较严重的限制：一方面，虽有学者认为"纳税人不宜对其涉税信息行使同意权"，以免干扰税务机关的涉税信息收集工作①，但与前大数据时代的税收征管相比，现今纳税人难以有效控制其已被税务机关采集的涉税信息，甚至可能无从知晓税务机关共享、公开乃至使用其涉税信息的行为，因此应赋予纳税人对自身涉税信息被处理状况的不完全意义上的选择及同意权②，在这方面当前相关立法还未完备；另一方面，应赋予纳税人对其涉税信息被采集的情况及内容等较充分的知情权，尤其应基于现行《税收征管法》，适度扩大其知情范围，为纳税人有效参与涉税信息管理等活动提供较充分的法理依据。此外，我国现行相关立法并未明确赋予纳税人更正、删除与补充其涉税信息的诸权利，这使得前文界定的纳税人信息权在国内实定法中还远未完备，甚至会影响相关涉税信息的全面、准确、及时等品质。③

复次，与纳税人信息权保护相关的立法（尤其是一般法与特别法）间缺少必要和顺畅的协调衔接，这给相关保护工作的开展带来不小的困扰。一方面，这表现在作为相关权利保护一般法的《中华人民共和国民法典》（以下简称《民法典》）中相关规定与作为相关权利保护特别法的《税收征管法》间难以有效对接：《民法典》虽对个人信息及其保护做了开创性和较基本的规定，但对个人信息保护中的诸多具体内容仍语焉不详，并对企业数据及其保护问题基本未予明确，故难以担当相关权利保护一般法的重任；而现行《税收征管法》对纳税人权利及其保护的规定有待完善。另一方面，《税收征管法》与《中华人民共和国刑法》（以下简称《刑法》）等其他立法衔接不畅，即对相关行为构成犯罪的，未在《税收征管法》中直接规定相应的刑事责任，而仅能适用《刑法》中第253条之一"侵犯公民个人信息罪"或第219条"侵犯商

---

① 闫海. 论纳税人信息权、税务信息管理权及其平衡术 [J]. 中国政法大学学报，2019（06）：190.

② 但这并非完全意义上的选择及同意权，如在涉税信息采集阶段，纳税人就无权对其被收集信息的内容行使选择及同意权。

③ 闫海. 论纳税人信息权、税务信息管理权及其平衡术 [J]. 中国政法大学学报，2019（06）：191.

业秘密罪"追究其刑事责任，但此种对纳税人涉税信息的刑事司法保护不够周延完备；另外，由于涉数据犯罪具有难以量化金额等痼疾，而《刑法》部分条文赋予司法机关较宽泛的自由裁量权，这也会对纳税人信息权与涉税信息管理权间平衡协调效果的发挥产生相当程度的负面影响。

最后，对相关违法侵权行为的责任追究与救济等配套机制亟待完善。未能细化承担该行政责任的类型、限度和环节，足以体现其对侵犯纳税人信息权行为的处罚畸轻，对违法者的威慑效果也不尽如人意，导致难以最大限度遏制相关违法行为，甚至激化纳税人信息权与涉税信息管理权间的矛盾冲突，这对实现二者平衡协调而言也明显不利。

（二）我国涉税信息管理中与纳税人信息权和涉税信息管理权间平衡协调相关的现存问题

首先，我国在涉税信息管理方面的立法供给不足已成为有碍于纳税人信息权与涉税信息管理权间平衡协调的重要短板。尽管 2015 年修订草案辟出专章对涉税信息披露等方面事宜做了开创性规定，但此内容始终未能进入现行《税收征管法》文本中。综观现行《税收征管法》及其实施细则，对涉税信息管理具体应采取何种形式和程序、相关单位与税务机关具体有哪些权力和职责、违反相关规定者应如何追究责任等内容并无明确具体的规定。由此可看出，高层级刚性立法规定的缺失，使得税务机关在组织协调社会上其他主体提供涉税信息时，难以突破《中华人民共和国商业银行法》（以下简称《商业银行法》）等高位阶立法对金融机构等相关主体恪守信息保密义务的要求。

其次，我国在涉税信息管理方面难以妥善协调好地方立法先行探索与中央立法滞后间的情况，这已给纳税人信息权与涉税信息管理权平衡协调的达成造成了一定程度的冲击。为满足实际工作中涉税信息管理的急迫需要，我国很多地区以"综合治税"或"税收保障"为名积极开展这方面的立法探索与尝试，并形成不少独具当地特色的地方性专门立法。但地方立法无法有效整合并在全国推行，加之地方立法的位阶和效力远逊于法律与行政法规，许多在中央层面亟待统合协调的问题仍悬而未决，而目前部分纳税人充分利用涉税信息管理的立法罅隙，借由新兴技术规避涉税信息管理、逃漏税的严峻形势，税务机关对此往往一筹莫展。

再次，我国相关立法中对涉税信息管理中相关主体违反相应义务时的责任追究与惩戒等机制尚待完善。我国现行《税收征管法》及其实施细则对违反涉税信息管理义务的法律责任等均未做规定，因此各地的涉税信息管理及其相应法律责任基本上只能靠相关地方性规范等区域立法来管控，各地立法及法律适用实践在此方面并未得以协调统一。

复次，面对相关前沿技术的突飞猛进和形态纷繁复杂的涉税信息，我国税务机关在涉税信息管理方面随之跟进的步伐略显迟缓，这在涉税信息的采集、使用与共享等维度均有所体现，对纳税人信息权与涉税信息管理权的平衡协调亦产生了相当程度的影响。一是在涉税信息的不当泄露与滥用方面，自"金三"工程在全国范围内推行后，涉税信息在税务系统内部已基本实现全面共享，大多数税务机关工作人员仅凭自己的工号和密码即可登录相关系统，轻易接触到税务机关掌控的海量涉税信息，甚至可将其自由复制转移；与此形成鲜明对照的是，税务系统中禁止信息随意复制及严格监控信息访问等机制尚不健全，上述工作人员的违法行为大多未被系统觉察和记录，这显著增加了涉税信息被外泄或滥用之虞，由此会为相关纳税人带来较严重的经济损失。二是在涉税信息共享方面，各政府部门纵向上金字塔式的科层治理模式与横向上各自为政、条块分割的矩阵式职能设置，使得涉税信息共享机制往往与该制度的设计初衷相悖，无形中增添相关协作中的多重成本，这导致相关程序出现烦琐、复杂化的倾向，与我国税收征管体制改革所倡导的便民高效及稽征经济原则等重要理念产生了一定程度的抵牾。三是在涉税信息的采集与传输方面，相关部门主动性不够、未予有效配合，使之无法常态化，延续性较差，能采集到的涉税信息内容不全且范围很小，采集成本也很高；而不同部门间信息化程度不一，相应平台建设水平参差不齐，甚至仅能通过手动收集纸质报表等形式完成任务，这易造成使用面窄、重复采集、难以妥善保存等问题；加之各方数据采集与传输往往缺乏统一的口径与标准，税务机关需耗费大量时间和精力对其采集到的涉税信息加以筛分比对，这在大幅提升涉税信息共享难度的同时，降低了涉税信息利用效率。

最后，国内相关立法对涉税信息共享的参与主体（尤其是政府部门间）及相关客体（涉税信息）范围的规定模糊不清，这有碍于相关权责的厘清。

（三）我国纳税人信息权与涉税信息管理权互动中与二者平衡协调相关的现存问题

首先，在各方就涉税信息管理与保护的博弈中，纳税人信息权与涉税信息管理权的边界不甚清晰。这首先表现在涉税信息管理与保护的客体范围不明确，而且两者间并非全同关系。这种范围或边界上的不确定性使得税务机关与纳税人在涉税信息管理与保护的交互过程中往往易出现纠纷乃至冲突，这在大数据背景下犹然。这也表现在税务机关与纳税人双方对纳税人信息权的认知存有显著差异：纳税人认为其属于积极性权利，为了实现该权利兼具积极性与消极性的众多权能，税务机关应依法履行消极保护和积极强化纳税人信息权的义务；税务机关则认为其仅为防卫性质的消极性权利，由此可看出，双方对该权利——进而对纳税人信息权与涉税信息管理权边界如何厘定——的看法存在显著差异，并有冲突之虞。

其次，我国相关立法未对是否应限制纳税人涉税信息的过度采集与共享加以明确。要言之，为保持纳税人信息权与涉税信息管理权平衡协调，我国相关立法应对纳税人涉税信息的过度采集与共享加以明确限制，但当前国内立法对此语焉不详，甚至在较低层级立法与法律实践中有放任乃至推动过度采集与分享涉税信息之嫌，这固然与我国涉税信息管理的迫切需要相关，但由此也极易造成涉税信息疏于保护乃至大范围扩散的问题。鉴于国内税务机关对涉税信息的保护工作还存在不少疏失，上述过度采集与共享纳税人涉税信息的后果亦不容小觑，对纳税人信息权与涉税信息管理权间的平衡协调也会产生消极影响。

再次，我国理论和实务界就纳税人涉税信息应单向共享还是双向共享存有一定争议。作为关系到涉税信息管理正常运行的重要问题，纳税人涉税信息应单向共享还是应双向共享在我国理论和实务界本就是一个争论不休的棘手难题。究其本质，各执一端的单向共享论者与双向共享论者其实是与其对纳税人信息权及其法律保护的基本认知一脉相承的，由此他们均陷入偏执一隅的观念窠臼中。而在国内实践中，中央和多地省级税务机关通过与市场监管、住建、民政等其他政府部门乃至银行等金融机构签订涉税信息合作协议或联合颁布涉税信息共享规范等方式，实质上默许了对纳税人涉税信息限制较少的双向共享，并已得到2015年修订草案第11条第4款中但书的肯认，但也引来不少争议。

复次，我国相关立法对纳税人涉税信息的合理使用与有效管理缺乏必要的约束和符合常理的适度延拓。这除表现在对涉税信息流动的范围、方向及后续加工处理等诸多事项未加以严格限定外，还表现在对纳税人涉税信息共享及其管控予以规定时，未注意一些细节问题，如接收共享信息一方能否二次共享其所掌握的涉税信息？若能容许的话，是否需要再次经过纳税人本人知情乃至同意？甚或需要经过作为接收共享信息方上级的省级以上政府部门领导批准？在共享过程中，相关各方是否仍需依循现行《民法典》等相关法律中明确的合法、正当、必要原则及学界普遍肯认的最小化使用原则？① 而在符合常理的适度延拓方面，国内学界普遍认为应将纳税人的继承人、财产托管人、公司股东、企业合伙人等重要的利害相关方纳入该纳税人涉税信息的可公开对象范围内。

最后，国内相关实践对较敏感的涉税信息往往未能采取去识别化等技术处理措施。质言之，为履行其信息公开等法定职责，税务机关往往

---

① 王利明. 数据共享与个人信息保护 [J]. 现代法学，2019，41 (01)：54.

在媒体上公开发布一些税收违法案例以儆效尤，有时涉案单位名称或个人姓名乃至一些较敏感细节未被隐去，这固然可发挥对违法纳税人进行信用惩戒教育的重要作用，并达到提醒乃至警示广大纳税人的积极效果，也与上述将纳税人违法涉税信息基本排除于保护范围外的立法初衷相吻合，但易对纳税人的日常经营与其他方面活动产生远大于预期效果的不利影响，也与纳税人权利保护的根本宗旨存在一定的抵牾之处，这对相关诸权利（力）间平衡协调目标的实现而言弊远大于利。

三、促进我国纳税人信息权与涉税信息管理权间平衡协调的对策

（一）促进我国涉税信息保护中纳税人信息权与涉税信息管理权间平衡协调的对策

首先，为了能更妥善地平衡协调纳税人信息权与涉税信息管理权，有必要更规范地保护纳税人涉税信息的上位范畴即个人信息及企业数据，并妥当地安排相应的平衡协调机制。这不仅需要就这些上位概念的内涵与法律属性等基本内容加以明确，还要从作为一般法的《民法典》等相关立法出发，确保个人信息和企业数据能得到更周密的法律保护和更合理的流通及利用，以为纳税人涉税信息及促进与之相关的诸权利（力）间的平衡协调奠定更坚实的法理基础。详言之，在个人信息保护层面，基于《民法典》中有关个人信息及其保护等基本规定而制定的《个人信息保护法》，作为个人信息保护的一般法，塑造了一套较严密的个人信息保护网，以更好地保护其中的自然人纳税人信息权。在企业数据保护层面，国内各界对企业数据是否需要单独立法保护本就争论不休，而且考虑相关立法成本，短期内在该方面较难取得较明显的立法进展，即便这方面的立法日后能通过，其层级很可能会较低，从而无法像《个人信息保护法》那样充分发挥其在相关领域的统合协调作用。但为了贯彻上述一体保护观，仍需有效保护企业纳税人信息权，以与自然人纳税人信息权形成统一、联动的保护机制，确保相关保护体系更臻完善。

其次，在与纳税人信息权直接关联的高层级法律规范层面，鉴于涉税信息采集、管理与共享等内容在 2015 年《税收征管法》修订草案中已有了较详尽的规定，为了更好地保持纳税人信息权与涉税信息管理权间的平衡协调，应对《税收征管法》及其实施细则予以适时修改，并在其中载入纳税人信息权及其保护的专门条款，以此作为纳税人信息权保护的特别法。详言之，一是应通过专章对纳税人权利保护做专门规定，并在其中辟出专条规定纳税人涉税信息、纳税人信息权及其保护等事项，具体可通过"概括+列举+兜底"的定义范式以周延规范纳税人涉税信息；同时基于对纳税人信息权的扼要界定，进一步将其类型化为前述多个具体的子权利，以便于实践中法律适用部门对此作出更准确的裁断与认定。二是应在前述纳税人信息权保护专条中，对纳税人信息权一体但分层的法律保护策略做较全面而精约的规定，在较低层级法律规范中对纳税人应保密及非涉密涉税信息的保密和法定公开等情形加以条理化的精细区分，以克服积弊，形成对纳税人信息权错落有致的保护体系，进而实现纳税人信息权与涉税信息管理权间的平衡协调，以免武断地"一刀切"或顾此失彼。

再次，在《税收征管法》等高位阶立法中，应进一步细化和充实其中对侵犯纳税人信息权行为的责任追究与救济机制的规定，尤其是应完善针对该行为的损害赔偿机制和行政责任追究机制，以确保与其他对应部门法无缝对接。仅就已有的行政处分责任而言，应进一步细化承担行政责任的类型、限度和环节等要素，并促使纳税人就相关行政处分提出异议或行政诉讼等渠道便利化。就损害赔偿机制而言，无论是采用"民事诉讼→侵权赔偿"还是"行政诉讼→国家赔偿"模式，均应为相关涉税信息的受害人便利其提起诉讼和请求损害赔偿的渠道，并使之更趋多样化，以增强对侵犯纳税人信息权行为责任追究与救济的法律效果，有效赔偿受害人的损失。另外对侵犯纳税人信息权的刑事责任追究机制也应更趋严密，用词更臻精细，也应规定于《税收征管法》中，以免留下刑事立法空白。

复次，应理顺现行相关立法中可操作性较差、抵牾冲突或存有歧义的条文，以确保纳税人信息权保护体系的和谐统一，增强其可操作性。如对现行《税收征管法》第8条第2款中前后两句关系在法律解释上不甚明确（这在2015年修订草案中仍得以延续）的情形，日后修订时，应通过修改相关条文，明确前一句并非后一句的前提，两者间系并行不悖的关系，税务机关负有主动保护涉税信息的法定义务，并且不以纳税人是否要求税务机关保护其涉税信息为转移。由此可看出，只有厘清现行相关法律规范中存有歧义或抵牾等弊病的法律条文，使之能自洽相容，才能确保纳税人信息权保护体系更高效地运行、更充分地发挥其作用，进而使其在与涉税信息管理权联动中相互保持和谐关系、更趋平衡协调。

最后，在相关立法中应合理有效地监管涉税信息流动中的所有环节，以免出现监管缺失或罅隙，唯此方可形成一个较完整的管控链条，保持涉税信息的法律保护与有效管理间的平衡协调。同时应赋予纳税人接受税务机关等相关主体处理自身涉税信息时的知情权与不完全意义上的选择权等更丰富的涉税信息相关权利，并确保纳税人享有较充分的更正、删除与补充自身涉税信息的诸权利，使纳税人信息权更趋完备。

（二）促进我国涉税信息管理中纳税人信息权与涉税信息管理权间平衡协调的对策

首先，针对我国涉税信息管理立法供给不足的困境，应通过如下多措并举来健全，以促进纳税人信息权与涉税信息管理权间的平衡协调：应在2015年修订的草案基础上进一步修订现行《税收征管法》中涉税信息管理部分，以克服其积弊。鉴于目前国内涉税信息管理中很多重要内容大多仅由地方相关立法规定，高层级相关立法对这些内容的规定或是极为简略，或是基本缺失，层级较低且不够权威，加之这些低层级立法无法与《商业银行法》等高层级立法中规定的金融机构等相关主体恪守信息保密义务等要求相抗衡，进而难以形成较稳定的平衡协调之势，因此有必要通过提升相关立法层级、细化高层级立法中相关内容等方式，促使我国涉税信息管理立法得到质与量层面的跃升，进而助推纳税人信息权与涉税信息管理权间的平衡协调。这可从对 2015 年《税收征管法》修订草案的充实与优化入手，使得该修订草案对现行条文相关弊病的纠正与细化得到进一步巩固与完善：巩固主要体现在增强相关高层级立法中对涉税信息管理规定的可操作性，对涉税信息管理具体应采取的形式和程序、相关单位与税务机关拥有的权力和职责、违反相关规定者追究责任的具体方式等内容加以明确规定；完善主要体现在借鉴域外相关立法例，将与涉税信息管理相关的较重要内容从分散、杂乱、低层级甚至有些重复的众多条款中聚合于一处加以专门规定，使之更趋系统和条理化。另外针对 2015 年修订草案第四章标题"信息披露"与内容不太相符的问题，日后对此修订时，不妨以一个更全面的上位概念"涉税信息管理"为其标题来统摄全章内容，并在修订时加以必要的细化和补充，以与当前国内税务机关涉税信息管理权限不断迅速扩张的实际情况相衔接，并对后者形成适当的约束与控制。

其次，针对涉税信息管理方面中央相关立法与地方先行立法间存在较严重脱节且中央这方面立法中遗留较大罅隙等现象，同时针对地方立法的"超前"或越位之嫌等问题，应有针对性地加以解决。详言之，应坚持中央顶层设计与地方先行试点相结合的立法探索策略，即既要坚持中央统一立法，又要允许地方因地制宜，尊重合理合法框架下的地方制度创新，以及时发现和纠正实践中涌现的具体问题、降低试错成本，构建多层次的涉税信息管理规则体系。另外应在中央立法层面，细致、全面地统筹规定跨区域涉税信息管理等重要事项，明确涉税信息管理中应依循的基本原则及其他根本性问题；亦可将当前涉税信息管理地方探索中一些成功经验和有效举措总结成具有可操作性的中央立法建议，并在全国推行。通过上述多管齐下，方能妥善解决前述涉税信息管理方面央地间立法不同步等问题，以促进纳税人信息权与涉税信息管理权间的平衡协调。

再次，针对当前国内高层级相关立法中对涉税信息管理相关主体违反相应义务时的责任追究与惩戒机制不甚健全的现状，应在 2015 年《税收征管法》修订草案基础上做进一步完善，填补国内现行相关立法的空白，避免早先这部分内容只能靠相关地方性规范等低层级区域立法来管控且未完全一致的窘境；应对涉税信息管理相关规定中的责任承担主体做较周延的规定，将税务机关以外的其他政府部门囊括其中，保证各方权、义、责的平衡协调；并可将相关责任承担方式按涉税信息管理相关主体身份上的差异加以细化，以确保相关责任追究与惩戒机制更规范、与不同主体的实际情况更契合。

复次，应密切关注相关前沿技术与经济社会发展步伐，及时提高涉税信息管理水平，以尽量提升征管质效、减少征纳成本，进一步促进纳税人信息权与涉税信息管理权间的平衡协调。一是针对涉税信息被不当外泄或滥用等问题，应完善相关责任人的内控与确责机制：（1）要求针对税务机关工作人员等相关人员，做好涉税信息保护的宣传教育与纪律约束工作，从行政责任和法律责任高度提升其守法和护法意识；（2）应通过技术和机制设计，确保相关系统存储的涉税信息不被随意访问和复制（可为不同人员的相关访问和复制权限分级设限）；（3）应进一步完善税务机关的内控制度，如通过确立实时追踪与访问留痕等机制，全程监控相关人员接触或管理涉税信息的行为，为责任人的确定和处理提供必要依据。二是在涉税信息共享方面，针对各政府部门纵向与横向上治理模式和职能设置等方面的短板，以及其所带来的成本高企和质效低下等弊端，应借鉴域外方兴未艾的新公共管理等前沿理论，对相关政府部门及其相互间的沟通交流机制做集约化、扁平化改造，使之能有效消除先前涉税信息共享程序太过烦冗等积弊。三是应切实解决涉税信息存储与安全保障中的现存问题。税务机关应对其所掌握的涉税信息采取分布式存储与去中心化的管理策略（必要时可引入区块链等前沿技术），使得相关系统受攻击后造成信息泄露或扩散等损失的风险大大降低；针对存储涉税信息等重要数据的征管系统频频遭受日益猖獗和隐蔽的攻击等态势，应全力推进信息安全设备国产化的进程，实现信息安全防护的持续创新。① 四是在涉税信息的采集与传输方面，在高层级立法中增添相关强制性规定，促使国内涉税信息采集机制得以常态化，并适度克服先前对涉税信息范围和内容的过多限制，以降低采集成本；应加大投入其他相关部门的信息化建设，加快电子政务系统的一体化建设进程，以消除各政府部门间信息化程度参差不齐进而影响涉税信息采集与共享等现存短板；各方就涉税数据的采集与传输等环节应统一其口径和标准，以降低涉税信息共享难度。

最后，应在相关立法中明晰涉税信息共享的参与主体及相关客体的范围，以利于厘清相关权责。在参与主体方面，应基于 2015 年《税收征管法》修订草案做进一步完善，但不宜在相关高层级立法中将所有可能参与涉税信息共享的主体罗列出来，这样会占用必要的立法资源，而且法律文本会显得臃肿不堪；而应保持相关高位阶立法适度的开放性，并在契合上位法的范围内尊重各地合乎常理的制度创新，以确保法律的持续有效和权威性、及时应对国家经济社会生活的瞬息万变②，但也不致违背税收法定等基本原则。详言之，在该修订草案第 35 条基础上可将相关主体范围延拓至"政府有关部门、机构和其他有关单位"，并对"其他有关单位"的范围做出明确而周延的界定（但非逐一列举），以保持整章的系统完整及和谐一致，并在该法中允许地方立法在符合上位法的范围内做出合理、必要的制度创新，以促进纳税人信息权与涉税信息管理权间边界划分及所涉主体范围的细化。在客体方面，日后正式修法时，应自法律层面认可修订草案第 35 条等相关条文中就涉税信息共享客体所做的列举与种属界说，并督促国务院通过颁行经授权的相关具体办法等方式明确和细化类似修订草案第 35 条的规定。

---

① 于春敏. "互联网+税务"模式下纳税人涉税信息保护问题初探 [J]. 税务研究，2018 (11)：108.

② 郭志东. 政府部门间涉税信息共享的困境及破解思路——以《税收征管法》修订为背景 [J]. 税收经济研究，2016，21 (04)：69.

（三）促进我国纳税人信息权与涉税信息管理权互动中平衡协调的对策

首先，不妨效仿域外相关立法例，应对纳税人信息权与涉税信息管理权间的边界或范围予以初步明确。考虑我国基本国情及相关权能的特质，我国立法者除需在高层级立法中对纳税人信息权与涉税信息管理权等重要概念及相应的平衡协调策略等加以明确界定外，不妨在相关较低层级法律规定中通过立法授权为税务机关采集、披露与使用涉税信息明确列举其权限的"正面清单"，并保持相关行为的适度与必要的谦抑，同时通过立法授权为纳税人涉税信息保护与维权行为列出分层、覆盖面广且较详尽的"正面清单"，在为纳税人合法维权行为提供充分法律依据的同时，以免纳税人信息权与涉税信息管理权间发生不必要的冲突，并可根据相关情势发生显著变化时，依据上述立法授权适时对上述较低层级法律规范加以适当调整①，以此在高层级立法相关规定基础上，形成二者间相对灵活的边界，确保对纳税人涉税信息的妥善保护与有效管理，并保持纳税人信息权与涉税信息管理权间的平衡协调。另外也应明确并统一涉税信息管理与保护的客体范围，而不仅仅囿于纳税人应保密涉税信息的狭隘范畴，并结合纳税人信息权兼具积极与消极性权能的通说，努力弥合税务机关与纳税人双方对纳税人信息权在认知上存在的差异，以促进纳税人信息权与涉税信息管理权间的平衡协调。

其次，应在相关立法中明确针对纳税人涉税信息的适度管理规则。针对国内实务中广泛存在的税务机关对纳税人涉税信息过度采集与共享等现象，在涉税信息采集与共享阶段，在相关立法中明确税务机关收集或分享纳税人涉税信息应严格恪守比例原则，以必要、合理为限，尤其

---

① 两种"正面清单"间的广阔空间不可避免地会产生一定程度的法律罅隙，必要时通常可由立法者通过相同层级立法补充，但如情况紧急、来不及补充立法或需要法律适用部门及时地裁量时，也需要法律适用部门在法定的裁量空间内，严格依循与纳税人涉税信息有关的诸权利（力）间平衡协调相关的"合理的日常经验法则、严密的逻辑规则及科学的理论原则等"及相应的法定程序加以谨慎、负责的判断，以同时坚守程序正义和实体正义这两条底线。

是不能收集或分享与税收征管无关的信息，甚或借纳税人应履行"及时提供信息"义务等名义，向其过度收集信息，或将收集的涉税信息不加区分或审慎考量地分享给其他无关单位或个人，以保持公权力在信息收集与共享方面的适度谦抑，这也与公平信息实践诸原则所要求的"数据最小化"等子原则高度吻合。

再次，应通过相关立法的明确规定，妥善消弭国内各界就纳税人涉税信息应单向共享还是应双向共享的争议。针对此争议，笔者持一种折中立场，即对绝对的单向共享论与纯粹的双向共享论均不敢贸然苟同，基于对纳税人信息权基本学理问题的认识，更倾向于一种有限度且附加严格限制性条件的双向共享说，即纳税人涉税信息原则上应只可单向共享，但在相关法律或其授权的行政法规明确要求税务机关与某些国家机关或金融机构等单位双向共享涉税信息时，则仅针对上述单位允许双向共享，但共享时要严格依循相关保密规则与共享程序，尤其应明确而严格地限定那些较敏感或应保密涉税信息的共享工作，这样在恪守税收法定与比例原则等理念的同时，充分促进了纳税人信息权与涉税信息管理权间的平衡协调，以免失之偏颇，形成"信息孤岛"或造成各方不必要的争端。

复次，我国相关立法应进一步强化对纳税人涉税信息的合理使用与有效管理必要的约束和符合常理的适度延拓。国内相关立法首先应对涉税信息流动的范围、方向及后续加工处理等众多事项加以严格限定，如规定前述有限度且附加严格限制性条件的涉税信息双向共享机制等。另外应充分重视一些细节问题：接收共享信息一方虽能二次共享其所掌握的涉税信息，但要受到作为接收共享信息方上级的省级以上政府部门领导批准等机制的约束，必要时还需再次经纳税人本人知情乃至同意，方能再次共享该信息。共享过程中相关各方应切实依循合法、正当、必要原则及最小化使用原则，尽管这在一定程度上牺牲了部分征管效率，但能充分发挥保护纳税人信息权的效果，两者相较而言利大于弊，有助于纳税人信息权与涉税信息管理权间达到动态均衡和统合协调的良性互动状态，故可被视为保护纳税人信息权而做的必要牺牲，应被相关立法肯认。而在对纳税人涉税信息可公开对象合乎常理的适度延拓方面，国内相关立法与法律适用实践应积极顺应理论和实务界普遍认为的应将纳税人的继承人、财产托管人、公司股东、企业合伙人等重要的利害相关方纳入该纳税人涉税信息的可公开对象范围内等主流观点，并将其及时载入相关立法中，以切实解决上述关联主体难以依法获得相关涉税信息的现实困局。

最后，实践中在涉税信息共享与公开前，应对较敏感的涉税信息采取去识别化等技术处理措施，并可将此规定适时载入相关立法中。税务机关往往在媒体上公开发布一些税收违法案例等涉税信息，该措施本无可厚非，但税务机关应切实履行其对纳税人应尽的为应保密的涉税信息保密的职责，将其中一些不宜公开的敏感细节隐去或做其他去识别化处理，使得处理后的涉税信息无法再（单独或组合起来）指向某一具体的个人或企业，从而达到涉税信息保护及保证相关纳税人能正常经营、免受外界不必要干扰的目的，但对那些去识别化后不能指向具体个体、无关紧要或广为公众知悉的非敏感信息，则可适度对外公开，以求最终实现纳税人信息权保护与发挥上述公开机制的警示、惩戒与教育作用等不同考量间的平衡协调。